国家出版基金项目
NATIONAL PUBLICATION FOUNDATION

中外著名教育家画传系列　周洪宇 主编

孔子画传

广少奎　彭冉／等著

山东教育出版社

图书在版编目（CIP）数据

孔子画传 / 广少奎等著．—济南：山东教育出版
社，2018.10
（中外著名教育家画传系列 / 周洪宇主编）
ISBN 978-7-5701-0438-3

Ⅰ.①孔… Ⅱ.①广… Ⅲ.①孔丘（前551—前
479）–传记–画册 Ⅳ.①B222.2-64

中国版本图书馆CIP数据核字（2018）第241117号

ZHONGWAI ZHUMING JIAOYUJIA HUAZHUAN XILIE
KONGZI HUAZHUAN

中外著名教育家画传系列　　　　　　　　　　周洪宇　**主编**
孔子画传　　　　　　　　　　　　　　　广少奎　彭　冉　等著

主管单位：山东出版传媒股份有限公司
出版发行：山东教育出版社
　　　　　地址：济南市纬一路 321 号　邮编：250001
　　　　　电话：（0531）82092660　　网址：www.sjs.com.cn
印　　刷：山东临沂新华印刷物流集团有限责任公司
版　　次：2018 年 10 月第 1 版
印　　次：2018 年 10 月第 1 次印刷
开　　本：787 毫米×1092 毫米　1/16
印　　张：18.5
印　　数：1–2000
字　　数：317 千
定　　价：78.00 元

（如印装质量有问题，请与印刷厂联系调换）印厂电话：0539-2925659

幽深静谧的孔氏家族墓地

曲阜衍圣公府内宅一景

孔子周游列国的"弦歌台"纪念遗址

曲阜孔庙大成殿

曲阜"至圣林"坊

曲阜孔庙杏坛

目　录

垂范万世，师表群伦——孔子教师魅力展示 ／ 166

绪　论

　　孔子（前551—前479）是我国春秋末期的一位文化巨人，是中国家喻户晓的人物，也是享誉世界的历史文化名人。要走近历史上真正的孔子，去伪存真地还原那段历史，有些问题是不容回避的，那就是：孔子究竟是个什么样的人物？他为什么有这么大的名气？如何评价其形象和身份？这是首先必须做出回答的。

　　但是，要对这些问题做出确切回答，谈何容易！一方面，孔子固然是位真实存在的名人，却也是被后世评判得最多和最乱的历史人物。纵观历代学人对孔子的评判，"画蛇添足"者有之，"移花接木"者有之，"六经注我"者有之，"偷梁换柱"者亦有之。各类人等，抱着不同的目的，本着不同的态度，基于不同的利益，对孔子加以"品评"，给予"续说"，"拿来说事"，以售其私。可以说，从古至今，恐怕还没有谁像孔子这样，被后人阐发得那么多，评说得那么乱。另一方面，孔子思想自诞生之后，或被捧为至宝，或遭批判抨击，尤其与王权"联姻"之后，孔子的地位和形象可谓朝浮夕沉，忽扬忽抑。治世中被捧上云霄，抬到"救世主"的高度，封号锦上添花，崇拜花样翻新；乱世中则被打入尘埃，贬到"害人精"的程度，成为人们口诛笔伐、极尽嘲讽的对象。

　　拨开历史的迷雾，首先，我们发现，就传承三代文化、整理古代文献，乃至开创人类的生活范式而言，孔子无愧于"时代巨人"这一盛赞。其次，孔子有教无类，循循善诱的教育主张，培养了一大批卓有才干的弟子，也无愧于"一代宗师"的美称。再次，孔子好学不已，知过能改，博闻多识，更无愧于"学者达人"的赞誉。但是，孔子也是一个活生生的人，也有普通人常有的各种情感，也会说气话、犯错误、被抢白、遭冷眼，也会按捺不住，也曾穷途末路，也常一筹莫展，也有不谙人情、处事失当之举，其思想亦有着鲜明的时代局限，更有着穿越时空的恒久价值。因此，平心静气，不褒不贬，才是今天审视和评判孔子的正确态度。

我们认为，把孔子视为我国最伟大的教育家和思想家，是对他历史地位的中肯定评；平凡伟大，可敬可亲，则是对其形象身份的恰当揭橥。

首先，孔子是平凡的。他既不是什么"圣人"降世，也不是所谓"梂星"（文曲星、奎星）下凡，其话语更不是"玉振金声"。他的出生一点都不神秘，既不是"麒麟送子"，也并无"钧天降旨"，更没有"双龙盘旋""五星降临"；他只不过是父母祷于尼山而生出的一个普通男孩，是老父为祭祀友人而举行的不合礼仪的婚姻产物。他的出身既不富贵更不辉煌，其先祖固然是殷商贵族、子宋苗裔，但到他出生时家道早已衰落。他三岁丧父，青年丧母，过早地尝到了生活的艰辛。他的青年时代也平淡无奇，为了糊口，给人做过"委吏"、当过"乘田"，据说还做过"司职吏"，可能还给乡里婚丧活动做过吹鼓手、司仪，做的都是些贵族不齿的"鄙事"；他曾兴冲冲地去赴贵族宴请，却被人冷冰冰地挡在了门外。三十岁以后，他开始设教授徒，其学问逐渐被社会承认，名声也开始远播，但也只是个手无寸权的教书先生。熬到五十多岁时，他才"时来运转"地登上了鲁国的政坛，由中都宰、小司空再到大司寇，还在齐鲁夹谷之会时"摄相事"，但"好运"只持续了短短四年，宏伟的改革计划无疾而终。之后，他开始了长达十四年的自我放逐式的漂泊生活，足迹遍及中原大地，历尽坎坷，到处碰壁。直到六十八岁时，他才重回故土，虽被尊为"国老"，但也无非是贵族政治的摆设而已。最后，在寂寞与无奈中结束了平凡的一生。

但是，孔子又是伟大的。他很小就立下了"志于学"的目标，一生勤学不辍，终成世所公认的博学之人；他无名分可依，无势力可援，甚至有时想列"士"也不能，却逆境奋发，最终成为名满各国的礼仪大师；他从政时日虽短，却政绩斐然，以至于使齐人闻而惧，楚人以为孔子居楚"非楚之福"；他所创办的私学，无论规模还是影响都堪称春秋之最，不仅培养了许多优秀弟子，而且在教育理论上解决了许多前人未曾解决的问题，从而开创了中国古代教育史的新纪元；面对"春秋无义战""陪臣执国命"的乱局，他本着"铁肩担道义"的情怀，创立了以弘扬传统文化、培养从政君子为宗旨的儒家学派，从而使以仁修身、以礼导行成为国人特有的风度和气派；虽然他所提出的治世方略"文不对题"，却"歪打正着"地揭示出人类社会发展应该遵循的基本准则，蕴含着历久弥新的永恒价值。总之，他的坚韧与伟大，是历史上任何人都无法与之比肩的。

不仅如此，孔子还是可敬的。他虽然出身于没落贵族，家道艰难，学无常师，却好学不倦，洁己以进，日新又新；他虽然难容于权贵，见诽于佞人，却始终对社会改革充满信心；他虽然屡屡受挫，却胸怀匡扶社稷之志，决意用"谋道不谋食""忧道不忧贫"的气魄，再造一个"郁郁乎文哉"的太平盛世；在陈蔡绝粮时，弟子们很多都垂头丧气，他却始终保持乐观的态度，仍然"讲诵弦歌不衰"，甚至把逆境当教材，把旷野当课堂，给学生们上了生动鲜活的思想教育课；到了晚年，他生活稍有安顿，却又大难迭起：六十七岁时老伴亡故，六十九岁时独子丧亡，七十岁时爱徒颜渊病逝于鲁，七十二岁时挚徒子路惨死于卫……他却以远超常人的毅力，坚持以"韦编三绝"的精神整理"六经"，使民族的文化瑰宝得以在动乱的岁月中保存下来。整理历代文献这种浩大的文化工程，时至今日也需要数十乃至数百学者的共同合作，当年竟然主要由孔子一人独力完成。仅此一点，就不能不令我们芸芸后辈陡生敬意、惭愧汗颜。

此外，孔子更是可亲的。他没有家长做派，没有长者威严，讨论不搞"一言堂"，育人不来"一刀切"。他襟怀坦荡，学识渊博，不摆"学霸"架子，不要"国老"威风。他之所以能把弟子们团结起来，不是靠地位和权力，而是靠人格、信念和理想。他虽然也发脾气，也说"狠话"，但这或是出于对年轻弟子的良苦用心，或是促人进步的激励之语，或是类于"恨铁不成钢"的气愤表达，是爱之深、责之切的表现。面对求知若渴的弟子，他曾深有感触地说："爱之，能勿劳乎？忠焉，能勿诲乎？"热爱学生、忠于事业，是所有为师者成功的最大秘诀，他则有过之而无不及。当学生患了重病、别人避之不及时，他却亲往探视，"自牖执其手"地与其爱徒诀别；当学生因其父"贱而行恶"而一度自卑时，他则以"虽欲勿用，山川其舍诸"相勉励，还给予"可使南面"的高度评价；对于学生颇有成效的地方治理，他曾"莞尔一笑"地以为"割鸡焉用牛刀"，过后又马上改口说"前言戏之耳"，婉言承认了自己的错误；面对学生满意的回答，他曾笑着说："要是你发了财，我就给你当管家！"对学生给予了莫大的鼓励；当学生非因其罪被关进监狱时，他不仅毫无歧视，反而以亲情的方式对其大加肯定；当爱徒惨死的消息传来时，他失声于庭院之中，痛呼"天祝予"，还命弟子们"覆醢"，从此再也不食肉酱；当学生因贫病交加而撒手人寰时，他痛彻心扉地连声痛呼"天丧予！天丧予！"……由此种种都可以看出，这是一位宽厚仁慈、可佩可亲的长者。

总之，孔子是位学而不厌的闻人、诲人不倦的师者，还是位朴实忠厚的长者、知古鉴今的大师。平凡而伟大，可敬又可亲，是我们对孔子形象身份的基本概括。那么，就让我们循着这一思路，走进历史深处，开启文化之旅，去看看孔子的生平，说说孔子的趣事，理理孔子的谜团，感受一下孔子的人格风范、教育魅力吧。

赫赫先祖，绵绵后人——孔子家族渊源述略

　　每个人降生到这个世间，世界便为他预设了许多摆脱不掉的东西，给定了无法选择的出身背景。孔子自然也不例外。众所周知，孔子是春秋时期鲁国人，其成长之地也在鲁国，但他却对学生明言："丘也，殷人也。"（《礼记·檀弓上》）明明生活在东周的春秋时期，孔子怎么说自己是"殷人"（商朝人）呢？去世之前，孔子还明确地对学生说："天下无道久矣，莫能宗予。夏人殡于东阶，周人于西阶，殷人两柱间。昨暮，予梦坐奠两柱之间，予始殷人也。"（《史记·孔子世家》）就是说，孔子晚年还念念不忘自己的血统，始终以殷商贵族后裔自居。那么，孔子为什么说自己是殷商之人？先祖们究竟发生过什么故事，使家族发生了重大变故？孔子怎么又成了鲁国人呢？

辉煌的先祖

　　中华文明历史悠久，源远流长。自古以来，我们就以炎黄子孙自称。公元前21世纪，夏后氏部落首领禹废除禅让制，传位于其子启，开创了王位世袭的先河，建立起中国历史上第一个强大王朝——夏，由此"五帝时代"结束，"王国时代"开始。夏王朝传十三代、十六王，历时四百余年。到夏桀当政时，残暴无道，激起民怨，商汤趁机取而代之，建立商朝。商汤选贤任能，怀柔四方，华夏民族进入又一个强盛时期。商建立

后曾多次迁都，至盘庚时由"奄"（山东省境内，一说在今曲阜市境内）迁往河南"殷"（今河南省安阳市），故商朝又称殷商。王位传到帝乙时，商已历十五代、四百余年。帝乙有两个妃子：正妃生有三子，长子名启（即微子），次子名衍（仲思），小儿子名辛；次妃生有一子，名箕子。

帝乙很喜欢长子启，因为他知书达礼，仁爱厚道，是个能治理天下、守住王业的人。小儿子辛虽然聪颖敏捷，勇力过人，但为人骄横，脾气暴戾。虽然其母生启的时候还只是个妃子，但是在生辛的时候已是王后了。因此，帝乙在太史的劝说下，立辛为太子。帝乙去世后，太子即位，号位"帝辛"，即商王朝最后一个无道昏君商纣王。启被封于微，即今之山东省梁山县西北。

纣王在位时，骄奢淫逸，纵欲享乐，残暴无度；而同一时期西方的周族在姬昌的领导下日益强大、声望日高，且与周边诸族关系密切，大有取殷商而代之的趋势。启作为商纣王的亲哥哥，见商王朝摇摇欲坠，曾经和箕子、比干等人一起，多次向纣王冒死进谏，希望能使商转危为安，结果收效甚微。面对民怨沸腾的严峻局势，他们认为商朝已经无可救药了。箕子说："如果商朝沦丧了，我们这些做臣子的也不可能活下来，王子就离开吧！我过去认为王子应该得到王位，但是没有能够得到。现在王子再不走的话，将来给我们殷人祖先祭祀的人都没有了。我们每个人都应该做出对得起先王的选择。"最后，箕子、比干决定留下来和商朝共存亡，而微子启脱离商纣，自寻活路。后箕子遭囚，比干被杀。公元前1046年，周武王姬发率军讨伐商纣王，占领商都，杀死纣王，宣告了商朝的灭亡。微子启闻讯后，将自己光着膀子捆绑起来，口里衔着玉璧，向周武王跪降。武王亲自释放微子，恢复了其原有的封位。（《史记·宋微子世家》）

灭商两年之后，周武王病逝，儿子姬诵即位，是为成王。成王年龄尚幼，缺乏理政能力，由周公姬旦辅政，任摄政王。摄政王位高权重，遭到了不少人的妒忌和怀疑。他们四处散播谣言，说周公想要窃取王位、谋害成王。以武庚为首的殷商旧部见周王室内部不和，于是串通"三监"和薄姑、徐等一些小部落起兵反周。周公调集大军，两次东征，平定了叛乱。

平定叛乱之后，周公吸取了殷商的统治经验和武庚叛乱的教训，将原本分封给殷商旧部的地盘进行再分割，以便加强管理。武庚被废后，按照传统，需要一个新的人选来担任封国国君，以便安抚百姓、主持祭祀。在当时微子启被认为是贤德之人，既没有助纣为虐，也没有参加武庚叛乱，周王就把他分封在商都朝歌，就是今天的河南、安徽一带，国

号宋。(《史记·周本纪》《史记·宋微子世家》)
这样，孔子先世就由王室变成了诸侯。

微子启死后，其埋葬地被称为微山，在今
天山东省微山县境内。北宋时期，黄河夺淮泗
入海，造成微山县一带积水，形成了一个琵琶
形状的内湖，就是现在的微山湖。微山岛就在
湖内，相传岛上那个圆土堆就是微子启的坟
墓。微子启死时，他的儿子已经不在人世，按
照殷人"兄终弟及"的惯例，由他的弟弟仲思
继位。这位新继位的宋国国君，就是孔子的
远祖。所以孔子自称"丘也，殷人也"(《礼
记·檀弓上》《史记·孔子世家》)，并以贵族后
裔自居。

微子启墓地

宋国国君的位子就这样在孔子的先祖中世袭下去，经宋公稽、丁公申，传至缗公
共。据《史记·宋微子世家》记载，缗公共死后，由其弟熙继位，是为宋炀公。但在缗
公的儿子们看来，父亲的王位不传给儿子似乎不太公平，因为当时已有父死子承之习。
特别是次子鲋祀更是强烈不满。他组织发动政变，杀死了炀公。不过，鲋祀杀了叔叔以
后，知道自己不是长子，继承王位不合礼法，故而提出让哥哥也就是缗公的长子弗父何
(又作弗甫何)继位。但弗父何若为君，当治其弟弑君之罪，家族间又增悲剧，所以拒
绝了弟弟的意思，还是让鲋祀继位，做了宋厉公。弗父何只做了个卿大夫。弗父何"让
位于弟"的美名是流传下来了，不过自此，孔子祖上这一系的政治地位开始下降，由诸
侯王降为大夫。

在宋国的先人中，有事迹可考的还有一位正考父，是弗父何的孙辈。他因袭了卿大
夫的职位后，先后辅佐了戴公、武公、宣公三位国君，堪称"三朝元老"。《左传·昭公
七年》记载，正考父在家庙里的鼎上刻了一段文字，大意是：每每接受任命，都越来越
谦恭；第一次低着头，第二次弓着背，第三次弯下腰，走路都小心翼翼，沿着墙边，就
用这鼎煮煮稀饭，聊以糊口。如此谦虚谨慎，使他赢得了良好的口碑。除此之外，正考
父还极具文学修养。《国语·鲁语下》记载，他从周太师处得到了《商颂》十二篇，并
加以整理、核定。后来孔子也整理过，使之更为通顺。从目前残存的《那》《烈祖》等

五篇来看，该文生动、形象地记载了商人祖先的赫赫功绩。

正考父只是个文人，其子孔父嘉却在文治武功方面都有建树。公元前727年，宋宣公临死之际，效仿先祖微子启将国君之位传给了弟弟，也就是宋穆公。穆公继位以后，任命孔父嘉为大司马，掌管全国军事，辅佐朝政。大司马是个怎样的官职呢？西周时期实行"三公六卿"制，三公为太师、太保、太傅，六卿则是指最高执政官"冢宰"所掌管的"卿事寮"中的六大官职：太宰、太宗、太士、太史、太卜、太祝。在三公六卿之外、冢宰之下还有分管具体政务的"有司"，设有司徒、司马、司寇等，都是具体办事的官员。但孔父嘉被授予的是"大司马"的官职，这明显是被给予了特殊恩宠。能得到这样的恩宠，除了是功勋卓著的正考父的嫡子外，还因为孔父嘉是一位品德高尚的贤者。

孔父嘉尽力辅佐宋穆公治理宋国并抵御他国的侵犯，争取各诸侯国和平共处，谦恭谨慎地对待周天子，受到了周王室的赞誉和诸侯国的敬重。穆公九年，穆公病重，召见大司马孔父嘉，嘱咐说："先王死的时候，没有立他自己的儿子与夷，而是把王位让给了我，这件事情我始终忘不了。我死了以后，就立与夷为王吧。"孔父嘉觉得此事不合适，就跟穆公说，他们还是愿意立穆公的儿子冯为王。可是宋穆公还是很倔强地说："不能立我儿子冯，我不能对不起我哥哥，你们把我儿子送到郑国去吧，这样与夷就能顺利继位了。"国君既如此坚持，孔父嘉也不能不从。宋穆公死后，孔父嘉就遵照遗命，立了与夷为国君，是为殇公。

当时谁也没有想到，就是宋穆公的一时倔强和孔父嘉的顺从君命，激化了王室内部各派别的矛盾，导致了后来宋国内乱外患的局面，甚至还为孔父嘉和他一心维护的宋殇公惹来了杀身之祸，也为孔氏一族的彻底衰落埋下了一颗"定时炸弹"。孔氏一族由宋至鲁，其情由可溯源于此。

中衰的家世

宋殇公即位后，孔父嘉仍然担任大司马的要职。作为顾命大臣，孔父嘉忠心耿耿，全力维护殇公的地位和权威，一时之间言鼎权重，"孔父正色立于朝，则人莫敢过而至难于其君者"（《公羊传》）。可是，那些当初就反对立与夷为君的官员，心中的怒火却越烧越旺。当时位列六卿之首的太宰华父督，更是与孔父嘉貌合神离。

公元前719年，卫国公子州吁弑君自立。为缓解国内紧张局势，州吁修好各诸侯。他派使者来跟殇公说："你们宋国的那个公子冯，不是让你叔叔给送到郑国去了么？他只要还活着，早晚得出事，不如咱们联合起来攻打郑国。"宋殇公很矛盾，一方面认为自己刚刚即位，政局不稳，加之州吁名声不好，似乎不应与其联合挑起战争；另一方面，又认为州吁言之有理，公子冯确是自己的心头大患。权衡一番后还是答应了卫国，"围郑国都东门，五日而还"（《左传·隐公四年》）。战争虽是胜利了，但是实际上宋国没讨到什么便宜，其他的诸侯国对这件事也颇有微词。战争本来就是"杀敌一千，自损八百"的事情，也极易引发民怨。殇公在位十年，战争大大小小打了十一次，百姓不堪忍受。而作为最高军事长官的大司马孔父嘉，在这十年间听从君命，虽尽忠但也苦民损国。这就给华父督留下了可乘之机。

殇公九年，华父督借宋国和郑国作战失败之机，在国内散发消息，说连年征战、百姓受苦，都是拜孔父嘉所赐，还扬言要杀了孔父嘉，让百姓过上安宁的日子。殇公十年，郑国要进攻宋国，宋国百姓一片哗然，华父督趁机发动了宫廷政变，率兵打到了孔父嘉家门口。殇公知道如果大司马死了自己也难活命，于是全力营救，结果也为华父督所杀。之后，华父督把流亡在外的公子冯接回来，立为宋庄公，成了救国功臣。从此，宋国大权落入华氏之手。

关于孔父嘉被杀的原因，历史上还有一种说法。据《左传·桓公元年》记载，华父督在路上看见孔父嘉的妻子，惊为天人，遂攻入孔家，抢了孔父嘉之妻。殇公闻之震怒，华父督于是袭杀殇公，立公子冯为庄公。不过，这种说法未必可信，不仅此事仅见于《左传》，且古代妇人乘车必遮以帷幔，不会示他人以容貌。不管原因何在，战功赫赫的孔父嘉最终为人所杀，世袭公卿之位也被剥夺。从其子木金父开始降爵为士，孔氏家族自此衰落。

那么，孔子祖上又是何时从宋国来到鲁国的呢？同样也有两种说法：一种说法是，孔父嘉死后，其子木金父为躲避宋国灾祸来到鲁国，开始成为陬人；另一种说法则是自孔子的曾祖父，也即木金父的孙子防叔时始来鲁国。两种说法都有证据。相比之下，"防叔奔鲁"的说法更确切一些。首先，"防叔奔鲁"的说法在许多史书中都有记载。如《史记》记载："孔子生鲁昌平陬邑，其先宋人也，曰孔防叔"；《孝经》载："孔父嘉生木金父，木金父生睪夷，睪夷生防叔，避华氏之乱而奔鲁"；《孔子家语》中也有"孔父生子木金父，金父生睪夷，睪夷生防叔，避华氏之祸而奔鲁"之说。其

宋国故城遗址碑

次，在曲阜的孔氏先茔，只有防叔葬于防山（地址在今曲阜市防山镇）的传说，而没有防叔以上的木金父、睾夷等人之墓。而在宋国的"孔子还乡祠"中，却有孔父嘉、木金父、睾夷等人的坟茔，还乡祠的古碑上，还有"防叔奔鲁，越三代而生孔子"的记载。

不管怎么说，鲁国从此也就成为孔氏一族的第二故乡，子孙后代开始在这里繁衍生息；而这个曾经无比辉煌的贵族之家，其政治地位也每况愈下。一个没落的贵族、逃难的士族来到异国他乡，能够生存而没有成为一无所有的庶民，已经是不幸中之万幸了。

鲁国是周王朝分封的最重要的诸侯国之一，曲阜则是鲁国的都城。曲阜位于山东省西南部，地处鲁中山地和鲁西南平原的结合部。曲阜北侧背负泰山，南面引望凫峰，东连群岱百座，西接沃野千畴。境内，洙、泗二水环流于北，雩、沂两河缭绕于南；中部丘陵绵延起伏，地势高低适度，东南清泉汇涌，水流终年不竭。可以说，自远古以来曲阜就是一个近山无干旱之忧、傍水无水患之害的风水宝地。凭借优越的地理条件，曲阜从古代起就是我国重要的政治、经济、文化和教育中心。

以曲阜为都城的鲁国，是西周时期的东方大国，在西周政治格局中占有极为重要的地位。事实上，早在姬周以前，这里就是东方的文化中心，北辛文化、大汶口文化等都与曲阜有关。古史记载，上古时期，曲阜为"大庭氏之国"，神农氏曾自陈迁都于曲阜，教民制耒垦地；黄帝生于曲阜寿丘，在穷桑即位后曾迁都曲阜，最后葬于陇西；少昊都于曲阜，死后葬于此地，现有陵墓为证；舜作什器于寿丘，教人祭祀。就是说，我国上古时期的三皇五帝之中，有四人在曲阜留下了活动的踪迹。至今，在曲阜城西有一处名为"犁铧店"的地方，据说是神农氏教民制耒垦地的所在地；在城东有一处名叫"寿丘"的地方，相传为黄帝的诞生地；附近还有一处埋葬少昊的纪念之地，被称为"少昊陵"。此外，原始社会末期，辅助大禹治水的伯益也是此地人。到了商代，这里更成为殷人活动的中心地区。据史书记载，盘庚迁殷之前，商代的几位国君曾先后以曲阜为都城，盘庚迁殷后，曲阜又成了奄国的国都。可见自古以来，曲阜的地位都是非常重要的。由于经过数千年的开发，在周朝建立之前，这里的文化发展水平就远远高于周边地区。

父祖及其事迹

防叔到鲁国之后，曾经做过鲁国贵族臧孙氏的大管家，后任防城之宰。"防"是臧孙氏的采邑，又分为东防和西防，防叔治理的是东防，位于今山东费县的东北方向。防叔生子伯夏，即孔子祖父，曾任鲁大夫，其他事迹无法考证。伯夏生子纥，字叔梁，即孔子之父，官至陬邑宰，又称为陬大夫，治所在今山东曲阜东南，即古之昌平乡，今之鲁源村。

叔梁纥的生卒时间不详。他出生时，孔氏家族已经衰败，在鲁国不过是"士"一级的家臣，只享受一定的俸禄，却没有世袭的封地，因此叔梁纥年幼时，也只能像其他的士人一样去寻求晋身求仕之路，通过学习六艺，争取为贵族阶层服务。不过，叔梁纥也有天生的优势，据说他"身长九尺""力大无穷"，通过习武而成为起起武夫，终于成为鲁国上层贵族孟献子属下的一名武士。他屡次参加战斗，并多次立功，受到人们的赞誉。

公元前563年，即鲁襄公十年，晋国联合鲁国、曹国、邾国等几个诸侯国的军队，组成联军，攻打一个名叫偪阳的妘姓弱国（今江苏邳州西北）。叔梁纥也参加了这次战争。四月初九，联军包围了偪阳却没有攻下来，遭到了非常顽强的抵抗。战斗中，偪阳守军故意将城池闸门吊起，诱使部分联军进城。攻城联军见城门开启，便乘机蜂拥而入。偪阳守军见部分联军已经越门而入，突然落下闸门。恰巧此时叔梁纥赶到，眼见入城联军将被阻隔在城内，便快步向前，双手举起沉重的闸门。联军此时恍然大悟，赶紧从城里撤出。等联军撤出后，叔梁纥才猛然放下闸门，回到自己的队伍当中。这次战斗中还有一位名叫狄虒的勇士，把一个大车轮蒙上甲胄当作盾牌，右手拿着一支铁戟，带着一队战士从旁掩护后撤。在他们的努力下，联军没有遭到太大的损失。鲁军统帅孟献子称赞说，叔梁纥和狄虒就像《诗》中所云"力大如虎"的猛士一样。经此一役，叔梁纥成为威名远播、勇冠三军的勇士。

叔梁纥的成名之战并非仅此一次。鲁襄公十七年，叔梁纥又参加了鲁国防邑保卫

偪阳故城遗址碑

战。这年，齐国侵犯鲁国，齐将领高厚率领军队围攻防邑。当时鲁国的贵族臧纥、臧畴、臧贾和守卫防邑的叔梁纥都被围困在城中，情势非常危急。鲁国虽然派遣了援军，但由于齐国的兵力过强，援军始终无法接近，不得不在接近防邑的地方驻扎下来，没有继续前进。在大兵压境的情况下，叔梁纥毅然决定连夜突围，护送臧氏兄弟出城。夜里，叔梁纥亲自"率甲三百"，护卫臧氏兄弟突围而出，一直把他们护送到鲁国援军的营帐里。而叔梁纥为了保卫防邑，当夜又冲破重围回到城中，继续固守。齐军久攻不克，又见叔梁纥如此骁勇，鲁国也派来了援军，料想此次难以得手，随即撤兵离去。而叔梁纥的名字，从此在各国诸侯间也更加响亮。

大概是因为屡立奇功、声望良好，鲁国国君任命叔梁纥为陬邑宰，同时授予了一份"禄田"。虽然这份田地不是世袭的，也不能传之后代，但是和从前相比毕竟不同了，社会地位提高了，物质生活也有了改观。当然，由于鲁国实行严格的"世卿世禄"等级制度，叔梁纥作战再勇敢，也未能晋升到高级贵族的行列。

同赫赫战功和日益上升的社会地位相比，叔梁纥的婚姻却不甚顺利。《孔子家语·本姓解》说，其原配夫人施氏连生九女而无子。叔梁纥为此而纳妾，生有一子，名孟皮，跛足。按照礼制规定，病足者不能祭祀宗庙。叔梁纥以此为憾事，故年迈时又乞婚于附近（今尼山附近的"颜母庄"）的颜氏。颜氏为贵族之家，本是古帝颛顼的后裔。据载，周王朝建立后，不但分封子弟功臣，还分封了一些古帝王的后裔，当时将颛顼的后裔分封在邾。邾国与鲁国毗邻，是鲁国的附庸国。后来颜氏中有人迁居鲁国，并逐渐发展为大家族。

颜家三个女儿中，小女颜徵在不过十几岁，而叔梁纥应该已经六十多岁了。据《孔子家语·本姓解》记载，颜氏的父亲颜襄曾对三个女儿说："陬大夫虽父祖为士，然其先圣王之裔也。今其人身长十尺，武力绝伦，吾甚贪之。虽年长性严，不足为疑。三子孰能为之妻？"小女徵在回答说："从父所制，将何问焉？"颜襄就将徵在嫁了过去。这种年龄悬殊的婚姻，不能按照正常的仪式举行婚礼，故而仅以"庙见"的形式举行了简

叔梁纥埋葬处：曲阜梁公林

单的仪式。《史记·孔子世家》说："纥与颜氏女野合而生孔子。""野合"本为不合礼仪之意，不料却给后世留下了众说纷纭的一段公案。

孔子姓"孔"吗？

写下这个题目，人们可能感到很好笑：这能成为一个问题吗？孔子难道不是姓孔名丘字仲尼吗？的确，"孔子姓孔"现在几乎已成公论，但是细究起来却并不简单。因为古代不仅"姓"与"氏"区别很大，而且从孔子先世及祖辈的名号来看，在近二十代的人中，几乎没有人以"孔"为姓。只有在家世延续中起转折作用的孔父嘉似乎姓"孔"（"孔父"是字，"嘉"是名），但孔父嘉之后的很多子孙也并不以"孔"为姓，如孔子曾祖是防叔，祖父是伯夏，父亲叫叔梁纥，都不以"孔"为姓。叔梁纥中的"纥"是名，"叔梁"是字而不是姓，所以叔梁纥又称"陬人纥"。孔子的祖先既然不姓孔，那么又姓什么呢？孔子祖先是以"子"为姓的。这样，孔子本人自然也姓"子"。那么，"孔"是怎么又成为孔子之姓的呢？

众所周知，孔子先祖本是贵族家庭。在先秦社会里，贵族之所以"贵"，就贵在他们的血统上。既然如此，贵族就必然想办法与庶民和奴隶阶层划清界限，这个办法就是利用"姓"与"氏"来区别。当时，只有贵族阶级的成员才有权利拥有"姓""氏"，而庶民与奴隶阶层则不允许有此权利。先秦时代的"百姓"是指所有有姓、氏的贵族成员，而后来的百姓是指官僚阶级压迫的对象——没有多少权利的民众。所以先秦时代的"百姓"，恰恰与后世百姓的含义截然相反。

另外，先秦时代的姓氏与后来姓氏的内涵也完全不同。先秦时代的"姓"与"氏"，既有联系又有区别。大约从秦汉时代起，二者就混淆不清了。这可能是因为秦汉时代是贵族社会结束和官僚时代开始的转型期，社会上重视的是人的功绩而不是血统。秦统一中国后，姓、氏便开始合而为一了。由于姓氏固定下来，子孙可以永久使用，便于形成一脉相传的家族，血统源流线索从此变得更为清晰。

姓氏的作用是把一族的人与另一族的人区分开来。在一个氏族内部，为了区分彼此，出现了只属于个人标志的"名"。在族内交往中，人们只用"名"就可以区分彼此；但若与外族的人交往，则只有把"姓"与"名"结合起来，才能清楚地表明自己、区别于他人。随着社会的发展，姓名又被赋予了许多新的内涵，形成了中国特有的姓氏文化。中国人十分重视姓，养成了同姓聚居的习俗。许多地区流传着修谱联宗的习惯，在全国形成了数量不等的同姓人群，以至于在后人探讨自己的家族史时，很容易据此找到血缘所出。中国人习惯继承父亲的姓，以父系方式把姓氏传递给下一代。

那么，"姓"与"氏"的区别是什么呢？"姓"是一个人血统的标志。在原始社会，"姓"能够说明一个人来自哪个血缘族群。由于氏族社会实行族外婚，也就是严禁同血缘的人有婚姻关系，这样"姓"就起到很重要的作用。由于女子必须嫁给外姓，因此先秦时代的女性，只称姓而不称氏。"氏"则是当时男性贵族的"专利"，道理很简单，在同姓贵族中，不同人的社会地位也存在着高下之别，而"氏"就成了区别男性贵族身份的重要标志。比如被冠以"王子""王孙""公子""公孙"这样的"氏"，别人立刻就知道对方出身的高贵。以此，古书上许多男性的"氏"，都浓缩着一部贵族演变的家族史。这就是为什么先秦时代的男子称氏不称姓的根本原因。

所以，准确地说，"孔"并不是孔子的姓而是氏。《孔子家语·本姓解》指出：孔子先祖本是宋国公室成员，传到孔父嘉时，"五世亲尽，别为公族，故后以孔为氏焉。一曰孔父者，生时所赐号也，是以子孙遂以氏族"。这就是说，后代以"孔"为氏，始于孔父嘉。《阙里文献考》卷一也说，孔子先祖从弗父何到孔父嘉，五世亲尽，当别为公族，乃以字为氏。这是说，孔子先祖弗父何让国后，其子孙仍然属于宋国公室成员，传了五世至孔父嘉时，按照宗法制的规定，不能再继续列入公室，而是应该别立一族，必须有个族的名号，于是就取孔父嘉的字作为族的名号。孔子之"孔"即源于此。

少昊之墟：曲阜少昊陵

那么，这个"孔"字的含义是什么呢？一说是"子（姓）"和"乙（燕子）"合成。《诗经·商颂》曾说："天命玄鸟，降而生商。"玄鸟即燕子。传说帝喾之妃简狄吞燕（乙）卵而生殷人的始祖契。契长大后很有才干，尧舜之时为司徒，主要掌管教化百姓，还辅佐大禹治水。因为辅佐尧舜有功，被封在商地，赐姓"子"。还有一说是"乙"为龙的形象，子姓以黄帝为始祖，而黄帝的子孙为龙的传人，故子姓商人便以"乙"与"子"相配而成"孔"字，并作为该氏之号。

孔氏虽然从孔父嘉开始别立一族，但那时男子的名号，称氏、称名、称字似乎并无一定之规，所以，孔父嘉以后，孔子先祖如木金父、祈父、防叔、伯夏、叔梁纥，其名号中都无"孔"字。名号中称氏从孔子开始，其后固定下来，如孔子的儿子叫孔鲤，孙子叫孔伋，曾孙叫孔白，玄孙叫孔求，等等。后来，"孔"也就由氏变成了姓。

由于孔子是"圣人"，也由于"孔"氏是从孔子开始固定下来的，所以战国中后期孔子的直系子孙皆奉孔子为始祖。据《孔丛子·独治》记载，孔氏后人为祭祀先祖，立有两座祖庙，一座是弗父何的庙，一座是孔子的庙。孔子八世孙孔鲋说，他们哭孔氏之别姓于弗父之庙，哭孔氏于夫子之庙。孔鲋所说的孔氏之别姓，是指孔氏另立一族以来的其他分支。这些分支并不以孔为氏，所以称别姓；所有孔氏和孔氏之别姓，都奉弗父何为始祖。孔鲋所说的孔氏，则是指孔子的直系后裔，都奉孔子为始祖。

以上略述了孔子的家世渊源、父祖事迹及姓氏问题。仅就这几个问题而言，就给我们带来了如此丰富的信息，对于我们了解孔子及其思想是极其重要的。例如，孔子为什么终生以"士"自居，不事农贾，称务农种菜为"贱事"；为什么申明"不学礼，无以立"，对古代典制有一种由衷的热爱；为什么屡遭坎坷却矢志不移，终生以恢复礼治社会为己任；为什么好学不已、不耻下问，最终成为文化巨人、礼仪大师……都可以从这遥远的历史中找到踪迹。可以说，辉煌的先祖，中衰的家世，为孔子屡挫屡奋增添了无穷的动力；混乱的现实，浇漓的人心，则给孔子赋予了沉甸甸的责任。背负着这样的责任，浸润于鲁国浓厚的礼仪文化氛围之中，孔子开始了他坎坷曲折、坚韧不拔的一生。

坎坷曲折，隐忍待发——孔子生平活动展述（上）

孔子是一个既平凡又伟大的人。他幼年丧父，青年丧母，过早地尝到了生活的艰辛；他虽有匡扶社稷之才、报国为民之志，却屡屡受挫，不是难容于权贵，就是见诽于佞人，甚至连生活都难以为继；晚年生活虽稍有安顿，却又不为统治者所用，大难迭起……可以说，孔子的一生是坎坷曲折的一生，是在穷厄、困顿与悲伤中度过的。然而，孔子的一生又是伟大而不屈的一生。他无名分可依，无势力可援，却逆境奋发，勤学不辍，终于成为世所公认的博学之人；他从政时日虽短却政绩斐然，让周围邻国闻而生惧；他删定"六经"，传承"六艺"，为古代文化的传承做出了非凡的贡献；他不仅培养了许多有才干的弟子，而且解决了许多前人未曾解决的教育理论难题，从而开辟了中国古代教育史的新纪元。那么，孔子的一生经历了哪些坎坷和磨难，他的个人生活又是怎样的呢？

坎坷清贫，知礼仁孝：好学不已的幼年活动

孔子出生在家道没落的殷裔贵族家庭，无名分可依，无势力可援，孔子的幼年生活是坎坷清贫的。然而，得益于浓厚的文化氛围和母亲的教育，孔子很小就懂事、知礼、仁孝。清贫却又好学，可以说是孔子幼年活动的两大特色。

"圣人"的诞生与传说

公元前551年（鲁襄公二十二年，周灵王二十一年）9月28日（旧历八月廿七日），在鲁国昌平陬邑，一个婴儿呱呱坠地。父母欣喜万分，美中不足的是这个孩子头顶四周高而中间凹，因此父亲给他起名叫"丘"。这个家庭尽管不是一贫如洗的庶民之家，可也不是钟鸣鼎食之府，更不是富甲天下的王室，孩子的出生自然不会引起什么轰动。然而正是这一天，中国诞生了一位当世瞩目、万代敬仰的伟大教育家——孔子。

同西方的耶稣一样，中国古书上记载了不少孔子降生的神话；而在曲阜民间，则流传着更多"圣人"降世的传说。有些是美丽隽永的神话故事，有些是某些事物的牵强附会，有些是民间的文人创作，还有些来自谶纬之说。

据《春秋纬演孔图》上记载，孔母婚后一年仍然没有生育。颜徵在听说尼山上的神明灵验，就和丈夫一起去祈祷。晚上，果然梦见一位仙女，说是奉北方黑帝之命前来告谕的。说她不久就会生下圣子，让她找个叫"空桑"的地方来生产。《孔子家语》则记载说，孔子出生前，有只麒麟走到叔梁纥家门口，吐出一部玉书，上面写着"水精子，继衰周，而素王"的字样，昭示孔子虽未居帝王之位却有帝王之德，是为"素王"。颜徵在觉得非常惊异，于是就把赤绂当成信物，系在麒麟角上以示谢意，妊娠十一个月生下孔子。相传周敬王末年，有人在曲阜掘土犁田时，竟还挖出了那条当初系于麟角的信物。

还有一种传说，说是孔子出生前一天，颜徵在的房屋上空有两条飞龙盘旋飞舞，有五位仙人（即"五星之精"）降临到庭院里。人们听到天上传来的音乐声和高声的话语："天感生圣子，降以和乐之音。"孔子一出生，胸前就写有"制作定世符"的文字，并且滔滔的黄河水也突然由浊变清。因此民间又流传着"圣人出，黄河清"的故事。

另有一种传说就更加神奇了。据说颜徵在怀孕后，多次与丈夫叔梁纥到附近的尼山祈祷，求山神保佑生个理想的儿子。最末一次祈祷后，行至山麓之时，即刻大雾迷蒙，凝雾为雨。雨止后，眼前竟隐约出现一座金碧辉煌的殿堂。颜徵在顿觉腹痛，叔梁纥忙将她扶入殿堂。不多时，孔子便在仙乐声中降生。立时雾散景移，眼前仍然是一片荒野。颜徵在从昏迷中醒来，见生了一个男孩，喜出望外，但仔细一看，却见孩子头顶似反盂，中间低四周高，且眼露筋、鼻露孔、耳露轮、嘴露齿，有所谓"七露"之丑。叔梁纥以为生了个怪物，便把孩子弃于野岭，扶着颜徵在返回家中。此时正值暑热，在天

孔子诞生地：尼山夫子洞

空中盘旋的老鹰看见了，忙用翅膀给孩子扇风。黄昏时，从山上走来一只老虎，把孩子衔进山洞（即今夫子洞，又名坤灵洞），为他哺乳。第二天一早，一位老者上山打柴。老虎看见老者后，上前叼住他的衣服。这可把老者吓坏了，以为老虎这回肯定要把他吃掉了，连忙向老虎作揖，恳求老虎放过自己。老虎叼着老者的衣服往山洞这边走，没有丝毫伤害他的意思。来到山洞，老者看到一个孩子，就明白了老虎的意思，于是连忙抱起孩子往山下走。下山的时候，老者看到老虎还向自己点头致谢。故此，孔子降生也就有了"凤生虎养鹰打扇"的故事。

在今天曲阜的尼山脚下，有一个村庄叫颜母庄，即颜徵在的家乡。村子的东南边有一口井，井身倾斜，清澈的井水长年流出。即使在最干旱的季节，井水也依然不断，这就是传说中的"扳倒井"。这口井也有与孔子出生有关的故事。传说自从叔梁纥把孩子扔掉后，颜徵在日夜思念儿子，就瞒着丈夫上山寻找，正巧遇到上山打柴的老者把孩子抱下山来。颜徵在非常感激老者，连忙抱着孩子往家赶，走到村头的时候热得大汗淋漓。这时，忽见路旁一眼水井，旁有垂柳。颜徵在把孩子放在树荫下，想用水擦擦脸，可井深又无水桶。她手扶井口自言自语道："要是能把你扳倒，水能自己流出来该多好啊！"哪知她话音刚落，水井竟随着她手扶之势，真的慢慢倾斜起来，接着一股股清凉的水溢出井口。至今，那口井还是倾斜的，北高南低。这就是传说中的"扳倒井"。

关于孔子诞生的类似故事还有一些，目的都是神化他、抬高他。在老百姓的心目中，既然是伟人、圣人，从出生之日起就必然与凡人不同，一定会有仙乐、麒麟等不凡之物相伴。其实在外国的神话中，英雄、伟人、圣贤诞生的故事又何尝不是如此呢？对于这些故事自然不必当真，因为这是民众的淳朴心态使然，但由此却也能够进一步确认孔子出生的地点、时间等信息。今天，每年的9月28日，山东曲阜都要举办"国际孔子文化节"，来纪念这位伟大的教育家；尼山孔庙、尼山书院、坤灵洞等地，也都成了人们常常拜谒的地方。

早年丧父，母子相依

尽管孔子降生尼山的故事很不平凡，然而孔子来到人世间后，他的人生道路却是极其曲折的，甚至可以说是十分艰难和不幸的。

鲁襄公二十四年，鲁国发大水，全国闹饥荒。这一年孔子三岁。年迈的叔梁纥身体状况越来越差，最终抛下了年轻的妻子和年幼的孩子，溘然长逝。这对颜徵在来说，不仅仅是失去了丈夫，而且也失去了最重要的依靠。从此，孔家成为叔梁纥正室施氏的天下。施氏为人心狠手辣，孟皮生母已在叔梁纥去世前一年被施氏虐待而死，孔子母子也不为施氏所容。颜徵在怀着悲凉的心情，带着三岁的幼儿孔丘与他的哥哥孟皮搬到了鲁国都城曲阜的阙里，生活十分艰难。父亲听说女儿和外孙流落在外，心中不忍，想让她们娘仨搬到颜家去。可是颜徵在天生倔强，不愿意再劳烦父亲，决心用自己的双手抚育儿子成才。她夜夜纺织做鞋，还帮人家浆洗衣服，赚钱养活自己和孩子。

对于孔母离开孔家的原因，一些研究者认为叔梁纥有妻有妾，女儿众多，家庭关系复杂，必然矛盾重重；而颜徵在作为叔梁纥最年轻的妻子，必然会受到夫家的歧视。这种处境即使颜徵在可以勉强维持忍受，但对于幼小的孔子来说，是极不利于他成长的。所以，刚强的颜徵在就脱离了孔家，到数十里之外定居，为自己的生存同时也为儿子的发展寻求更好的空间。

阙里，是鲁国都城曲阜西南部的一个小巷，位于今天明故城之内曲阜孔庙的东侧。巷内现有牌坊一座，上书"阙里"二字。这个地方离当时贵族宫殿区有一定的距离，应该是平民居住的地方。都城中心则在阙里以东数里的地方。那么，颜徵在为什么要选择在这个地方安家呢？有的学者认为，颜氏这是为了远离鲁源村这一钩心斗角的是非之地；还有人认为，孔母迁居阙里，是为了给儿子提供一个较好的文化环境。我们认为，鲁国浓厚的文化氛围，的确为日后孔子的成长起到了不可忽视的作用；甚至可以说，如果孔子不是长年居住在"周礼尽在鲁矣"的曲阜，也很难形成以后的儒家思想。但是当年，颜氏恐怕也仅仅是为了生存，因为住在这个地方既远离是非，也能帮人做活，还或多或少地会得到叔梁纥旧识的援助和支持。

曲阜阙里坊

儿时"游戏"显志向

孔子离开老家的时候不过三岁，对于陬邑不见得有什么印象，所以，孔子真正的童年生活是从曲阜阙里开始的。虽然孔子住在平民区，可是毕竟是在曲阜城内。曲阜是鲁国的都城，孔子居住地距离祭祀周公的宗庙也只有几里远，所以宗庙每次举行祭祀的时候，孟皮都会带着弟弟去看热闹。时间一长，到孔子五六岁时，就把祭祀仪式的程序熟记在心间了。

《史记·孔子世家》说："孔子为儿嬉戏，常陈俎豆，设礼容。"有学者认为，孔子生于士族家庭，家中必有俎豆礼器；其母党亦为士族，亦有礼器之类，可为嬉戏之用。（钱穆《孔子传》）但现在一般认为，儿童嬉戏时未必就能用真的贵重礼器，而只能以自制玩具代之。就是说，孔子和哥哥在院子里捏泥土的时候，不像其他的小孩子捏一些小动物、小玩具来玩，而是会捏成俎、豆、鬲、鼎、簋等祭祀用的礼器，还有牛、羊、猪祭祀三牲这些东西，还经常找一些邻居家的小朋友，在院子里演习祭祀礼仪。圆的是鼎，方的是簋，高的是豆，粗的是鬲，平的是俎，都是当时常用的祭器。可以想象，在孔子的指挥下，有的主祭，有的上香，献爵、奠酒、行礼、诵祝和燔柴都分工明确，他们的幼儿活动一定是非常认真有趣的。

两个孩子渐渐长大了，孟皮也到了该读书的年龄。颜徵在怕孟皮去学校会因为跛脚被同学笑话，所以就自己在家教他读书。孟皮也把颜徵在当成自己的亲生母亲，照顾弟弟，做做家务。母慈子孝，兄友弟恭，一家人虽然日子清苦，却也是其乐融融。

"子入太庙，每事问"

鲁国是周朝建立之初分封的诸侯国。从伯禽就封鲁国起，曲阜作为国都历时长达873年，几乎与整个周朝相始终。世代罔替，弦歌不衰，使曲阜成为除王都镐京之外文化最发达的城市，也是东方政治、经济、文化和教育的中心。当年，武王去世之后，由于成王年幼，周公留在京中辅政，让儿子伯禽到鲁国就封。因为周公辅佐成王有功，周王特许伯禽在曲阜设立太庙来祭祀他们的远祖；周公姬旦去世后，也一并在太庙中接受后人的祭祀供奉。

由于鲁国地位特殊，建国之初就享受着其他封国不能享受的特殊待遇，如鲁国可以举行只有天子才有权举行的郊祭，还可以用天子礼乐祭祀周公。伯禽刚到鲁国即位时，成王就赐给他天子使用的车服礼器。伯禽曾下大力气推行周王朝礼制，改变东夷人和殷人的习俗。其后，鲁国一直以奉行周礼的"礼仪之邦"闻名于各国。即使到了鲁国走向衰落的春秋末期，像晋、楚、吴、越这样的强国，对于鲁国的文化也是非常景仰的，不敢稍有轻慢。

曲阜城内有祭祀鲁国始祖周公旦的太庙（今曲阜明故城之东的周公庙，即在其原址上建立）。孔子对周公辅佐文王强周、协助武王立国的事情都非常熟悉，最崇拜的人也是周公旦，所以一有机会就会进入太庙祭拜周公。他对里面陈设的鼎、鬲、豆、爵、斛、壶之类的礼器极感兴趣，经常向掌管、看守太庙的礼官乐师提问题。大祭开始的时候，鼓乐齐鸣，人头攒动，燔柴、献爵、奠酒、叩拜，一切都井井有条。每做一件事，孔子就问一件，问得详详细细。有些人讥笑孔子说："不是都说陬人之子知礼么？进了太庙以后，为什么还什么事情都要问人呢？"孔子正色道："这本身就是知礼，我这是以礼问礼啊。"（《论语·八佾》）这些发问的人哪里知道，问本身就是一种学，而且是一种重要的学习途径与方法。任何人都不可能什么都懂，尤其是像太庙这

曲阜周公庙内景

种礼仪规整、文化积淀浓厚的场所，需要学习的知识可谓比比皆是。我们认为，孔子后来大力提倡的"多闻阙疑"思想，与早年"入太庙"而"每事问"的经历应该有着一脉相承的关系。

值得注意的是，关于"子入太庙，每事问"的背景与时间，有人提出了不同见解。如钱穆认为，此事应该在孔子出仕之后、三十岁之前，即已经做了"委吏""乘田"，已有资格入庙助祭；此章最末之"是礼也"，也不是陈述语气，而是反问句，意在讽刺人们在太庙中的种种僭越之行，也就是"即此便是礼吗？"我们认为，此说过于穿凿，这是因为：第一，如果意在讽刺，何必每事皆问；第二，此时孔子已居曲阜城中，且对礼仪极感兴趣，常赴太庙观礼乃情理中事。故我们将"子入太庙，每事问"视为孔子幼年之事，以证其好学也。

"十有五而志于学"

孔子曾经说过："吾十有五而志于学。"这是孔子晚年时对自己一生为人和事业的回顾和总结。在孔子看来，十五岁之前的学习固然很重要，但那是被动的、目标不甚明确的学习。十五岁以后就不同了。依照古制，幼儿最早十五岁就可行冠礼，标志着已达成年。这一时期，人的价值取向、人格特征都逐渐形成，就应该在原有的基础上，把学习当成是人生的第一需要。孔子曾言："三年学，不志于谷，不易得也。"（《论语·泰伯》）意思是，人的学习决不能仅限于有口饭吃，应有远大抱负。因此，孔子此处所说的"志于学"，绝不是我们平常说的"学习""读书"之类的"学"，因为孔子的读书学习从幼年就开始了，如果认为从十五岁才开始学习，那就只能是对其言论的一种误读。

在孔子的时代，学习分为小学和大学两个阶段：王侯太子八岁入小学，十五岁入大学；其他人家的子弟则是十岁、十三岁或十五岁之后入小学。十五岁之前学习一些基本的文化知识，以及洒扫、应对、进退等基本礼节；十五岁之后则要接受更高层次的教育，必修的课程就是"礼""乐""射""御""书""数"等"六艺"。这几门功课修习全了，才能称得上是全才。孔子给季家当家臣的时候，就抽时间学习这些课程。他虚心向一切懂得音律的人学习，学习吹打，学习弹唱，学习古典舞蹈。他还深入研究音乐的起源，研究夏、商、周三代的音乐，了解各诸侯国的音乐内涵。通过刻苦学习，孔子领悟到，宫、商、角、徵、羽这五声分别代表君、臣、民、事、物，五声和谐，国家就政通人和、繁荣昌盛。在他看来，如果一个国家的音乐中透露出怨、怒、淫、哀的意味，并让其泛滥，就会造成民心困惑、社会混乱。

孔子不仅学习音乐，还向内行人请教学习射箭和驾车的技术。射是国家礼仪的一种，所谓"射礼"，就是前进、后退、左右转身等都必须合乎礼仪。内心虔敬，外表端庄，才能射中目标；若不能中的，再反省自身，练习时间久了，可以净化身心、锻炼体魄。孔子学驾车，不仅学习驾车的技术，还学习驾车的礼仪，懂得了御史、巾车、典路、车仆、司常等管理御车和行车的规矩以及各种礼仪。

孔子把自己主动式的学习形象地描述为"三人行，必有我师焉"（《论语·述而》），就是把社会当作大课堂，把每个人当成自己的老师。他还曾把"志于学"具体解释为"知之者不如好之者，好之者不如乐之者"，就是说，了解知识不如爱好知识，爱好知识不如把获取知识作为人生乐事。孔子正是这种把获取知识当成人生最大乐趣的杰出人物。

贫贱屈辱，奋进有为：丰富曲折的青年活动

孔子的幼年生活是坎坷清贫的；到了青年时期，这种状况也没有多大的改观。贫贱而不移其志，屈辱却更加奋发，是孔子青年时期活动的突出特色。

父母合葬显孝心

坎坷砺俊伟，命蹇铸强者。父亲的早逝，生活的艰难，将幼年的孔子置于命运多舛的困厄之中。进入青年时期后，更大的不幸又降临了。孔子十七岁那年，颜徵在这位刚强不屈的母亲终因长期负荷过重，三十多岁就与世长辞了。这些年来和母亲相依为命，孔子早就从母亲这本"教科书"里读出了坚强的意义。他不仅没有被厄运击倒，反而显得更加沉着而坚强。

按照当时的礼俗，夫妻死后是要合葬的，称为"合礼"。像颜徵在与叔梁纥这种不合礼仪的婚姻，夫妻合葬就更有必要，否则颜氏就不能得到叔梁纥之妻的名分。作为一个自认有身份的贵族成员，孔子不想将母亲草草安葬，而是想按照严格的贵族礼仪规定为母亲送葬。在先秦时期，贵族社会对于葬礼是非常重视的，因为这不仅能够凸显"孝"这一至高无上的伦理观念，而且也关乎生者的名誉和声望，因而葬礼的仪式也就相当复杂，绝非一般人能够掌握。

孔子对于烦琐的葬礼仪式自然驾轻就熟，因为这是他幼年时就极感兴趣的东西，可是另一棘手的问题摆在了面前：当年叔梁纥去世时，孔子

孔子父母合葬墓

年龄尚幼，并不确知其父葬在何处；加之古之葬礼"不封不树"，人们并不是每年都有墓祭之举；颜徵在因为名分的问题，也一直没有明言叔梁纥葬在何处。所有这些，使得"孔子疑其父墓处"。母亲去世却不能举行"合礼"，这在贵族阶层是件大事。在此情形下，孔子无比悲痛地先将母亲浅葬（即"盖殡"）在一个名叫"五父之衢"的地方，然后央告四邻，千方百计地打听父亲的墓地。见孔子如此可怜，当年曾参与叔梁纥葬礼的人悄悄地告诉孔子，其父葬在防山的某处。孔子这才求助众人举行仪式，将父母合葬。其合葬处至今犹存，当地人称"梁公林"；还在其地址上立庙纪念，称为"启圣王殿"。

初识宦海遭冷遇

鲁昭公七年，楚灵王建造了一座高大的章华台。工程竣工之际，灵王邀请各国诸侯前来，想搞个隆重的落成典礼。当时楚国势力强大，鲁昭公不敢不去，但是国君会盟有很多复杂的礼节，而且会盟期间各国国君也少不了钩心斗角，所以需要一位熟悉礼仪的大夫陪同。选来选去，最终国君决定由孟僖子作为相礼陪同前往，但是孟僖子并不熟悉这些礼节。当途经郑国，郑简公招待鲁昭公一行时，孟僖子不知道用怎样的礼仪答谢主人；到了楚国，当楚灵王到城外迎接的时候，孟僖子和鲁昭公非常尴尬，也不知道该如何答礼。

在春秋各国中，鲁国的地位是不容小觑的。鲁国是东方最著名的"屏周"藩国，屈指可数的"礼乐之邦"，但是，鲁国君臣却在堂堂的外交场合大出洋相，这实在是很不体面的事情。由于这次经历，鲁昭公回国时，下决心要找一些懂得礼仪的人，向他们学习。季氏是鲁国的大贵族，所以也要响应国君的号召，举行招待士人的宴会。季氏之所以要举行这样一个宴会，还有另一层考虑，就是要收买人心、扩大实力，因为当时国君与"三桓"之间的权力斗争十分尖锐，谁能争取到社会中间力量的支持，谁就能在政治上获得更大的主动权。

涉世不深的孔子听到这一消息后非常高兴。他以为，自己是殷商贵族的后裔，是毫无疑问的士族；父亲叔梁纥又是名满各国的武士，还做过陬邑宰；再者，自己也学习过很多礼仪知识，在鲁国各阶层中已经小有名气，绝对应该在被招待的范围之内。再说，能参加这样的宴会，对于结识其他士人、进一步提高自己的知名度是有好处的。于是孔子略加打扮，就兴冲冲地去赴宴了。

可是，当他赶到季大夫家门口时，却被季氏的家臣阳虎拦住了。阳虎说："我们家大人请的是士人，请的可不是你啊，请回吧！"轻飘飘的一句话，就把孔子挡在了门外。这对于以"士"自居且志向远大的孔子来说，不啻一个沉重的打击。这次突然的打击，使孔子深切体会到贵族社会的无情与冷漠，但同时也激起了他进一步苦学的决心。他决意要用君子"谋道不谋食""忧道不忧贫"（《论语·卫灵公》）的胸怀，改造这个"天下无道"的乱局。

婚配宋女喜得子

艰苦的生活把孔子磨炼得性格倔强，意志坚强。他默默承受着来自逆境的锻炼与磨砺。这一时期，孔子的生活也有快乐的时候，那就是到十九岁时，娶了一位氏姓亓官的宋国女子为妻。

当时楚国攻破陈国后，为与各国通好，楚平王召集几个大国的官员聚会，商讨如何治理陈国的事情。鲁国派仲孙大夫参会。聚会期间，仲孙大夫谈起了宋国流迁鲁国的一支后裔，谈到了叔梁纥和孔丘，并且谈了孔丘目前的处境和生计情况。宋大夫是个很爽快的人，当即对仲孙大夫说："鲁宋两国历有联姻，孔丘祖为宋人，当然应娶个宋女为妻。"仲孙大夫答应归国后禀明国君，认真办理。鲁昭公听了仲孙大夫的禀奏，为与宋修好，也十分支持这门亲事，责请仲孙大夫抓紧办理。仲孙大夫找到孔子，将情况作了介绍，孔子当即同意。（有人以孔庙礼器碑所载，认为此时亓官氏已自宋迁鲁，备为一说。）

孔子娶亓官氏后夫义妇顺，日子过得倒也和美。一年后，亓官氏顺利生下一个男婴，乡亲邻里都来祝贺。按照乡俗，孔子要设宴酬谢宾客，并且为儿子命名。鲁昭公为笼络孔子以为将来所用，也派人出席宴会，还送来一条鲤鱼作为贺礼。（钱穆《孔子传》认为此鱼是孔子参与鲁君捕鱼活动而依例获得的馈赠，证

"生子贺鲤"图

据不足，不取。）为了表达对鲁昭公的谢意，孔子决定把儿子的名字定为"鲤"，字伯鱼。孔鲤是孔子唯一的儿子，被孔氏后人称为"二世祖"。后来，孔氏族人祭祖时从不使用鲤鱼，以表示对孔鲤的尊敬；曲阜百姓虽然食用鲤鱼，但将其称为"红鱼"，也为避孔鲤之讳。

新生命的降生给孔子带来做父亲的喜悦。他第一次享受到了三口之家的欢乐。但是，娶妻生子也加重了他的生活负担。他继续做那些当时被认为是低贱的事情，或是做相礼的儒者，或是参与地方百姓婚丧嫁娶的礼仪事宜，以挣得薄酬，养活家人。虽然对上层社会来说，"相礼"是件卑贱的事情，不过在下层社会还是颇受尊重的，因为很多严格规整的仪式是一般人闻所未闻的。

"多能鄙事"显才干

孔子所面临的现实是既家境贫寒，又没有靠山，所以第一件事便是维持生计。随着年龄渐长，他的境遇也有了改变。到二十多岁时，孔子给季孙氏家当过管理账目的"委吏"，做过管理牲畜的"乘田"。尽管都是些卑微的职事，但已远离了胼手胝足式的粗简劳作，为维持家庭生活提供了必需的物质保障。孔子办事极为认真，做"委吏"时把账目管理得清楚妥善、丝毫不乱；做"乘田"时把牛羊养得肥壮健硕，使祭祀活动有了体面的牺牲。孟子后来曾追记说："孔子尝为委吏矣，曰'会计当而已矣'。尝为乘田矣，曰'牛羊茁壮，长而已矣'。"（《孟子·万章下》）能将这些"鄙事"做得如此出色，充分显示出孔子脚踏实地的办事精神及良好的管理能力。

孔子的这些不俗表现引起了当政者的注意。鲁国三大贵族经过商议后，决定设置一个专管户口的官职"司职吏"。因为鲁国是周公的后裔国和当时重要的诸侯封国，需要有人来专门管理户籍、人口。贵族们商定这一职务由孔子担任，报请国君批准。这个官职是公家任命的，不像孔子之前担任的私家职务，所以这一职务要比"委吏""乘田"重要一些。

孔子担任司职吏以后，提出了增加户口的五条措施：薄赋税，轻徭役，慎刑戮，定婚嫁，行节俭。措施被采纳之后不到半年，周围诸国的百姓多有迁来鲁国者，鲁国人口陡增。孔子知道，要增加人口，不能只靠吸引外来的人口，还要从本国的婚育制度入手。如果放任人们早婚，生下的孩子身体会不很健康，死亡率较高；而过于晚婚的话，又会导致适龄人口虚度青春，势必减少生育，也不合理。因此，孔子最后将婚龄定为男子二十二岁、女子十八岁，如果男女过此限而不婚嫁的，要处罚他们的家长。这些措施的出台，使鲁国人口得以迅速增长。

"圣人"好学"无常师"

在从事上述政务期间，孔子从没有放弃对学问的追求。他勤于求教，寻师问友，好学不已。他曾明言："三人行，必有我师焉。择其善者而从之，其不善者而改之。"就是说，哪怕只有几个人同行，其中也一定有可以做他老师的。孔子就是依靠这种虚怀若谷、求知若渴的精神，日积月累，坚持不懈，最终成为三代文化的"集大成者"。

郯城"问礼郯子"塑像

孔子学无常师、有疑即问，此方面的记载有很多。例如，鲁国东南有个小国叫郯国（亦称郯子国），是鲁国的属国。《左传·昭公十七年》记载，有一次，国君郯子来鲁国拜会鲁昭公，昭公设宴款待。宴会上，鲁国大夫叔孙昭子借机向郯子询问关于少昊氏用鸟名做官名的事情。郯子说："少昊氏是我们郯国的祖先，这个事情我自然是知道的。从前黄帝用云记事，所以他那时候的官就用'云'来命名。炎帝用火记事，同样用'火'来命名官职。我的祖先少昊氏即位的时候，刚好天上有凤凰飞来，所以就用鸟开始记事，也就用鸟名命名官名了。"接着他还详细解释了这些官名，比如凤鸟氏是总管天文历法的，玄鸟氏是管理春分秋分的，祝鸠氏是管理民众教化的，雎鸠氏是管理军旅事物的，鸤鸠氏是管理建筑事务的，爽鸠氏是管理刑狱决断的，青鸟氏是掌管立春立夏的，等等。

这件事情传到孔子那里，孔子设法拜见了郯子，虚心向他请教。由此，孔子既得知了远古时期的很多礼仪，同时也为古代礼仪严重流散而深深忧虑。他不无感慨地说："吾闻之，天子失官，学在四夷，犹信。"从此之后，他开始将文化的搜集、整理和弘扬作为努力目标，试图把古代和未来用文化传统连接起来。

孔子最好学的例子莫过于学乐。据《孔子家语·辨乐解》记载，孔子曾经向鲁国的乐师师襄学习弹琴。

在齐期间，他还向齐太师"语乐"，学过当时最高深的乐曲《韶》。据说他学习《韶》的时候，曾入迷到"三月不知肉味"的程度，并且感慨地说："没想到，音乐之美竟然能达到这种境界！"（《论语·述而》）此外，他还向周王室的政治家、学者苌弘请教过表现周武王伐纣的大型音乐舞蹈史诗《武》，他对音乐的深刻理解深受苌弘的赞赏。

直面乱世勤探索

孔子渐次成年的时候，诸侯国之间的局势更加扑朔迷离，斗争也日趋激烈。此前，晋文公曾通过城濮一战打败了南方的楚国，奠定了霸主地位。但到了春秋中晚期，晋国大权逐渐落入六卿大夫的手里，从而结束了孔子所言的"礼乐征伐自诸侯出"的时代，进入"礼乐征伐自大夫出"的时期。不光晋国六卿大夫各家你争我夺、尔虞我诈，甚至大动干戈，其他一些国家也是如此。例如趁晋国内乱之机，楚国又重新崛起，楚灵王对中原地区不断发起凌厉攻势。可惜的是，楚国也一样内乱不止，楚灵王在国家内乱中被迫自杀身亡。

这个时候，鲁国的政治更加糟糕。鲁国的三大贵族（即"三桓"）专政，并没有给鲁国带来好运。对于这些大贵族来说，除了自身利益之外，很少考虑到其他问题。所以鲁国这个周初最强大的诸侯国，到了春秋末期逐渐衰落成一个二三流的国家。只是因为"周礼尽在鲁矣"，所以各国对鲁国还多少有些尊重。

如果说其他国家进入了"礼乐征伐自大夫出"阶段的话，那么鲁国就更惨了，连这种政治局面也保不住了，进入"陪臣执国政"的阶段。"陪臣"本身并不是贵族，在贵族社会也没什么地位，可是他们作为贵族的大管家，在贵族们腐化无能的时代，却能够趁机把权力抓在手中，利用贵族的采邑兴风作浪，甚至发动武装叛乱，把鲁国政局搞得动荡不安。孔子二十四岁那年春天，季孙氏的家臣南蒯在季孙氏的采邑费发动叛乱。这次叛乱虽然失败了，但是它却发出一个信号：贵族政治已经穷途末路了。

当然，这一时期，孔子对时代的走向以及如何拯救这个陷入危机的社会还不可能形成系统的看法，更拿不出什么成熟蓝图来构筑理想的社会，他还处在学习和探索阶段。不过，如何进行更有效的学习和探索，倒是个摆在他面前的大问题。尽管鲁国的悠久文化足够他研究一辈子，尽管鲁国也不乏可以请教的高人，但是他不想当个纯粹的学究，而是立志走一条救国救世的道路。在这一志向推动下，孔子更加勤奋地向一切有见识的人求教，更加刻苦地学习、钻研一切有价值的文献。

欲向古贤求真理

孔子说自己是一个"述而不作，信而好古"（《论语·述而》）的人。终其一生，孔子学习和研究的中心问题就是古代的礼仪制度和传统文化。面对眼前的"乱世"，孔子认定只有竭力重振古代蔚为大观的礼仪制度，尤其是再造西周那样"郁郁乎文哉"的礼治局面，才能"挽狂澜于既倒"。抱着这个目标，他把自己的学习和研究对准一个"古"字，囊括了两个方面的内容：古书和古人。

古书指的是孔子之前流传下来的文化经典，如《诗》《书》《礼》《乐》《易》以及各国的史籍档案。在孔子看来，要想用复兴传统文化的方式来"救世"，就得学习传统文化，研究传统文化，把握传统文化的精髓。这是一件前无古人的大工程，绝对不是一朝一夕能够完成的，要付出毕生的精力。

孔子精熟历史。他对远古那个"黄金时代"无限向往，曾经感慨"大道之行也，与三代之英，丘未之逮也"（《礼记·礼运》），为自己没能参与到那个时代而感到遗憾。于是，他就把那个时代的创世人物当成偶像去膜拜。他赞颂尧"唯天为大，唯尧则之"，赞颂舜禹"巍巍乎！舜禹之有天下也，而不与焉"（《论语·泰伯》）。他曾赞扬贤君商汤、周武王说："汤武革命，顺乎天而应乎人，革之时义大矣哉！"后来，当形成学说体系后，他曾将儒家思想核心概括为"祖述尧舜，宪章文武"（《礼记·中庸》）。当然，众多的人物中，对孔子影响最大的要属周公。

孔子不仅从古书和古人中汲取自己所需要的精神营养，而且对当时的杰出人物也很关注，如郑国的子产、晋国的叔向、齐国的晏婴等。孔子所处的那个乱世，既是战火纷飞的年代，又是召唤时代先行者的时代。当"礼崩乐坏"之际，少数杰出的政治家、思想家却尽其所能地努力工作，或力挽狂澜，或探索未来的出路，才使这个亘古未有的"乱世"成为并非毫无希望的时代。

设教育人泛爱众

在孔子之前，中国的教育事业就相当发达，但那是专门培养贵族子弟的，庶民阶级则被无情地关在教育的大门之外。这种教育制度被称作"学在官府"或"学术官守"，在中国存续了上千年。到了春秋时代，情况渐渐发生了变化。随着贵族社会的秩序被破坏，随着贵族阶级走向没落，过去被视为神圣不可侵犯的制度有的被废弃，有的被改造，有的则失去了昔日的权威。社会中的"自由民"阶层逐渐冲破千年来的制度桎梏，积极参与到过去无权过问的国家事务之中，并通过各种途径争取自己的权利，其中就包括受教育的权利。

孔子勤勉自律，奋发进取，社会名气越来越大。他天资聪颖，兴趣广泛，无所不学，广泛涉猎文学、哲学、考古、天文、地理等领域，而且在这些领域中均有卓越的见解。于是，不能进入官学接受教育而又渴求知识的社会下层便慕名而来，投奔孔子门下为徒。孔子因为自己"少也贱"而未能接受正规教育，自学成才的经历使他能同情和理解青年们的求学愿望，因此便开门收徒，开始了创办私学的教学生涯。

史料表明，孔子弟子至少来自齐、鲁、宋、卫、秦、晋、陈、蔡、吴、楚、燕等十多个诸侯国；弟子的成分也颇为复杂，其中大多数属于平民阶层，是向来不为贵族阶层看重的微贱之士，如蓬户柴门的原宪、无置锥之地的仲弓、做过马市经纪人的颛孙师、出身于商贩的子贡等，还有三年不举火、十年不制衣的穷苦百姓，甚至有曾身陷"缧绁"（监狱）和曾为"梁父之大盗"、行为有污的学生，还有市井无赖的卞之野人等。当然，其中也有若干贵族子弟，如执政大夫孟僖子的两个儿子孟懿子和南宫敬叔。

孔子究竟是何时开始设教育人的呢？古史缺乏明确记载，后人考证的结果也不一致，但可以肯定的是，孔子最迟在三十岁之初时就已经有了学生。孟懿子是上层贵族子弟，父亲死后世袭爵位，成为鲁国的执政大夫。他完全可以进入贵族官学，可是却遵从父嘱进入了孔子的私学，说明孔子私学在那个时期已经有了一定的发展，知名度也比较高了。这个时候孔子已经三十四五岁了，在此之前一定有人拜孔子为师，这从《左传·昭公二十年》中记载的孔子阻止琴张吊唁宗鲁一事可以看出一些端倪。

宗鲁是卫国人，是卫灵公的哥哥公孟絷的侍卫。当时卫国内乱，推荐宗鲁当保镖的齐豹想趁机杀掉总是怠慢自己的公孟絷，请求宗鲁帮忙。宗鲁既不想陷齐豹于不义，又不能不保护自己的主子，于是决定牺牲自己成全齐豹，最终和公孟絷都死了。琴张知道这个消息以后，就想去卫国哭吊，但是被孔子阻止了。孔子认为宗鲁死于不义，齐豹之所以坏了名声，公孟絷又被杀死，都是宗鲁的过错，根本不值得被凭吊。由于孔子的一番劝告，琴张最终没有去卫国。从整个事情上来看，琴张应该是孔子的学生。这个时候孔子三十岁，说明最晚在这个时候孔子已经开始收徒设教了。

孔子不仅创办了与"学在官府"相抗衡的私学，面向广大的平民阶层招生，而且搞的是"有偿教育"，这在当时也是个新鲜事物。孔子规定"自行束脩以上，吾未尝无诲焉"（《论语·述而》），意思是每个学生缴纳十条干肉，就可以来接受教育。"束脩"是古代一种很轻的见面礼，对很多人都不是难事；不过，家境富裕的学生如果自愿，其学费也可以"上不封顶"。

孔子的学校，教师仅有孔子一人，但他却凭着"诲人不倦"的精神培养了"弟子三千"，其中还包括成绩斐然的"七十二贤人"，不能说不是教育史上的奇迹。

西行求教入京师

古书、古人、同时代的人所给予的东西，使孔子成为一个饱学之士，但他并不满足于此。他要走出书斋，到更远的地方去求知。东周王朝的京师洛邑（即成周，今河南洛阳）是著名的政治、经济、文化中心，保留着当时大量的文物瑰宝、简册档案，还汇集了一批一流的学者；其面积为鲁国都城的三倍多，是当时最大的城市。这里不仅是周代文化荟萃之处，还是学习探索华夏文化，特别是夏商礼乐文化的理想之地。

到京城实地考察，对礼乐文化做深入了解和研究，掌握更加正宗的周礼，是孔子的夙愿。可是，从鲁国到洛邑千里迢迢，非有充足的物质储备难以成行；而且入京拜访也需正当的名义，还需要王公贵族的引荐。幸运的是，孔子的学生南宫敬叔就是鲁国的贵族后裔。有一天，孔子对南宫说："我听说有个叫老聃的，博古通今，知礼明德，我很想去向他学习求教。"南宫明白老师的心意，便趁着鲁昭公召见的时候，把这事告诉了他。昭公欣然同意，还赠送了车马仆人。（《孔子家语·观周》）国君的资助，不仅为这次京师之行提供了交通的便利，而且提高了赴京声望。孔子自然喜出望

周公"制礼作乐"石坊

外，稍事准备之后就启程了。

鲁昭公二十四年，孔子与南宫敬叔等人到达洛邑。他们参观了明堂，还参观了供奉周人祖先后稷的太庙。在明堂四周的高墙上，镌刻着一幅幅有关历史事件的壁画，有世人景仰的尧舜的伟大事迹，也有暴君桀、纣的罪行记录，还有周公辅佐成王治理国家的图像。在参观太庙时，他们看到右面的台阶前有一个铜像，上面贴着三道封条，背上刻有一篇长长的铭文，开首的文字是："古之慎言人也，戒之哉！无多言，多言多败；无多事，多事多患。"南宫不知其意，询问孔子。孔子解释说："这是古时说话谨慎之人，以此为戒告诉人们切勿多言，多说多错，多做多患。"这就是所谓"金人铭背"和"三缄其口"的来历。

当然，孔子此行最重要的目的还是拜访苌弘、老子等学者。苌弘当时担任宫廷乐师，是名满天下的作乐高手；老子则担任"守藏室之史"（《史记·老庄申韩列传》），即主管国家文物史料的官员，是一个虽无政治实权却需很高学养的职位。由于职务之便，老子熟于掌故，精于历史，能够接触到许多常人阅读不到的历史档案，因而对世道沧桑、王朝更替了如指掌。他听说孔子前来拜访，不胜欢喜，虚席以待。

宾主略事寒暄后即切入正题。孔子不无感慨地对老子说："现在这个世界，王道为何这么难推行呢？我想方设法地接近君王，可他们就是不能接受。道真是太难推行了！"老子回答说："问题的症结在于，当今的游说者为推行自己的主张往往流于诡辩，听众则常常被这些诡辩弄得晕头转向。人们千万别忘记自己要说什么、要听什么，才能使道有可能推行啊。"（《孔子家语·观周》）

接着，孔子向老子请教天子及国君丧礼中的一些问题。老子告诉孔子说，天子或者国君去世的时候，要由太祝把各个昭庙、穆庙内的神主（即牌位）都集中起来，依序陈列在始祖庙里，表示祖先们为天子或者国君的丧事而聚会在一起。等到安葬并举行了哭祭之后，再把各庙堂的神主放回原来所在的庙中。如果国君要出国，就由太宰请出各庙中的神主，带着与国君同行，表示祖先们永远与国君在一起。合祭时，要由太祝迎接其他四庙（天子有七庙，国君有五庙）的神主，聚集到太庙中陈列，在太庙中一同祭祀。不论是迎接神主离开原来的庙堂，还是送神主回庙，都必须排列仪仗队，不许闲人行走。（《礼记·曾子问》）

孔子还就礼制中一些变例的起源、因由向老子请教。老子也向孔子作了解释，并且谆谆告诫说：

第一，你现在钻研的东西，多数都是古人留下来的。对这些东西，你不能把它看作一成不变的金科玉律。第二，有身份的人外出时应该有车坐，但是如果条件不具备时，凑合一下也是可以的，不一定非要遵循古礼不可。第三，有道德、有学问的人是深沉而稳重的，往往藏而不露。这就如同做买卖的人一样，真正会做买卖的人是不把好东西放在外面的。

"问礼老子"图

老子所说的这一席话，让孔子受益匪浅、感触颇多。

在洛邑期间，孔子还随同老子一起做过丧葬的相礼。送葬的时候，途中遇见日食，孔子在前面引导灵车，他认为应该照常前进，便没有让灵车停止。老子说："孔丘，快把灵车停下，靠右边，大家也不要哭了，等等看有什么变化。"不久，日食现象消失，太阳又照耀如初。这时老子才命令大家继续前进。丧事完毕之后，孔子向老子请教为什么要停下灵柩，老子回答道："人们做事，无论是诸侯朝见天子，还是大夫出使他国，行为举止都应该在太阳光底下，这样才光明正大。送葬也是如此。只有逃亡和奔父母之丧事的人，才会披星戴月呢。"（《礼记·曾子问》）老子这番话，也让孔子受益匪浅，让他体会到礼仪无时、无事、无处不在，并将这一思想传给了曾子。

告别的时候，老子语重心长地说：

> 你要走了，我送你什么礼物呢？我听说，富者送人钱财，仁者送人良言。我不是有钱人，勉强算个仁者吧，就送给你几句话：我认为，聪明深察的人会面临死亡威胁，原因是他好讥评别人；辩才滔滔的人常会招来危险，原因是他喜欢揭人短处。为人子的不要老想着自己，为人臣的也别光想着自己。（《史记·孔子世家》）

在洛邑期间的这几番交往，令孔子收获颇丰，也令孔子的名声传得更远。回到鲁国后，孔子更加努力地教授弟子，远方的人也慕名前来求教。

化育弟子，隐忍待发：曲折隐忍的中年活动

孔子自三十岁起设教育人，短短几年间，其社会声望就与日俱增。虽然这一时期，孔子已不再是被阳虎挡驾凌辱的无名之辈了，但依然没能获得展示治国才干的政治舞台。于是，孔子一方面继续教书授徒、积蓄实力，另一方面则密切关注鲁国的政治动向，等待为国效力的从政机遇。

"斗鸡之变"避邻邦

孔子知礼守礼，对于僭越礼制的事情是绝不忍让的，即便面对当权贵族也毫不客气。鲁国国君势弱、"三桓"嚣张的现实在孔子看来是极不正常的，这让他既非常不满，又时感无奈。有一次，季氏竟然"八佾舞于庭"，私自用天子才能享用的礼仪宴乐，不臣之心昭然若揭。这让孔子大为气愤，发出"是可忍也，孰不可忍也"（《论语·八佾》）的严厉谴责。其实，鲁国"礼崩乐坏"的事例不胜枚举，如"三桓"在一次祭祖活动中，就公然演奏起只有天子祭祖时才能使用的乐曲《雍》；鲁君要祭祖先襄公，在公庙中跳"万"舞的只有两人，其他人都去了季氏的私庙。（《左传·昭公二十五年》）这都令孔子极为愤慨。而最突出的例子，莫过于发生在孔子三十五岁那年的"斗鸡之变"。

《左传·昭公二十五年》记载的这次"斗鸡之变"，是因斗鸡赌博而最终导致鲁国国

君被"三桓"驱逐的重大政治事件。这一事件的发生有远因也有近因。远因是由来已久的鲁国世卿专权的局面，使鲁昭公不得不想方设法铲除以季平子为首的"三桓"，以恢复公室的权力。近因是这年夏天，季平子和郈昭伯由斗鸡舞弊所引起的纠纷。斗鸡是当时鲁国贵族阶层中流行的一种赌博游戏，胜利的一方既可以赢钱，也能在气势上压倒对方。

季平子和鲁国的另一家贵族郈氏是邻居，两家经常在一起斗鸡，还时常因地盘之争产生冲突。季氏是鲁国"三桓"之一，而且是"三桓"中实力最强的一家；而"三桓"作为鲁桓公的后代，长期把持着鲁国的朝政大权。郈昭伯也不简单，其祖先是鲁桓公的父亲鲁惠公，比"三桓"的家世还悠久。仗着高贵的血统，郈氏很看不惯"三桓"的飞扬跋扈。

两家上演的这场"斗鸡大战"，一开始是季家的鸡翅膀上加了芥末，所以郈家无论怎样雄壮的斗鸡总是连连失败。后来郈家发现了这一秘密，便在鸡爪上装上锋利的小铜钩。于是季家的鸡又被抓瞎了眼睛，也以失败而告终。季家发现了郈家的伎俩，于是矛盾突然激化。季平子决定，第二天早朝时借昭公之口，要当着百官的面杀了郈昭伯，以泄心头之恨。可他万万没有料到，就在这天深夜，郈昭伯联合贵族臧昭伯和鲁昭公，三家合兵包围了季宅。

曲阜 "斗鸡台"遗址

决定这场斗争胜负的关键是看"三桓"中的另两家——孟孙氏和叔孙氏的态度。季平子专权霸道，与孟、叔两家素有矛盾，故而两家按兵不动，妄图从中渔利。郈昭伯清楚地看到了这一点，将军队交给鲁昭公指挥，自己去游说孟、叔"二桓"。郈昭伯认为，三家合兵围攻季氏，只要使孟、叔二氏不出兵相救，定然稳操胜券，所以，尽管外面激战厮杀，他却与孟懿子饮酒聊天，以稳住对手。事实果然像郈昭伯预料的那样，季平子毫无防范，寡不敌众，被昭公率领的军队团团围住，眼看成了瓮中之鳖。

在此千钧一发之际，叔孙氏接受家臣建议，来到孟孙氏家中，悄悄地对孟懿子说："我等与季氏同为上卿，三分公室。三足鼎立，三家俱存；一荣俱荣，一损俱损。"孟懿子猛然醒悟：三家虽有矛盾，但唇亡齿寒的道理他还是懂得的，所以当即挥剑将郈昭伯杀死，发兵救援季平子。援兵一到，"三桓"里应外合，鲁昭公的士兵顿时被打得落花流水、四散逃命，昭公自己反倒成了孤家寡人。自以为胜券在握的鲁昭公怎么也没有想到事情会发生如此逆转，只好仓皇流亡到齐国，过起了寄人篱下的生活。

孔子虽没参与上述行动，但对昭公被驱逐这件事是深表同情的。恪守礼法的政治思想，决定了孔子在君臣权力之争中，必然成为一个明显的"拥君派"。他坚定地站在维护君权的一方。在他看来，"三桓"僭越礼制已让人很难容忍，现在竟然把国君赶出国门，简直就是大逆不道。平时，孔子在讲学过程中，总是忍不住将"拥君抑臣"的情绪流露出来，这让"三桓"很不高兴，何况孔子还广收门徒、声望日显，形成了一股不可小觑的政治力量，这让"三桓"更不放心。有了这么大的政治压力，加上国君虚位，孔子感觉自己在鲁国已经待不下去了，所以昭公离鲁不久，孔子也因"鲁乱"离开故国，第一次带着众弟子，走上了一条自我放逐的道路，前往邻邦齐国。

无道苛政猛于虎

孔子及弟子一行从曲阜出发，取道泰山附近，前往齐国。逃离了令人窒息的动乱恐怖之地，又有大家结伴相随，孔子师徒倒也不算寂寞。赶了一段路程以后，师徒来到泰山脚下。泰山不仅是座号称"五岳之首"的峻伟名山，还是一处礼仪文化的圣地。在太平年景，帝王们都会来这里举行祭天大典。来到这样一个闻名遐迩的地方，师徒们自然要登高一游。只可惜，眼下泰山雄伟景色所引起的兴奋之情，很快就被残酷的现实冲刷得一干二净。

当孔子师徒经过一段山坳时，忽然听到一阵凄凉悲哀的哭声，赶上前去，发现是个妇人正在坟墓前哭泣。子路问妇人为什么哭得这样沉痛，妇人抽抽咽咽地说，她们数代住在这里，以打猎为生。泰山里的老虎常伤害人命，她的公公就是被虎吃掉的，丈夫也死于虎口。不久前，她的儿子又为猛虎所食。孔子问："那你们为什么还要住在这里，怎么不去安全的地方居住？"妇人回答道："谁不想去安全的地方？可是，这里没有苛政啊！"为了逃避沉重的赋税和徭役，妇人一家竟然选择在凶险的山里生活，这让孔子大为震动。他悲愤地对弟子们说："小子识之，苛政猛于虎也！"（《礼记·檀弓下》）

如此黑暗残酷的现实，迫使孔子不得不思考一个最根本的问题：怎样才能铲除"苛政"，给民众以安定的生活？经过思考，他的脑海中更加坚定了以前就曾思考过的政治模式——"德政"，即"为政以德，譬如北辰，居其所而众星共之。"（《论语·为政》）他认为，只要统治者能够以德治国，就会像居于中天的北极星一样，得到天下人的拥护和爱戴，"德政"目标就有望实现。孔子坚信，现实之所以如此混乱不堪，根本原因就在于无德者在位、在位者无德。因此，天下要么有德者居之，要么在位者就应以德要求自己，因为只有"道之以德，齐之以礼"，民众才能"有耻且格"。（《论语·为政》）

由此，孔子感到自己肩上的责任重大，他要向各国的统治者尽力游说，劝他们以德治国、教化百姓。此次赴齐最重要的任务，就是宣扬这一政治模式。孔子认为，以齐国经济、军事实力之强大，加上实行"德政"，天下重归礼治的目标是很有希望达成的。

在齐欲政屡受挫

齐国是鲁国的邻国，两国的位置大致以泰山一带为界。齐国的始封者是助武王灭商的"太公望"吕尚，也就是民间传说的姜子牙。齐国在武力征服东夷的同时，采取"因其俗，简其礼"的政策，使国内政局趋于稳定。在此基础上，齐国又制定了"尊贤尚功"的政策，利用"四塞之国"的地理特点以及东临大海、富有鱼盐之利的优势，鼓励工商业，使得国力迅速提升。到春秋时期，由于管仲的尽力辅助，齐桓公"九合诸侯，一匡天下"，一跃而成为诸侯盟主、"春秋五霸"之首，称霸达四十余年。晏婴相齐时，"内安社稷，外靖邦邻"，使姜齐继续保持了较长时间的繁荣。自恃强大的齐国，在军事上从来没有把鲁国放在眼里，在双方的冲突中，鲁国经常是败多胜少。这次鲁国内乱，鲁昭公逃到齐国；齐国为了安顿昭公，还攻占了属于鲁国的郓城。鲁国对此也无可奈何。

孔子适齐的这一时期，齐国当政的是以"苛政"著称的齐景公。《史记·齐太公世家》记载，景公"好治公室，聚狗马，奢侈，厚赋重刑"，动辄对民众施以"刖刑"，使得临淄城竟然出现假肢贵、鞋子贱的惨状。志大才疏的齐景公为重振霸业，还屡屡对外用兵，搞得人民苦不堪言。而且当时齐国统治集团内部冲突不断、矛盾重重，政权主要控制在几大贵族手里，国君也有大权旁落之势，其情形比鲁国也好不了多少。孔子来到齐国之时，就面临如此复杂的形势。然而，孔子却想在以"尊贤尚功"为特色、靠军事强大而称霸的齐国推行自己的"德政"模式，并且把希望寄托在无道的齐景公身上，这就注定了孔子在齐欲政必然是南辕北辙、圆凿方枘了。

为了在临淄有一个落脚之地，孔子屈尊做了高昭子的家臣。高氏在齐国也算是家世悠远的贵族了，虽然在贵族火拼中力量有所削弱，但仍然不失为齐国政坛上的一股重要力量。孔子投奔高氏当然不是为了做个管家，而是希望通过高氏的援引接触到齐景公，以便推行他的"德政"主张。

齐景公以前就对孔子有所知晓，加上高氏的大力推荐，孔子很快就得以拜见景公。《晏子春秋·外篇》在《重而异者第七》《不合经术者第八》两卷中多次记载孔子拜见景公的情形，并记述了孔子与晏婴、齐国太师等人的关系。令人遗憾的是，孔子适齐后犯的一个大错误，就是没有及时拜会晏婴和其他重臣，还对晏婴发表了不合适的言论。当时晏婴被拜为"正卿"，是齐景公的重要依靠，在政坛上有着举足轻重的地位。孔子本应在拜见景公之前先去拜见晏婴，何况当年晏婴到鲁国时，还专门去拜访过孔子。齐景公和子贡都发现了这件事情的不妥之处，但是孔子固执己见、不以为然，还说晏婴是三朝元老，在官场上十分顺利，说明他是有三条心的，其人品很值得怀疑。据《晏子春秋·卷八》记载，此话经景公之口传到晏婴耳中，晏婴大为不满，当即斥责孔子"未见婴之行而非其顺"的不妥行为，还向景公发表了一番"始吾望儒而贵之，今吾望儒而疑之"的感慨，晏婴与孔子就此交恶。这就埋下了孔子在齐欲政屡挫的首因。

孔子的政见之所以在齐行不通，不仅仅是因为与晏婴交恶，更根本的原因在于齐一直是以"尊贤尚功"方针立国并强国的。这与孔子的主张和鲁国奉行的"尊尊亲亲"、尊卑有别的方针大相径庭。《吕氏春秋·长见》有如下一段耐人寻味的文字：

> 吕太公望封于齐，周公旦封于鲁。二君者甚相善也，相谓曰："何以治国？"太公望曰："尊贤尚功。"周公旦曰："亲亲上恩。"太公望曰："鲁自此削矣！"周公旦曰："鲁虽削，有齐者，亦必非吕氏也！"其后，齐日以大，至于霸，二十四世而田成子有齐国；鲁日以削，至于觐存，三十四世而亡。

可见，两国不同的治国方略，乃是孔子在齐欲政却屡受挫折的主因。

史料记载，孔子在齐曾多次拜见景公，景公向他请教了很多问题，如天子庙灾问题、如何治国问题等。孔子提出"君君、臣臣、父父、子子"的"八字方针"，以及"政在节财"的治国主张。应该说，这些主张是切中时弊的，可谓齐国理政的不二之选。这是因为，当时国、高、崔、庆、田、栾等几家贵族势力甚强，齐国的确有君臣权力"倒置"的现象，而齐景公也确有奢侈无度、讲究排场的弊病，正如孔子以后所评价的："齐君为国，奢于台榭，淫于苑囿，五官伎乐，不解于时。"（《孔子家语·辩政》）但关键的问题是，一方面，孔子当时过于直言不讳了，"政在节财"不仅让景公十分不悦，而且"八字方针"也让景公无可奈何，因而其主张的实际可行性是大成问题的；另一方面，孔子把推行"德政"的希望寄托在大权并不在握的国君一人之身，而且忽视协调与贵族的关系，忽视齐国的历史传统、现实需求和未来走向，这就注定了孔子的主张必然落空。

据《晏子春秋》《史记·孔子世家》等记载，齐景公一开始是很重视孔子的，特别是"八字方针"的理论阐述，曾经使景公大为兴奋，因为这绝对有助于加强君权。为了能让孔子留下来为自己服务，景公很想重用孔子，并要把尼谿这个地方分给孔子作食邑。消息一出，贵族们纷纷反对，理由很简单，如果按照尊君抑臣、重农抑商的那套主张去做，不仅贵族们的末日要到了，而且齐国实力将从此衰落。晏婴首先出来大加阻挠，认为孔子的那一套繁文缛节对百姓来说毫无用处，非但不能使齐国强大，反而会给齐国造成灾难。

既然自己倚靠的重臣对孔子的评价如此之低，齐景公也就没有兴趣重用孔子了，对他开始采取敬而远之的态度，也不再提封邑的事情。但孔子还是努力地向齐景公宣传他的"德政"政策，最终，齐景公跟孔子摊牌说："要我们齐国像鲁国对季氏那样对你是不可能的，我最多做到像季氏和孟氏之间那样。"而齐国的其他贵族更加不客气，甚至在秘密谋划除掉孔子。孔子听到风声后向齐景公寻求帮助，齐景公只冷冷地说了句："我老了，不能用你了。"（《论语·微子》）话说到这个份上，孔子知道自己的"德政"理想只能化为泡影了。

习乐闻韶不厌学

齐国是个乐舞发达的国家。早在北辛文化、大汶口文化和龙山文化时期，这一地区就已经发展出灿烂的音乐文化。齐立国之后，姜尚并不完全遵照西周的礼乐制度，也遵从鲁中和东夷当地的风俗习惯，采取"因其俗，简其礼"的政策缓和民族矛盾，发展齐国文化，从而使齐国音乐形成了自己的特色。到春秋时期，可能是太师挚流亡于齐的原因，齐国的音乐水平更加高超，乐师中保留和传承着一些高雅的宫廷音乐。

孔子很重视"乐"的学习，是当时公认的音乐鉴赏家和演奏家。他曾对鲁太师非常形象地描述过音乐的演奏过程："乐其可知也：始作，翕如也；从之，纯如也，皦如也，绎如也；以成。"（《论语·八佾》）在齐国的时候，他也不失时机地向著名乐师学习齐国音乐，而且收获不少。他在齐国最高兴的就是观赏和学习了著名的鼓乐舞《韶》乐。

《韶》又称《萧韶》《九韶》《九招》《大招》等，相传是虞舜时期的乐舞。周代不仅王室保存了《韶》乐舞，不少诸侯国也能演奏，并逐渐形成了各自的特色。《韶》乐的主旨，是歌颂虞舜的功德，音乐古朴平和、悠扬悦耳。周初将虞舜后裔分封在陈，《韶》乐舞成为陈国的传统节目。周公后裔的封国鲁国也保存了部分《韶》乐舞。到春秋时代，齐国也有了《韶》乐舞。公元前672年，陈国的公子完在一次政治斗争中失败，逃亡到齐国，受到齐桓公赏识，做了管理工匠的"工正"，于是公子完将陈国的《韶》乐舞带到了齐国。

"孔子闻韶处"纪念碑

孔子在做高昭子家臣时就结识了齐国太师。之后，在与齐太师谈论音乐时，孔子了解到《韶》乐的流传情况，有幸聆听了《韶》乐。孔子是一位音乐造诣很高的人，早年跟师襄学习琴曲时，从音乐就能悟出作者的为人，自然对难得一闻的《韶》乐体验得深刻入微，更被它塑造的艺术境界所吸引。孔子不但聆听鉴赏，而且跟乐师认真学习。因为醉心于学习音乐，不分昼夜，连饮食也是弟子或高府奴仆送到身边的。他常常边吃饭边操琴，或狼吞虎咽地吃完又练，至于吃的什么、滋味如何，是全然不知的，以往的饮食习惯早已忘得一干二净。如是者三月有余，直至自以为达到理想境界为止。《史记·孔子世家》记载："与齐太师语乐，闻《韶》音，学之，三月不知肉味，齐人称之。"《论语》还记载孔子听了《韶》乐后感慨地说："想不到作为音乐能够达到这种境界！"并记载孔子对比评价说："子谓《韶》：'尽美矣，又尽善也。'谓《武》：'尽美矣，未尽善也。'"可见他对《韶》乐理解之深。

孔子忘我学乐的事迹，为后人啧啧称道。为了纪念这件事情，人们在齐国故都（今山东临淄）建碑纪念，题名"孔子闻韶处"。

立志教化育人才

孔子在齐国住了大约三年。其间，除多次拜见景公外，孔子还与吴国名士季札等人有过交往，"商羊知雨"的故事更让孔子名声大震。然而，齐国贵族专权跋扈，国君昏聩无为，助鲁君归国而未果，都使孔子心灰意冷。恰在此时，孔子收到弟子南宫派人送来的书信，说鲁国现状暂趋安稳，孔子也担心自己早晚会遭到齐国贵族的暗算，于是和弟子们收拾行囊，离开了齐国，回到父母之邦鲁国。

可是，这一时期鲁国的现实依然令人很沮丧，国君逃亡在外，"三桓"独揽大权，而且家臣们的权力也与日俱增。在孔子看来，鲁国的政治越来越远离"正道"了。这使主张"邦有道则见，邦无道则隐"的孔子不可能也不愿意为这样的当局服务。因此，他采取了隐居不仕的态度，专心教育，广收弟子，等待从政之良机。

这时，孔子的私学已经和初创时期的情形大为不同了。坎坷曲折的经历，在齐期间的作为，使孔子的社会声望进一步提高，思想视野大为拓展，教学经验不断丰富。孟氏兄弟和子贡等弟子的入学，使孔子私学的物质条件有了很大改善。越来越多的年轻人放弃做武士、职事吏等传统的老路，转而走文士或者"学而优则仕"的路子。鲁国、周边诸国甚至很多从远方前来的年轻人都拜孔子为师，像颜回、子贡、冉求、仲弓、宰我、有若、公冶长等一批人，就是在孔子由齐归鲁之后的一段时间里，仰慕孔子而前来学习的。新弟子的陆续到来，使私学更有活力，规模较初创时期扩大了许多。孔子秉持"有教无类"的政策，一大群地域、年龄、出身、阅历、性格、志向各不相同的人聚集在夫子门下，潜心学道修德，使孔子之门呈现出一派欣欣向荣、其乐融融的景象。

三代的官学只对贵族子弟进行教育，着重于"六艺"技能的训练，其宗旨是训练和造就未来的统治者。孔子的私学则不同，创办伊始就不满足于仅仅传授知识、学术和技能，而是注重德行操守的教育。他注意教学内容的全面性，培养弟子忠、信、孝、义等道德品质，而且强调行为教育，强调人的道德养成。由齐归鲁后，弟子日多，情况各异，入学目的各异，要把这些学生培养成为什么样的人的问题，已经突出地摆在孔子的面前。

经过深思熟虑，孔子认为应该把弟子培养成德才兼备的人，也就是从政"君子"。"君子"这个称呼出现的时代很早，孔子对此赋予了新的含义。在传统的贵族等级社会中，君子指的是贵族，小人指的是庶民；但是孔子认为，只要教化得当、达到规定道德标准的都可以称为并成为"君子"。他在不同的场合反复跟弟子谈论君子的品质和特点，比如"君子谋道不谋食""君子忧道不忧贫""君子怀德，小人怀土"等，将其作为一种理想的人格。在他看来，"君子"应该在修养、品德、行为规范和精神风貌等方面有要求，如应该"博学于文、约之以礼""无终食之间违仁，造次必于是，颠沛必于是"，时时处处自觉地实践"仁"；应具有最高的政治品质和政治气节，"可以托六尺之孤，可以寄百里之命，临大节而不可夺"；应该关心国家大事，将原则、道义置于首位，"周而不比""义以为上"；应该"己欲立而立人""己欲达而达人""见贤思齐""闻过则喜""成人之美""病无能""无所争"；其精神状态应该安详和睦、心胸应该坦荡博大，应该具有知、勇、恭、宽等多种美德。这些皆凸显出孔子对于道德教育的重视，也是其私学区别于传统官学的重要特征。

在归鲁以后的岁月里，孔子专心于教育事业，取得了显著的成绩。这些成绩与他高超的教学方法是密不可分的。弟子们回忆说，孔子一直都是一个"温而厉，威而不猛，恭而安"的老师。一个教师能做到这样是非常不易的。在教育实践中，孔子"循循然善诱人"，注重启发，主张"不愤不启，不悱不发"，培养学生"举一反三"、独立思考的能力；他重视"因材施教"，以"退而省其私""听其言而观其行""视其所以，观其所由，察其所安"等方式，对学生不同的性格、志向、言行、态度等加以分析和概括，据此进行有的放矢的教育；他推崇学习过程中的学、思、行三者的结合，力行"叩其两端""攻乎异端"，主张"学而时习之""学而不思则罔，思而不学则殆"；他主张人应该树立远大志向，要求学生树立"敏而好学，不耻下问"的态度，要"笃信好学，守死善道"，倡言"三军可夺帅也，匹夫不可夺志也"；他希望学生"毋意，毋必，毋固，毋我"，即不要主观臆断，不要一意孤行，不要固守成见，不要唯我独是，主张在破除"四毋"的基础上真实地存疑；他认为现实生活中不存在不犯错的人，主张"过则勿惮改"，还认为"君子之过也，如日月之食焉。过也，人皆见之；更也，人皆仰之"。凡此种种，使得孔子成为我国古代最伟大的教育家和私学教育成效最显著之人。

欲补苍天无人识

中国自古以来就是一个权力至上的社会，有了权力就拥有了一切，就可以支配一切。一个人如果手无寸权，没有相应的政治地位，那么即使再博学，主张再正确，也难以发挥出改造社会的实际效用。孔子深知这一点，因而想从政的愿望要比从事教育的愿望迫切得多。因此，孔子师徒经常谈论"从政""为政"问题，也常对他人的为政措施进行评判。诸如"足食、足兵，民信之矣""善人为邦百年，亦可以胜残去杀矣""天下有道，则政不在大夫；天下有道，则庶人不议""有国有家者，不患寡而患不均，不患贫而患不安""政宽则民慢，慢则纠之以猛；猛则民残，残则施之以宽"，如此等等，都是孔门评判政务的名言。可以说，孔子从未放弃对于政治问题的关注，"补天"热情始终萦绕于怀。不过，"三桓"对于这位一心只想隆重君权的名士却一直不理不睬，使孔子也只能徒唤奈何。

"政者，正也"（《论语·颜渊》）是孔子的一个著名论断。他认为，为政即是掌握国家政权的人运用权力使全社会的人格都"正"起来的政治行为，由此就能够实现"天下归仁"的社会理想。要实现这一理想，必须以"正"为目标进行全社会的人格改造活动，而且应以自上而下的方式进行。但是，当时鲁国的情况是，昭公依然流亡在外，国内君位虚悬，"三桓"秉政。这正是孔子所谓的"无道"时期。对于"三桓"逐君这件事，各诸侯国的政要分为讨伐和反讨伐两派。国君们强烈主张讨伐"三桓"，迎昭公归国，唯恐国君被逐的事件在自己国内上演；卿大夫们出于"物伤其类"的利益考虑，则千方百计地予以阻挠；"三桓"也大肆活动，尽力延缓昭公回国的进程，还假仁假义地邀他回国。结果是昭公返国无望，于公元前510年客死于边境的乾侯之地。"三桓"选来选去，最后选中了无任何反对"三桓"记录的昭公之弟公子宋即位为国君，是为鲁定公，鲁国政权依然稳操在季平子之手。孔子只好耐心等待从政之机。

公元前505年，令孔子甚是失望的季平子于夏六月卒，季桓子接替父职，继任为执政大夫。孔子此年已四十七岁，由于政见不同，仍不为当权者所用。季桓子继任不久，鲁国再次爆发了内乱。这是一次积怨已久、酝酿多年的大乱。不过，这次内乱不是爆发于"三桓"与国君之间，而是在"三桓"内部，是大夫与家臣之间的冲突。这场以阳虎为首，公山不狃、叔孙辄、叔仲志等参与其中的，欲取"三桓"而代之的动乱，于公元前502年爆发，历时一年才告平息。这次你死我活的权力之争，充分暴露出统治阶级内部矛盾的尖锐性、复杂性。事实上，在各派家臣如阳虎、公山不狃、叔孙辄、仲梁怀等人之间，也长期存在着邀宠争权的明争暗斗。鲁国政治陷入不仅季氏"僭于公室"，而且"陪臣执国政"，"是以鲁自大夫以下，皆僭离于正道"的更加混乱的局面。（《史记·孔子世家》）

面对这种乌烟瘴气的政局，孔子知道从政的机会依然未到。有弟子替他抱不平，孔子的回答是："人有没有职位不要紧，重要的是你有道德和才干就够了。"话虽这样说，其中恐怕是充满了无奈，因为孔子毕竟是迫切希望从政的，而且在鲁国已等了足足十年！倒是子贡看穿了老师的心思，他巧妙地问："假如这里有一块美玉，我是把它藏在盒子里，还是应该把它卖个好价钱呢？"孔子马上回答："卖掉它！卖掉它！我，就是等好价钱（卖）的！"（《论语·子罕》）这才是孔子内心真情的直白流露。这说明，一个人纵有不同寻常的"补天"热情和才干，也得等待时机的成熟才行。

欲救天下，生不逢时——孔子生平活动展述（下）

这一时期，孔子似乎等到了一次"从政"之机，为他提供"舞台"的是公山不狃。当时公山不狃占据着季孙氏的领地费邑（今山东省费县附近），密谋向季孙氏的权力提出挑战。孔子决定接受邀请，前往费邑"参政"。一个以维护尊卑礼仪为己任的大名人，竟然从都城跑到卿大夫远处的一个采邑，掺和到一场陪臣密谋反对主公的行动之中，这实在令人匪夷所思！子路得知孔子的决定后很不高兴，毫不客气地说："没有地方可去也就算了，又何必去公山氏那里呢？"孔子辩解说："那个召我去的人岂是白召我的？那是要让我去干一番事业的！不要小看费邑这个地方，当年周文王、周武王建立基业的丰和镐都不大。倘若真能用我，我就能造出一个像东周一样的礼仪之邦来！"（《史记·孔子世家》）后来，经子路一搅和，去费邑"参政"的事也就泡汤了。不过从这件事可以看出，孔子从政之心非常急迫，有时简直有些"饥不择食"了。

昙花一现的政治实验：雄心勃勃的中年活动

经过漫长的等待，孔子终于等到了从政的机会，这时他已年过半百！虽然从政时间不过短短四年，然而，任中都宰仅仅一年，其政绩就令四方纷纷效仿；任司寇时秉公断案，使社会风气有了明显改观；夹谷会盟时不费一兵一卒，就迫使齐归还侵地，取得了从未有过的外交胜利……可以说，在孔子主导下，鲁国政治面貌焕然一新。孔子则以"堕三都"为名，实施其弱私家、强公室、归政国君的计划。这是一场"鲁一变，至于道"的雄心勃勃的社会改良活动。这是孔子唯一的一次真正从政的机会，也是其一生中最为得意的时期！

一份满意的从政"答卷"

以阳虎为首的动乱虽然最终被平息了，但却给鲁国的经济和社会造成了沉重打击，而且充分暴露出贵族政治的江河日下。如何剪除来自家臣的威胁，消弭"陪臣执国政"的乱局，成为当权贵族要考虑的首要问题。因此，孔子尊卑有别的教化主张引起了贵族们的兴趣。这时的鲁国朝廷，为国内外的形势所迫，也急切需要打破世卿世禄的传统，引入新的有生力量，以刷新政治，重整秩序。这就为孔子从政创造了必要的条件。他不仅踏上了仕途，而且很快进入鲁国政权的核心层。

公元前501年，经"三桓"提议，孔子于五十一岁时被鲁定公任命为中都（今山东省汶上县）宰（相当于县长）。孔子对自己的理政能力非常有信心，研究了那么久的政治，只是治理个小小的中都，不过是小试牛刀而已。他在中都宰任上做了些什么，史书

孔子"化行中都"图

记载得很简单，但即使在这简单的记载中，我们也足以了解孔子的治政理念了。

据《孔子家语·相鲁》记载，孔子上任后，依照周礼的制度精神，制订了长幼有序、饮食有别、强弱异任（根据不同的身体素质给予不同的工作）、男女别途、路不拾遗、用具简朴等礼节，还特别对丧礼作了"为四寸之棺、五寸之椁，因丘陵为坟，不封不树"等具体规定。他在制订这些规定时，注意把道德教育的寓意融入其中，让人们在遵守礼法的同时受到道德的教化。毫无疑问，这是孔子"以德治国""以礼教民"理念的具体落实。如此施行仅仅一年，人们的生产、生活就秩序井然，中都地区由是大治。

有人对孔子这一业绩甚表怀疑，断言这是后人对孔子的美化。我们认为，虽然不能完全排除吹捧的成分，但也具有相当的真实性。第一，"为政"是孔子极感兴趣的话题，也是师徒一直以来热衷讨论的。俗话说："当局者迷，旁观者清。"经常对他人为政措施进行评判，必然对为政利弊洞若观火。在此情形下，一旦有了从政之机，孔子就能迅速抓住为政的要害和关键，如此必然事半功倍。第二，孔子绝不可能一人赴任，而是会带着一帮弟子，组成颇有规模的一套"班底"。他们之间既非常熟悉、相互协作，又各司其职、人尽其才，共同服从于孔子的领导。如此既能最大限度地降低协调和试误成本，又能极大地提高为政效率。第三，孔子等了那么多年，才终于等到了这样一个机会，自然是倍加珍惜的。而且他也深知，这一任命肯定是当权者的一种政治试探，是对他理政能力的一次考验。因此，孔子必然殚精竭虑、倾尽全力，将中都作为自己步入政坛的一份"答卷"、一个"宣言"。

由地方到朝廷

中都大治使孔子的政治影响力迅速扩大，其做法让四方诸侯纷纷效仿。消息传到都城，鲁定公特意召见孔子，开门见山地问道："按照先生在中都推行的办法治理鲁国，效果会怎么样？"孔子回答说："就是治理天下也是可以的，岂止只是治理鲁国呢！"（《孔子家语·相鲁》）于是，孔子被擢升为司空（此为小司空，大司空仍由孟孙氏担任），主管水土、建筑等事。以前这种职位都由大贵族垄断，孔子出任此职，说明经历动乱的冲击，贵族统治的国家机器已经明显地松动了。孔子上任后，经常组织勘察地形，还把土地分为山林、川泽、丘陵、坟衍（即高原）、原隰（即平地）五类，根据不同的土壤条件种植不同的作物，使土地各尽其利、生产得到发展。这在两千多年前还是非常科学的，可视为土壤学的早期应用。

除把这项工作管理得有条有理外，孔子在任内还做了一件尊君抑臣的大事。当年，鲁昭公去世后，季平子为了发泄内心的怨恨，有意将昭公葬在众国君的公墓之外，并且用深沟将二者隔开。孔子当了司空后，便命人将沟填平，并把昭公之墓迁回公墓中。此举当然引起了季氏的不满。孔子找到季桓子，对他说："贬抑君主就是彰显自己的罪愆，这是违背礼制的。司空是管理建筑的。我现在把坟墓合在一起，就是为了掩盖你们季氏的不臣之罪啊。"（《孔子家语·相鲁》）孔子说得如此振振有词，弄得季桓子有口难辩，只好承认事实。过去国君慑于季氏淫威敢想而不敢做的事情，现在却让孔子做成了，而且做得光明正大，让当权者都理屈词穷！这使得孔子的政治声望得到进一步提升。

夹谷之会，完胜齐国

由于政绩卓越，孔子任司空时间不长即升为大司寇。这是主管治安司法的行政长官。这时孔子才真正跻身于政权的高层。孔子能升任此职，除其政绩卓越、声望甚高以及"三桓"有意让孔子一试身手等因素之外，肯定还有定公的私心考虑，因为孔子的政见是有助于加强君权的。此外，当时孟孙氏家族掌权的是孟懿子，孟懿子又是孔子的弟子。季桓子默认提拔孔子，也希望借此密切与势力日增的孟懿子的关系。总之，是政治的妥协和机缘巧合，让孔子步入了其仕途生涯的巅峰时期。

鲁定公十年（前500年），即孔子刚被任命为司寇不久，齐鲁两国决定在边境上的夹谷（今山东省莱芜市境内）举行会盟。这次会盟的起因绝非如司马迁所言，是齐国人担心"鲁用孔子，其势危齐"，即因惧怕鲁国强大而结盟。事实上，鲁国这一时期虽然起用了孔子，但基本政治格局并没有根本改变；孔子也不至于有如此大的能耐，可以让长期衰弱的鲁国迅速强大起来，以至于"其势危齐"。当时的形势是，鲁国这时已沦为一个二流国家，其一贯政策就是紧紧追随西方霸主晋国，以免遭齐国侵凌。而这时，晋国与秦国已结成"秦晋之好"，便把进攻的目标对准了东方的强齐。在此情况下，如果不拆散晋鲁联盟，或者缓和与鲁国的紧张关系，齐国必然会受到两面夹击。因此，齐国必须争取鲁国的支援，起码也要保证对自己不造成威胁，于是主动派使节到鲁国，约定举行两国的高级别会谈。

为了赢得这次外交胜利，两国在会盟前都做了认真准备。鲁国除做好其他准备外，还认真选择了相礼。在诸侯会盟的重大场合，相礼的作用非同小可，他既要熟悉会盟过程中的各种复杂礼仪，熟练掌握国家间的交往惯例，还要为国家尽力争取利益。孔子自幼习礼，对各种礼仪非常谙熟；他曾在齐国住过一段时间，与齐国的君臣都有交往；而且如今他不似从前，已是国家的一名公职人员。所以从各个方面看，孔子都是担任相礼的最适合的人选。

"夹谷之会"的最终结果是，一向软弱的鲁国不仅在气势和道义上压倒了齐国，而且迫使齐归还了郓、汶阳、龟阴等大片被侵占的土地。这可是前所未有的大事件，大长了弱国的志气！长期以来，鲁国与齐国冲突不断，但常常败多胜少，被强齐蚕食了不少土地。似这等不费一兵一卒就让齐国退还土地的事情，实在令人吃惊。不少史书将这次胜利完全归功于孔子，这明显夸大了孔子的作用。事实上，国与国之间是要靠国家实力说话的，更取决于什么是国家的当务之急。当时齐国面临着强晋的巨大压力，最主要的敌人是晋国而非鲁国，因而与长期结怨的鲁国和解，是齐国对外关系唯一正确的选择。要和解就要有实际行动，甚至有时要做出一些实质性的让步。两害相权取其轻，暂时让步是为了谋取更大利益。我们认为，这才是齐国同意退还土地的根本原因。

当然，如此说并非意味着否认了孔子会盟时的作用。恰恰相反，他的机智、勇敢，审时度势，适时加码，是鲁国此次外交完胜的重要原因。对于这次外交活动的过程，《史记》《孔子家语》等都记载得非常详细、生动。其具体情形是，行前齐国不仅做了周密的准备，而且大夫犁弥曾为齐景公出了一个阴险的计谋。他说："孔丘懂得礼节但不懂军事，如果派人用武力威胁，一定可以签下对我们有利的盟约。"齐侯采纳了他的意见，准备以武力迫使鲁国屈服。没想到孔子事前也提醒鲁定公："我听说，有文事者必有武备，有武事者必有文备。古时候诸侯离开疆土，必须带武将跟随保护。请您也让掌管军事的左、右司马，带着军队兵车前去，以备不测。"鲁定公采纳了他的意见，也做了相应准备。

依照约定，两国国君来到泰山以东的夹谷。会盟之处筑有一个很大的土坛，设有三级台阶，供人拾级而上。按照诸侯会盟的惯常礼节，双方相互揖让，致礼献酒。不料会谈还未正式开始，齐国官员突然走上前来说："为庆祝两国和好，请演奏'四方之乐'以助兴。"齐景公不等鲁定公表态，立即应允。于是，早有准备的齐国土著莱人举着各式旗帜、盾牌，挥舞着长矛、短剑、大戟，鼓噪着一拥而上，试图威胁恫吓鲁君。孔子见形势急迫，立即上前制止。在这样隆重的场合，以孔子的身份，上台阶时本来

齐鲁"夹谷会盟"处

应一只脚踏上后，另一脚随上并拢，再迈到上一级。此时孔子不顾俗礼，一步三级地跨上盟坛，带着鲁定公退下，大声喝道："两国的国君友好会见，而边远的东夷俘虏却来献丑捣乱，这是什么意思？按照礼仪，应该'裔不谋夏，夷不乱华，虏不与盟，兵不逼好'。你们这样做，对于神灵大不敬重，从道德上说是失德，从人际关系上说则是失礼。英明的君王绝不会这样的！"齐景公不得已，只好挥挥手，命令这些土著莱人退下。过了一会儿，齐官员又请演奏"宫中之乐"。经景公允许后，一群侏儒边舞边戏，丑态百出，试图折辱鲁君。孔子又大步跨上土坛厉声说："在如此隆重的场合，这些下贱的人竟敢戏弄诸侯，按律当治罪！"迫使景公下令处罚了这些侏儒。

齐国见威胁和折辱鲁君的计谋都未得逞，就抢先一步宣布他们拟定的"霸王条款"："齐国军队出境作战，鲁国必须以三百辆战车助战，否则就算背盟。"妄想不等鲁国讨价还价就迅速签约。在此紧要关头，孔子马上嘱令手下的兹无还，针锋相对地回应说："不行，这不合理！齐国如不归还侵占我们的汶阳之田，我们就不出兵助战。这不能算是背盟！"签约一时陷入僵局。齐国见计策用尽却未能折服鲁国，而且还得知鲁国事先带来了兵马，要强行通过盟约已不可能。为避免夜长梦多，在反复权衡利弊之后，齐国只好签订盟约，匆匆结束了会盟。事后，齐景公责备臣下说："人家鲁国以君子之道辅助君主，你们却以夷狄之道教寡人！这下得罪了人家，怎么办？"思前想后，齐国终于把汶阳之田归还了鲁国（这些土地原属季氏，阳虎败绩后曾据此以媚齐国），作为对此次会盟屡屡失礼表达的歉意。

以上即为史书记载"夹谷之会"的详细经过。不难看出，在几次关键时刻，孔子都当机立断、挺身而出，显示出其过人的胆识和非凡的才能。此次会盟，齐国最大的失策在于，它一方面迫于形势的压力，明知与鲁国结盟是唯一的选择；另一方面却又心有不甘，想处处占上风、摆架子，外强中干地设法羞辱鲁国。孔子的高明之处则在于，他一方面洞悉了强齐为什么主动对弱鲁"示好"的根本原因，摸透了齐必须与鲁结盟的外交"底牌"；另一方面，及时抓住了齐国的几次失误，显示外交主动和强硬，将齐置于道义的不利位置，最终迫使齐国做出退还土地的重大让步。因此，鲁国此次外交大获全胜，孔子是功不可没的。

依情断案的司法模式

"夹谷之会"不仅使鲁国维护了尊严、保住了国格，而且得到了重大实际利益。这也使得孔子的声望更加高涨。过去，孔子的声望主要来自学问和教育，来自洁身自好的君子操守和坚定的政治见解；现在，中都大治、夹谷完胜向世人展示出孔子非凡的政治才干和外交才能。会盟归来后，孔子致力于履行其司寇之责。

司寇主要掌管刑讼事务。孔子担任此职，既是一个政治奇迹，也是一次严峻挑战。说它是奇迹，是因为这一职务过去一直是由高级贵族担任的，现在却由一介布衣来担当，不能不引起社会的震动；说它是挑战，是因为司寇的职责是依法治国，现在却由大力倡导"以德治国"的孔子来担任，理念的冲突在所难免。因而孔子任司寇将如何作为，自然引起人们极大的好奇和疑问。

对于公众的疑问，孔子公开亮明自己的司法理念。他说："听讼，犹人也。必也，使无讼乎！"（《论语·颜渊》）意思是说，我审理案件时和别人差不多，如果一定让我去做，我管理诉讼的目标就是让人们再无诉讼。他还明确说过："道之以政，齐之以刑，民免而无耻；道之以德，齐之以礼，有耻且格。"意思是，用政令来控制，用刑罚来管理，民众只会力避罪罚，却没有耻辱之心；用道德来引导，用礼仪来整顿，民众就不但知耻而且谨慎。可见，孔子虽然身为司寇，却并不热衷刑罚，也不想以罚立威。孔子是这么说的，也是这么做的，最典型的例子莫过于审理一起父子诉讼案。

据说，一些想打官司的人听说这件事情以后深受感动，纷纷请求撤诉。有个羊贩子叫作沈犹氏，总是把买来的羊喂饱水，然后才拉到市场上去卖；有个叫公慎氏的人，妻子平时的生活作风很有问题，但是他却一直不闻不问；有一位慎溃氏，仗着自己和贵族有关系，为非作歹，扰乱社会秩序；还有一些贩卖家畜的人，曾囤积居奇、欺行霸市，肆意抬高物价。他们在孔子做了司寇之后，都有所收敛：沈犹氏不敢把羊灌饱水再卖；公慎氏休了妻子；慎溃氏则仓皇逃出了鲁国；至于那些贩卖家畜的人，经过孔子三个月的劝化整治，也都老老实实，不敢再欺蒙百姓。有记载说，孔子以劝化为基调的司法活动仅仅进行了几个月，就使得鲁国的社会风气有了明显的改观，出现了男女有别、亲情和睦的局面。外地人到了鲁国，也像到了家一样，很少再有人到有关部门去申诉了。

礼堕三都，功败垂成

夹谷之会、依情断案，使鲁国的国际形象和社会治安有了明显好转。在此背景下，孔子开始着手进行一项重大的政治革新工程，即以"堕三都"为名义，实施其弱私家、强公室、整顿政治秩序的宏伟计划。

"三都"是"三桓"在各自封地内筑起的城堡，高大坚固，易守难攻，城内还储有粮食，驻有数量可观的私家军队，是"三桓"重要的根据地。当时，季孙氏的领地是以费邑为中心的广大地区，叔孙氏的领地以郈邑（今山东省东平县东南）为中心，孟孙氏的领地则在靠近齐国的郕邑（今山东省宁阳县东北）周围。由于"三桓"长期住在都城曲阜，实际管理三家封地的是他们的家臣。这些家臣依托高大的城池，逐渐与"三桓"分庭抗礼，成为割据势力。爆发于鲁定公八年的阳虎之乱，就是家臣们与"三桓"离心离德的突出表现。叛乱虽然被镇压了，但是叛乱的重要参与者公山不狃依托固若金汤的费邑继续负隅顽抗，季孙氏一时也无可奈何。

事有凑巧，就在"夹谷之会"前不久，季孙氏的另一家臣南蒯联络公山不狃等人，以费邑为基地再次发动叛乱。在此前后，叔孙氏的"后院"也曾"起火"，其家臣侯犯在郈邑发动叛乱。叔孙氏两次派兵镇压，并有齐国军队介入，但都因该城池高大坚固而强攻不下。只是后来叛乱者内部产生分裂，叛乱才稍有平息。

连续不断的陪臣叛乱，不仅闹得举国上下人心惶惶，更让"三桓"沮丧不堪。他们过去依靠坚固的采邑对抗国君，而今那里反倒成了陪臣反对自己的堡垒。"三桓"被这些叛乱搞得晕头转向，只好问计于孔子。孔子回答得很干脆："陪臣不断叛乱，就是因为你们的采邑远离国都，城池又太高大，成了他们有恃无恐的根据地。所以，现在必须拆除城池，才能彻底消除祸患。"吃够了陪臣苦头的季孙氏，醍醐灌顶般地对此大加赞成；叔孙氏刚从陪臣叛乱中缓过神来，当然也表示赞同；孟孙氏有别人的前车之鉴，唯恐家臣也如法炮制，故也不表示反对。于是，孔子"堕三都"的计划，首先得到了"三桓"的支持。

"堕三都"虽被孔子说得冠冕堂皇，似乎全是为"三桓"利益考虑，实际上他是想利用此次机会，不仅要铲除陪臣这个政治毒瘤，更要彻底摧毁"三桓"的老巢，实现其尊君抑臣、还政于君的政治理想。为使这一计划顺利进行，还必须让国君明白"堕三都"的真实意图。于是孔子悄然对鲁定公说："依照周礼规定，大臣不应拥有军队，大夫不能有长三百丈、高一丈的城池（即方圆五里）。现在三家都已超过规定的程度，应该削弱他们的势力，'堕三都'之意就在于此。"（《孔子家语·相鲁》）鲁定公听后当然非常欣喜，因为无论是打击陪臣还是卿大夫，对他收复统治权都是绝对有利的。这样，孔子的"堕三都"计划，得到了各方势力的普遍支持。

公元前498年夏，"堕三都"行动首先在叔孙氏的领地郈邑开始。子路当时出任"季氏宰"，具体指挥这次非同寻常的政治"大手术"。之所以先拿郈邑"开刀"，不仅是因为叔孙氏力量最弱、便于下手，而且侯犯的叛乱刚刚结束，叔孙氏还心有余悸，所以

"礼堕三都"图

拆除郈邑的工作进行得比较顺利，没有遇到什么阻力。可是，当轮到拆除季孙氏的领地费邑时，还没来得及动手，就引起了盘踞在那里的公山不狃和叔孙辄的极度恐慌。经过商议，他们认为与其坐以待毙，不如主动出击，于是率领费邑的军队悄悄向鲁都进发。都城中的人没有料到公山不狃会铤而走险，一时全城陷入混乱之中。鲁定公和他的儿子以及孔子、孟孙氏、叔孙氏等人都跑到季桓子家中避难，季氏将他们安排到数丈高的"武子之台"躲藏起来。叛乱者得知国君及重臣都在季氏家中，率军将季氏府邸围住，并攻到台下。因为台子太高，叛军一时未能得手。危急时刻，孔子命令武将申句须、乐颀领兵从高台上居高临下冲击叛军，结果叛军被打得阵脚大乱，退出曲阜，向费邑逃窜。公室军队乘胜追击，在姑蔑（今山东省泗水县东）彻底打败了叛军。公山不狃与叔孙辄逃亡到齐国。于是费邑也被顺势拆掉。

拆掉郈邑、费邑两个城堡后，"三都"中只剩下了孟孙氏的郕邑。不过，孟孙氏对"堕三都"虽然当初同意，却并不十分积极，因为自己并没有陪臣作乱的切肤之痛。耐人寻味的是，这时孟孙氏的当家者并非别人，而是孔子的学生孟懿子。对于他来说，是老师的政治理想重要还是家族的利益重要，他不能不斟酌权衡。恰在此时，驻守在郕邑的公敛处父来找孟懿子，对他献策说："郕邑是我们北方的门户，如果毁掉郕邑，齐国人必然可以直抵国境。而且郕邑是孟氏的保障，没有郕邑就等于没有孟氏。如果您面子上过不去，就推说指挥不动我。我打算不毁咱们的城墙。"孟懿子觉得很有道理，于是依计行事，表面赞成堕郕，暗中支持公敛处父全力反抗，堕郕受到很大阻力。季孙氏和叔孙氏此时如梦方醒，明白了孔子"堕三都"的真实意图，对此事也不再支持，因而堕郕一直拖到年底也没有结果。十二月鲁定公亲自率兵包围郕邑，公敛处父带领家兵据险坚守。没有了其他两家的支持，鲁军没能攻下郕邑，只好不了了之。"堕三都"计划就此搁浅。

实验夭折，原因何在

"堕三都"是孔子从政以来最重要的改革措施，结果半途而废。虽然开始时他可能考虑到了这种后果，但是当结果真出现的时候，孔子依然感到非常痛苦。这一计划的功败垂成，给予孔子的打击是沉重的。打击并不限于"堕三都"本身，更因为孔子意识到他与"三桓"的政治"蜜月"就此结束，那种"行乎季孙，三月不违"的关系也不可能继续下去了。"鲁一变，至于道"的政治实验宣告失败，生活重新回到旧有的轨道上来。

"三桓"仍然是鲁国的实际统治者，鲁定公仍然是个被玩弄在"三桓"股掌之上的政治傀儡。

这一政治实验何以夭折，其原因概有以下几个方面：

首先，在从政的四年间，孔子的确取得了一些成绩，特别是夹谷会盟之后，在鲁国的地位被大大地抬高。他或许没有意识到，自己之所以在政治上一时得意，主要不在于他政治操守如何坚定，而是得益于陪臣作乱所导致的"三桓"一时之间的手足无措。这些大贵族可不傻，他们抬举孔子是为了打击陪臣，扩大自己的利益，绝不是让人给他们掘坟墓的。触犯到"三桓"的实际利益，超过了他们设定的范围，任何改革都必然招致强烈的反对。孔子的学生孟懿子在"堕三都"之事上的阳奉阴违，就是政治利益大于一切的最好例证。

其次，孔子的最高理想是把鲁国作为一个实验样本，将其推广到整个天下，让社会重新恢复到尊卑有别的礼治时代。但是他可曾想过，尊卑君臣都是相对而言的？卿大夫对陪臣而言是君，对国君而言则是臣；国君对卿大夫而言是君，对天子而言则是臣。由此就不难明白，当旨在对付陪臣时，卿大夫当然会支持他；而当眼前祸患稍减，要去服务于国君时，也就必然招致卿大夫的反对。甚至可以进而言之，当孔子要把这一"最高理想"推广到各国去时，也必然会招致各国君主的反对。为了自己的理想，竟然与这么一大堆政客作对，这是力量何其悬殊的一场较量！须知，春秋末期是个乱世，政客们大权在握，想隆重君权无异于与虎谋皮，这是孔子政治悲剧的最大根源。

再次，"堕三都"计划对特定的鲁国而言，最欢迎者当然是鲁定公了。但是鲁国的实际当权者是"三桓"，他们之所以能嚣张跋扈，就是因为他们削弱了王权。只要孔子不坚持拥君，不去削弱"三桓"的权力，贵族们也需要孔子来装点门面。可是，孔子是一个很有品格的人，他明确宣称"不义而富且贵，于我如浮云"。在关系到理想与追求的大是大非问题上，他丝毫不含糊，"三桓"对此也心知肚明。由此，"堕三都"计划的黯然退场，也就在所难免了。

总之，历史实践证明，贵族政治迟早会退出历史舞台，但这既需要时间，也需要条件。孔子的礼制思想、德政思想虽然可取，但这须待和平盛世。在春秋末期的乱世，掌权者首先考虑的是自己而不是天下的利益，是自我生存而不是社会发展。要生存就要打破旧有秩序，需要尔虞我诈、殊死拼杀，需要轰轰烈烈的变法运动，这绝不是道德劝化、尊卑有别之类主张所能达成的。

自我放逐，欲救天下：颠沛多难的晚年活动（上）

随着与"三桓"政治"蜜月"的结束，孔子感到再在鲁国已难有从政之望。悲怆之余，五十五岁的孔子率弟子依依不舍地离开鲁国，踏上了"自我放逐"的道路，希望能去别国寻求从政之机。孔子坚信，除了鲁国，普天之下，不可能没有国家给他提供从政的舞台，可他肯定未曾料到，他们这次踏上的竟然不仅是一条坎坷曲折、多灾多难的路，还是一条需要十四年才能走完的路！四处碰壁，无家可归，死里逃生，栖遑落魄，是这一时期孔子活动的突出特征。

依依难舍，因膰去鲁

虽然孔子从政遭受了重大挫折，但他仍心有不甘。毕竟，这是他苦苦等了几十年才等到的参政机遇。他非常清楚，如果就此默默地退出政坛，那么改造社会秩序的宏愿将更加遥遥无期。他必须为缓和与"三桓"的紧张关系而做最后的努力。因此，他几次硬着头皮去见季孙氏的另一人物季康子，其结果却是，每次都被季康子冷冷地拒于门外。宰予觉得老师此举实在有失尊严，就不悦地说："以前我听老师说过：'王公不诚意邀请我，我就不轻举妄动。'现在您当司寇时间还不长，就数次屈节拜访，这事儿还不该停下来吗？"孔子辩解说："鲁国以众相凌、以兵相暴的日子太久了，如果不加以治理，社会将更加混乱。与这等大事相比，我们受点委屈算什么？难道我们还要等着人家诚意邀请吗？"（《孔子家语·子路初见》）一番话，明确地表达出了孔子心中的焦急和无奈。

其实在"堕三都"事件发生以后，孔子在政治上已经被鲁国贵族无情地抛弃了，但是齐国当权者此时并不知道真相，他们在夹谷之会上受了孔子的气，又听说孔子在鲁国搞政治改革，生怕鲁国强大会威胁到自己，于是齐国大夫黎弥给齐景公出了个主意："咱们可以想个方法扰乱孔子的政治改革。臣听说，鲁定公和季桓子都是贪财好色的人，我们就送些女乐纹马，让他们荒怠政治，离间他们和孔子的关系。"齐君觉得此计甚妙，于是派人挑选了16名能歌善舞的女子，还精心打造了30辆马车，套上纹饰漂亮的120匹马，派人送到鲁国。到了鲁国，他们故意不把这些东西直接送进王宫，而是在都城南门外进行公开展示，引得季桓子和鲁定公乔装打扮后偷偷前去观看。两人以前都没有见过这种乐舞，心中非常喜爱。他们知道接受女乐这件事孔子一定会反对，也就打定主意不告诉孔子，不给他任何提意见的机会。

收下了女乐纹马之后，鲁定公和季桓子都沉浸在声色犬马之中，无心处理政事，更没有时间搭理孔子。一连数日，孔子去见当权者，都被他们以种种借口推脱。时间一长，连子路都看不下去了，他气愤地跟孔子说："夫子，现在鲁国都这个样子了，为了他们这种荒唐的人，还值得再花费心思吗？咱们可以离开鲁国了。"孔子回答说："再

孔子周游列国路线示意图

等等吧！鲁国最近要举行郊祭了。按照礼制，仪式结束后应该把祭祀用的膰肉分给大夫。如果他们也送一份给我，说明他们心中还有礼仪，还不是无药可救。我想还可以留下来。"（《孔子家语·子路初见》）可惜，郊祭大典草草就结束了，之后鲁定公和季桓子又去欣赏女乐，也没有膰肉送来。孔子当然不是贪图这块膰肉，但通过这件事情，他明白传统礼节已被贵族们忘在了脑后，更清楚自己在君臣心目中已经没有了什么分量。

悲愤之下，孔子恋恋不舍地准备离开鲁国。在国境线附近，孔子久久徘徊。毕竟，身后是他深爱的故国，这里有他的妻儿亲人，有他设坛授教留下的印迹，有他为之呕心沥血的鲁国政坛。有的学生认为孔子走得太慢了，孔子说："我们要慢慢地走，慢慢地走，这才是君子离开故国该有的做法啊。"（《孟子·万章下》）孔子师徒缓缓而行，走到鲁国边境一个叫作"屯"（此地现有两说，一是郓城县李集乡，一是阳谷县安乐镇后屯村）的地方，住了一夜。这时，季桓子派来的乐官师已追了上来。他没有明确地加以挽留，只是意味深长地说："先生，其实您是没有什么过错的。"孔子沉默了许久，才当着师已的面，悠悠地唱了一首歌，歌词是："彼妇之口，可以出走；彼妇之谒，可以死败。盖优哉游哉，维以卒岁。"（《史记·孔子世家》）表达了对于统治者耽于女乐的不悦和讽劝。唱罢，孔子一行收拾行李，告别师已，开始了周游列国的历程。

纠缠不清的卫国之行

鲁定公十三年（前497年），孔子开始了他长达十四年的流亡生涯，也开始了他人生最精彩、最丰富也最为艰难的一段旅程。孔子面临的时代是一个动荡不已、变化频繁的时代，也是一个礼崩乐坏、欲望丛生的时代。而孔子此行的目的却矢志不移，还是为了"求仕""行道"，推行他拯救天下的宏伟理想。

孔子这次离开鲁国，没有去东边的齐国，因为夹谷会盟时他已经得罪了齐景公；而且他之所以离开鲁国，也与齐景公送来的女乐纹马有关。孔子选择了和鲁国西部接壤的卫国。之所以选择卫国作为流亡生活的第一站，不仅因为卫国与鲁国接壤，还因为鲁卫是兄弟之邦，同为姬姓封国，同样保留了周朝的一些礼制，同是当年西周分封的大国。卫国还以贤人君子多而闻名列国，拥有一批有名的贤大夫，如蘧牟、林国、庆足、颜涿聚、蘧伯玉等，这让孔子十分心仪。另外，孔子的学生中也有不少卫国人，如子羔、子贡、子开等，会给孔子的活动提供不少便利。有如此多的有利条件，孔子期望在卫国政坛上能够有所作为。

在从边境前往卫国国都帝丘（今河南省濮阳市境内）的路上，孔子看到一望无际的大平原上人烟稠密，禁不住称赞说："人口真多啊！"为他驾车的冉有听到老师如此赞叹，便回头问道："人口这么多，接着应该做些什么呢？"孔子回答说："要让他们富裕起来。"冉有又问道："如果富裕了，接着再做些什么呢？"孔子回答："就应该给予教化了。"（《论语·子路》）师生这段简短的对话，精辟地阐述了政治、经济和教育的关系。直到今天，孔子"庶、富、教"的思想仍然是很有启发意义的。

孔子一行来到帝丘，住在学生子路的妻兄颜涿聚（姓颜，名庚，字涿聚，又作浊邹、烛雏）的家中。颜涿聚也曾是孔子的学生，因而热诚相待，使孔子大有宾至如归之感。经过颜涿聚引荐，孔子很快就拜会了卫国当政者卫灵公。孔子在鲁国曾担任司寇，主持过夹谷会盟，又博学多才，徒众甚多，不仅在鲁国享有盛誉，在周边邻邦也大有名气。卫灵公见这么一位名噪各国的大人物主动前来拜会，大喜过望，给了孔子与鲁国同样高的薪俸。但是，因为卫灵公并不认同孔子的政治主张，所以并没有给他实际的官职。在此情形下，孔子就把时间主要用到教书育人上。教学之余，孔子还对卫国的人文和政治进行研究，和一些贤达之人交往。时隔不久，卫国大夫公叔文子的儿子公叔戌密谋发动政变，希望将卫灵公夫人南子的党徒一网打尽。卫灵公闻讯大怒，先发制人地粉碎了这场政变。公叔戌仓皇逃到自己的采邑蒲地（今河南省长垣县东南）。孔子由于跟公叔文子有所往来，有人就在卫灵公面前进谗言，说孔子与公叔一家关系密切，恐与政变有关。卫灵公立刻派人将孔子一行监视起来。孔子不得不离开只居住了十个月的卫国都城，以避其祸。

孔子周游列国铜像

离开了是非之地，下一步去往何处马上就成了问题。有位名叫公良孺的人，出身于陈国的贵族之家，因仰慕孔子的道德学问，曾到鲁国拜孔子为师。今见老师无处可去，公良孺便建议大家去陈国发展。一来陈国都城宛丘（今河南省淮阳市）离卫国不远，二来公良孺的家族在陈国颇有地位，况且暂时也没有更好的选择，孔子便决定前往陈国。

要去陈国，须经匡邑（今河南省长垣县境内）。这时孔子等人遭遇到了离开鲁国之后最大的困难。《史记·孔子世家》记载，孔子"将适陈，过匡，颜刻为仆，以其策指之曰：'昔吾入此，由彼缺也。'匡人闻之，以为鲁之阳虎，阳虎尝暴匡人，匡人于是遂止孔子。孔子状类阳虎，拘焉五日"。就是说，给孔子驾车的弟子颜刻经过匡邑时，用鞭子指着城墙缺口，叙述当年在此打仗的经历。匡人以为孔子就是曾经占领匡邑、屠杀匡人的阳虎，于是便聚众将孔子一行围住，围困达五日之久，粮米断绝，形势危殆，颜回还一度掉队，被隔在包围圈之外。危难中，有的弟子惊慌失措，子路则组织一些大胆的同学，试图与匡人拼死一搏。在此关键时刻，孔子为稳定人心，镇定地对大家说：

"周文王去世后，如今世上的文化不是都在我们这里吗？如果上天要毁灭人类的文化，那我们也不会掌握这些文化了；如果上天不让这些文化毁灭，那匡人又能将我们怎么样呢？"（《论语·子罕》）后来，孔子派出弟子求助于卫国大夫宁武子，宁武子说服匡人收兵，才解救了被围困的孔子一行。

由匡逃出，众人向东南走了几十里路，来到蒲地，不料又被人截住。原来，公叔戌政变失败后，逃到了自己的采邑蒲地，想重整旗鼓，继续与卫灵公对抗。公叔戌早已得知孔子被迫离卫的原因，认为孔子也是受卫灵公迫害的人，可以引为同盟，就劝诱孔子等人留在蒲邑。但孔子根本不想卷入这种无聊的政治冲突中，几经周折，才最终摆脱了公叔戌的纠缠。

经过这两番折腾，路上已耗时月余，孔子前往陈国之心大减。彷徨无奈之下，孔子一行再次回到卫国都城，并受邀住在贤大夫蘧伯玉家中。卫灵公听说孔子回来了，心中既觉愧疚，更感欣喜。事实证明，自己以前对孔子的猜忌是没有道理的，因而给孔子的待遇更加优厚，但仍然不委以重任。孔子与蘧伯玉都是高风亮节之士，两人相互倾慕已有多年。孔子初到卫国时，蘧伯玉就给了他很多帮助；这次孔子返回卫国，彼此朝夕相处，他们的友谊就更加牢固了。孔子虽然希望能借助蘧伯玉之力在卫国政坛有所作为，但此时已不再着急了，因为"等待"对孔子而言早就习以为常了。

可是时间不长，就发生了一件令孔子难堪的事情，那就是南子主动约见孔子。南子是宋国人，出嫁之前在宋国就曾与人私通；嫁给卫灵公后，依然半公开地与情人私会，甚至公然要求卫灵公为她私会辟一场所。因此，南子淫荡之名早就传遍了卫国，卫人甚至以"发情母猪"戏称之。然而，卫灵公对这位夫人却是言听计从，使得南子在政治上很有影响力，并逐渐形成了"夫人之党"。大夫公叔戌政变和太子蒯聩刺杀未遂一案，矛头都是直指南子的。现在，南子主动约见，令孔子左右为难，因为南子虽然作风不好、名声很差，但毕竟是个很有权势的人物，加之她以卫君的名义邀请孔子，这让想在卫国从政的孔子不好拒绝。更何况，根据礼制，"古者仕于其国，有见其小君之礼"。"小君"即国君夫人。这更让以知礼著称的孔子很难拒绝。故而孔子思考再三，还是去跟南子见了一面。

一位令人敬重的老师竟然去见名声不好的淫荡之人，这在其他学生看来虽然极为不妥，但碍于情面，不便发作；但子路性情率直，眼里揉不得沙子，孔子从宫中一出来，子路马上面露愠色。孔子不知如何分辩，只好指着去见南子的方向对子路发誓道："我

若被请见而拒不去见，或做了违礼的事情，上天就会厌弃我！上天就会厌弃我！"（《论语·雍也》）

不料"子见南子"之事刚刚过去，一件令孔子更为难堪的事情又发生了。有一天，卫灵公邀请孔子一起出游，孔子未及多想就同意了。等到出发当天，孔子才大感羞愧，因为卫灵公与花枝招展的南子并排坐在第一辆马车上，一旁有宦臣雍渠赶车；孔子这样一位知书达理、洁身自好的君子，竟然被安排在第二辆马车上，作为人家"风骚出游"的陪衬！车队招摇过市，卫灵公与南子不时嬉戏玩闹、放浪不羁，孔子在后车上却如坐针毡。帝丘大街上观者如堵，人们争相观看这一"奇观"，不时交头接耳地议论。这让孔子难堪之极，感觉受到了一次前所未有的奇耻大辱。事后孔子明言"我没见过谁好德像好色一样"（《论语·卫灵公》），表达了对卫灵公行径的极度不满。

这两件事对孔子的刺激太大了，他无论如何也不能在卫国"等待"下去了。难道自己那么知礼守礼，却要被作风不正的人耍弄摆布吗？难道自己是国君豢养的一个弄臣，要被当权者作为招牌随意羞辱吗？想到这里，孔子毅然带领弟子们，离开了卫国。

坎坷多艰，到处奔走

离开卫国，去往何处马上又成了问题。这时有弟子提醒说，以前欲往陈国而未果，现在既然无别处可去，不妨再往陈国。孔子表示同意，但为避开蒲邑这一是非之地，决定向东南方向出发，取道曹、宋，再往陈国。

曹国位于卫的东南，都城陶丘（今山东省定陶县西南），是当时的一个姬姓小国。西周初年，武王封其弟叔振铎于此。从周初至春秋末，该国一直在各大国的夹缝中生存，对各国政治影响不大。当孔子一行到达此地时，曹国国力更加不振，离灭国仅剩寥寥数年（公元前487年被宋国吞并）。因此，曹国没有能力给孔子提供政治舞台，孔子也只是在此稍事休息，便继续南行，前往宋国都城商丘。

宋国是孔子先祖之地，家族"根"之所在，所以他常常以宋人自居，甚至在日常生活中也保留着不少宋人的习惯，如所戴的帽子就是宋人常戴的"章甫"，对宋国的其他生活习俗也非常熟悉。当时，宋国执政者是宋景公。这一时期，晋国由于内乱不止，无暇东顾，为宋国的生存发展提供了一定空间，从而激发了景公的雄心，希望能够再创先祖襄公时的盛况。听说孔子来到商丘，景公非常高兴，马上抽出时间接见了孔子，并且接连不断地问道：

我想使国家保持长久；我想使全国各地都能稳定发展；我想使民众都能心无困惑；我想使士大夫们都能竭心尽力；我想使日月当时，风调雨顺；我想使贤人都能不招自来；我想使官府治理得井井有条。您看这些该怎么办？

孔子微笑着回答说："各国君主向我问这类问题的实在太多了，但还没有谁问得像您这样细致。依我看，您所关心的这些问题都完全能够实现。只要邻国相亲，就能使国家保持长久；只要君惠臣忠，各地就能稳定发展；只要不杀无辜，不释放罪人，民众就能心无困惑；只要增加士大夫们的待遇，他们就能竭心尽力；只要尊天敬鬼，就能够日月当时、风调雨顺；只要尊崇道德，圣人就能不招自来；只要奖优惩劣，官府就能够治理顺畅。"（《孔子家语·贤君》）景公听了孔子的这番言论，认为虽然很有道理，但在现实中很难实行，故而一时没有给孔子实际的职位。

宋司马桓魋石室墓碑

孔子本想在故国再多待些时间，但随后发生的一件事情，使孔子不得不迅速离开宋国。原来，当时宋国的军事大权掌握在大司马桓魋的手中。他担心自己死后棺木会腐烂，就命令工匠为他雕制石质的巨大棺椁。工匠们全力苦干三年尚未完工，弄得人民怨声载道。孔子闻听此事后，很是不满地评论说："若是其靡也，死不如速朽之愈也！"（《礼记·檀弓上》）这话很快传到了桓魋耳中，顿时令他怀恨在心，此后便处心积虑地要对付孔子，至少要将其赶出宋国。孔子虽然自信"天生德于予，桓魋其奈予何"（《论语·述而》），但形势确实不容乐观，所以在弟子们的劝说下，换上不易被人注意的当地人服装，匆忙离开了宋国。

仓促之中，孔子与弟子们失散了，不得不独自一人向西跑，一直跑到郑国的都城新郑（今河南省新郑市），气喘吁吁地在城门口休息。众弟子见孔子不在，都焦急地分头寻找。有个当地人告诉子贡："东门有人，其颡似尧，其项类皋陶，其肩类子产，然自要（腰）以下，不及禹三寸，累累若丧家之犬。"子贡听罢，火速赶往城东门，果然见孔子在那里休息。师生难后重逢，自然是喜不自禁。子贡将那人说的话告诉孔子，孔子欣然笑着说："他描述我的相貌身形如何如何，这倒在其次。而说我像丧家之犬，倒真是比喻得好！"（《史记·孔子世家》）在他看来，"丧家之犬"的形容，正是对自己现实境遇恰如其分的描述。老师的这种乐观旷达的精神，使劫后余生的弟子们重新鼓起了克服困难的勇气。师生一行会齐后，在郑国稍作休整便取道东南，前往陈国都城宛丘。

历经磨难，孔子一行终于到达了陈国。与楚、宋等国一样，陈也是个古老的国家，其始祖可以追溯到"五帝"时代的舜。西周初年，武王多方搜求舜的后代，最后寻得一位名叫妫满的人，将其封于陈地，以奉帝舜祀，被后世称为胡公。陈是一个小国，没有左右中原政治局势的能力，但由于它扼守中原南部，位于晋卫之南、吴楚之北、宋郑之间，地理位置非常重要，故一直为兵家必争之地。特别是到了春秋时期，陈国经常在晋、楚两个敌对大国的夹缝中求生存，即所谓"晋强则从晋，楚胜则服楚"，处境十分可怜。

到春秋末期，陈国的处境更加不妙。它已被楚国灭亡了几次，又在楚国的默许下复国若干次，早已沦为楚国的附庸。这一时期，晋国虽然因内乱而无暇他顾，但东南方向的吴国已经强大起来，成为楚国的劲敌。两国为争夺陈这块战略要地展开了长期拉锯战。孔子到来之前，陈国就曾因亲近楚国、不赴吴王之约而遭到吴国讨伐，被迫割让了三座城池。孔子此时选择陈国作为"自我放逐"的重要一站，是在错误的时间选择了一个错误的地点，所以，陈国不可能为他提供所需的政治舞台。

孔子曾于公元前509年来过一次陈国，考察了一番其实际政事后，旋即返回鲁国。此次至陈之时，陈国的国君是陈湣公。他是因为其父被囚于吴国而被大臣们推举为君的，既没有高远的政治眼光，也无什么实力做出重大决策以改变陈国的现状。这时距离陈国彻底灭亡已为时不远了（公元前478年为楚所灭）。好在此时吴、陈战事刚刚结束，陈国正处于灭亡之前的一段难得的平静时期。

孔子来到陈国都城宛丘，住在司城（即司空，掌管工程建设）贞子家中。陈湣公对孔子不辞艰险地远道而来表示了极大热情，认为这位文化名人能到陈国来，说明陈国在人们心目中还有地位。颠沛流离多时的孔子师徒，在这里终于获得了暂时的平静。经司城贞子介绍，孔子见到了陈湣公。陈湣公本人胸无大志，此时国力又非常虚弱，已很难在大国夹缝中崛起。故此，孔子虽然受到陈湣公尊重，所被问到的却都是些与治国无关的问题，满足的只是君臣对名物制度的好奇心。特别是"陈廷辨矢"一事，一方面固然

陈国宫殿复原建筑

显示出孔子博学多识、无所不知的知识素养；另一方面则反衬出陈国君臣的不学无术，竟然连自己国家的历史都不知道。

居陈不久，晋、楚两国为争夺中原霸权爆发战争，战火延及陈国。孔子想到自己的家乡鲁国此时也正在遭受邻国威胁，感慨地对弟子们说："回去吗？回去吧！家乡的这帮小伙子们士气高昂，富有进取精神，没有忘记报效国家的初衷。"（《史记·孔子世家》）遂生出离陈回国之意。孔子想，即便自己暂时不方便回去，至少也要让弟子们回国效力；要想回鲁国，就必须先找离鲁国最近的一站落脚，以便相机行事。在此情形下，孔子的目光再次转向了卫国。不过这一次，孔子知道已不可能再从宋国过境了，所以决定冒险走一条最近的路径：经蒲邑直接入卫。

不料，经过数天行程到达蒲邑时，情形与上次过蒲时已大不相同。上次是公叔戌想拉孔子入伙，所以对他非常客气；这次到蒲邑时，正赶上公叔戌公开反叛卫灵公，扯起了造反的大旗。公叔戌得知孔子将再入卫国帮助灵公，马上派人将孔子一行团团围住。身高力大的公良孺挺身而出，愤愤地说："以前我与老师遭难于匡，今又遭难于此，真可谓命运捉弄了！与其跟老师屡屡遭难，还不如战斗而死！"公良孺一边说，一边奋勇抵抗围兵，战斗十分激烈。蒲人见对手过于勇猛，怕冲突久拖会伤人更多，就要求与孔子盟誓讲和，条件是只要孔子不去卫国，就可以放他们过境。孔子照此发誓，但刚出蒲城东门，就率领弟子直奔卫国国都帝丘。子贡擅长外交，是将盟约视为重要之物的人，见孔子这样"言而无信"，就忍不住问道："刚刚签下的盟约也可以背弃吗？"孔子回答得响亮而干脆："要挟之下的盟约，连神灵也不会听的！"（《史记·孔子世家》）

卫灵公听说孔子回来，大喜过望，亲自到帝丘城外迎接。之所以如此隆重地迎接，是因为孔子以前不辞而别，灵公自觉面上无光；今孔子去而复来，又是背弃蒲人之盟而来，足见孔子对卫国是很有感情的。在回城的路上，卫灵公急不可耐地问："我现在能去讨伐蒲邑吗？"孔子马上回答说："当然可以。"卫灵公犹豫地说："可是朝中大夫却说不行。蒲邑是卫国防御晋、楚等国的屏障和缓冲之地，现在讨伐它，就要直接面对大国的威胁。这是否欠妥啊？"孔子分析说："我刚从那里来，了解那里的情况。那里的男人都有为国献身的精神，女人都有保卫边疆西河的志向。我们讨伐的，不过是四五个叛乱分子而已。"（《史记·孔子世家》）卫灵公点头称是，然而并未马上伐蒲。

孔子见灵公对自己比过去更加亲近，便有急于从政之心。但几次见到灵公，他都推说自己年龄太老，不想再革新政治了，因而并不给孔子以重任。孔子悲从中来，对天长叹："苟有用我者，期月（一整月）而已，三年有成！"（《史记·孔子世家》）大有怀才不遇之感。这一时期，在卫国公室军队的攻击下，盘踞在蒲邑的公叔戌一伙人被击溃，逃亡到鲁国，蒲邑一时无人治理。灵公虽然对孔子尊而不用，对他的学生倒颇感兴趣。征得孔子同意，灵公任命子羔（高柴）为卫国的"士师"（法官），任命子路为蒲邑宰，这让孔子心中稍感宽慰。

卫灵公画像

孔子在卫居留有日，生活过得百无聊赖。有一次，卫灵公向孔子询问军阵作战的事情。孔子委婉地答复灵公说，他只通晓祭祀礼仪之事，对于军旅之事则未曾学过。（《史记·孔子世家》）其实，孔子哪里是"军旅之事，未之学也"呢？他不仅深通各种军事技能，而且有着完整的军事思想。他也不一概反对战争，只是反对侵略他国的不义之战。灵公前次问"蒲可伐乎"，孔子故意回答得轻松容易，就是为了鼓励对蒲用兵，原因是孔子认为"公叔戌以蒲叛"是违反礼仪的行为。这一次，他以"未学"为借口不答灵公之问，原因则在于所问的"军阵"是侵略他国的霸权行径，与孔子主张的"慎战""义战"思想大相径庭。

随着时间的推移，孔子不愿空耗时日，因而离开卫国之心再起，然而，故乡鲁国的大门对他始终紧紧关闭着，使他回国无望。这一时期，晋国的形势引起了孔子的注意。在晋国，大贵族赵简子（赵鞅）与晋国的范氏和中行氏两大家族的矛盾日益加深。赵简子为削弱中行氏的力量，率兵猛攻其采邑中牟（今河南省鹤壁市）。当时担任中牟宰的佛肸趁机宣布独立，与中行氏脱离关系，并派人来与孔子联系，希望他能到中牟共商大计。走投无路之际，孔子决定到中牟去投奔佛肸。子路看不惯老师这种"病急乱投医"的行为，马上站出来反对说："我听老师说过：'本人亲身做坏事的，君子不去他那里。'佛肸在中牟背叛主人，老师却要去那里，这怎么说呢？"孔子回答："对！我是说过这话。可是你是否听说过，有的东西很硬，磨也磨不薄；有的东西很白，染也染不黑？我难道只是个葫芦吗？挂在墙上，只能看，不能吃？"（《论语·阳货》）可以看出，孔子的从政之心是极其迫切的。

经子路这么一搅和，孔子去中牟的打算泡了汤，但他离开卫国之心依然未改。不久，在晋国贵族之间的拼死斗争中，赵简子逐渐占据上风，成为晋国的中军元帅。孔子听说赵简子为扩大实力、击败对手，正在招贤纳士，况且晋卫两国隔河（黄河支流，今名徒骇河）相望，路途不远，所以决定去晋国碰碰运气。

孔子一行向西进发，经过数天行程，走到南岸的渡口棘津。不料正要渡河，就从晋国传来一则令人沮丧的消息：赵简子竟公然杀死了窦鸣犊、舜华两位贤人！这让孔子欲哭无泪，不由得停下脚步，临河而叹说："美哉，水！洋洋乎！丘之不济，此命也夫！"众弟子不知老师情绪为何突然低落。子贡小心翼翼地问道："老师，您为什么发此感慨呢？"孔子悠悠地说：

> 窦鸣犊、舜华，是晋国的两位贤人啊！赵简子未得志时，依靠这两人帮助夺得大权；现在一得志，就嫌碍事而把他们给杀了！我听说："刳胎杀夭，则麒麟不至郊；竭泽涸渔，则蛟龙不合阴阳；覆巢毁卵，则凤凰不翔。"为什么？君子对伤害同类的人是非常避讳的。鸟兽对于不义者尚且知道躲避，何况我孔丘呢？（《史记·孔子世家》）

师生一行只好调转方向，颓然再返卫国帝丘，仍住在蘧伯玉家。这一次，卫灵公对不辞而别的孔子可不再热心，更不出城相迎了，孔子也不期望在卫国政坛有什么作为，而是琢磨"自我放逐"的下一站该是哪里。

绝处逢生的陈蔡苦旅

公元前492年夏四月，执政四十二年的卫灵公去世。围绕君位继承权问题，卫国宫室内部立刻爆发了一场殊死搏斗。三年前，蒯聩谋刺南子未遂，畏罪潜逃到宋国，后又辗转流亡晋国。所以，卫灵公生前就剥夺了蒯聩的君位继承权，在南子劝说下另立次子郢为太子，但郢对这一位置并不热心，使得太子之位一时空缺。卫灵公死后，蒯聩尚在国外，卫国大臣就拥立了蒯聩之子辄为国君，是为卫出公。这一安排马上引起了蒯聩和晋国的不满。蒯聩认为自己是理所应当的继承人，现在君位却被儿子占据了，肯定是南子和权臣们搞的鬼；晋国执政的赵简子也早就不满卫国不与晋国结盟的政策，况且蒯聩在晋国内战中坚定地站在自己一边，蒯聩若即位对赵简子有利无害，所以，就派阳虎率兵护送蒯聩回国，试图强夺君位。于是，一场父子相残的君位争夺战拉开了序幕。

在这种"父不父，子不子"的混乱局面下，孔子自然不可能在卫国继续停留。既然去晋、鲁等国已不可能，孔子只好经蒲邑再次南下，于公元前491年（鲁哀公四年）再抵陈国。由于子路时任蒲邑宰，所以这次行程非常顺利。

此次在陈国孔子依然不受重用。记载于史书的几次活动，就是湣公问了所谓"鲁庙火灾"问题，还向孔子炫耀了他耗尽民力建造的"凌阳台"。孔子借机向湣公灌输了以德治国、爱民如子等思想，但得过且过的陈湣公怎能听得进去呢？在这种沉闷无聊的政治氛围下，孔子不禁又生出去国怀乡之感。这时的孔子已年届六旬，告别鲁国也五六个年头。这几年间，孔子虽身在异国，却无时不挂念着鲁国的安危，还时常派弟子回去了解实情。望着眼前这群生死相随的弟子，想着他们学有所成却在此难有所用，孔子不禁感慨地说："回去吧，回去吧！家乡的这帮小伙子们，个个有志气，文采斐然，就像漂亮的丝织品一样。我倒不知道如何裁用他们了。"（《论语·公冶长》）言外之意是，只有鲁国才有他们的用武之地。

值得一提的是，就在来到陈国的当年秋天，孔子回国的大门曾稍稍开启，却又因人谗言而重新关闭。当时，鲁国执政大夫季桓子病危，让人用辇抬着最后巡视了一番都城曲阜并感慨地说："想当年，鲁国就要振兴了，由于我得罪了孔子，才没有振兴起来。"说着，他回头对儿子季康子说："我要死了，你肯定是鲁国的执政；你当了执政，一定要把孔子召回来。"数日后，季桓子去世，季康子即位。办完丧事后，季康子马上想召孔子回国。不料家臣公之鱼进谏说："当年先君任用孔子，没有能善始善终，结果成了诸侯的笑柄。现在把他召回来，如果还不能善始善终，就会再次被诸侯取笑。"季康子问："那怎么办呢？"公之鱼回答说："不如把孔子的弟子冉求召来吧。"这样，孔子本人回国之门也就随即关闭了，冉求则接到了鲁国使者的聘请。临行前，孔子对冉求说："鲁国这次召你，不会让你做小官，将要派大用场的。"子贡深知老师的心思，边送

冉求边嘱咐说："你这次被重用后，要设法让当权者请咱老师回国。"（《史记·孔子世家》）

送走冉求后，孔子见自己在陈只是被当作"知识库"来使用，又见君臣都沉湎于亡国之前的"回光返照"之中，知道在陈多待无益，就有再往他国之心；然而环顾周边诸国，不禁又愁上眉头：曹、郑等都是小国，往之无益，很难有所作为；卫、宋等国虽不算小，但开弓没有回头箭，况且此刻卫国正值王位之争，自己与宋国也已有所怨怼，两国也都不能去；晋、吴倒是大国，但晋国几家大夫正打得一团糟，吴国则凭借武力正欲霸天下，自己的思想也未必能受欢迎；至于齐、鲁，齐国因以前已有嫌隙，是断断不能去的，鲁国的大门又紧紧关闭着，令人欲归无路……一句话，天下如此之大，竟无自己施展才干的容身之地！一时之间，孔子陷入迷茫彷徨之中。

不多久，吴、楚两国争夺陈国的战事再起，原因是陈国完全投靠了楚国，吴国则借伐陈来削楚。楚国不能不尽宗主国的义务，更不能坐视战略要地落入敌手，于是楚昭王亲自挂帅，领兵来救陈国。孔子向来有"危邦不入，乱邦不居"的原则。今大战已起，孔子来不及考虑究竟去往何处，就仓促而行，随着难民向南出逃。

陈国南面是蔡国，也是一个时常受到强国蹂躏的小国。为躲避灭国之灾，蔡国曾数次迁都，其原有国土也被强国侵占了不少。由于战事突起，孔子一行出走时毫无准备，而且此刻陈、蔡之间已成为战场，根本无法解决食宿问题。加之有谣言说，孔子一行是去楚国参政的，这就引起了当地人的恐惧，因为楚国已经是个大国，如果再有孔子襄助，这些饱受欺凌的小国就更难支撑下去了。于是当地人把孔子一行人围困在陈、蔡之间的旷野中。

在团团围困之中，大家好几天没有进食。孔子却始终保持着乐观的精神，仍然"讲诵弦歌不衰"。子路被眼前的状况弄得心烦意乱，没好气地问孔子："君子也有穷途末路的时候吗？"孔子坦然回答说："君子走投无路时也会坚守德操，小人到这时候就肆无忌惮、无所顾忌了！"（《论

蔡国故城遗址碑

语·卫灵公》）子路并不服气，心有怨气地说："我听说：'行善的人，上天以福报答他；作恶的人，上天以祸报复他。'现在我们一直是积德行义、胸怀理想，那为什么处境却是这样窘迫？"孔子语重心长地对子路说：

> 子路，这你就不懂了，我告诉你吧。你以为有才智就一定被重用，那比干不是被挖了心吗？你以为忠诚就一定被任用，那关逢龙不是被杀了吗？你以为劝谏的人就能被信任，那伍子胥不是在姑苏城东门外被碎尸了吗？能否得到赏识要靠时机，有没有德才就是各人的资质了。怀才不遇的君子多了，哪能只是我孔丘一人呢？再说了，芝兰生于深山，并不因无人赏识而不香；君子好学上进，绝不是为了显贵通达，而是为了能在身陷逆境时不困窘，身处忧患时不泄气，懂得祸福之道不迷惑。德才高下凭资质，做与不做在自己，有无机遇靠时代，生死与否则要靠命运。现在身处这样一个时代，即便本事再大，你又能有什么作为？假如时来运转，做一番事业还有什么难的？所以君子要博学、深谋、修身、端行，以待时机。（《荀子·宥坐》）

听了这些话，子路的气还没有消，孔子只好又劝说道：

> 我再告诉你吧。从前，晋公子重耳的称霸之心产生于流亡途中的曹国，越王勾践的称霸之心产生于被围时的会稽，齐桓公小白的称霸之心产生于逃亡之地莒国。所以，处境不窘迫的人想得就不远，没流亡过的人志向就不大。你怎么知道在这叶子飘落的桑树底下，我就一定不能得意呢？（《荀子·宥坐》）

话虽如此，眼前的状况确实是极其严峻的：有些人病了，有些人饿得几乎站不起来，大家神情迷茫，连一向乐观的子贡都愁容满面。孔子认为，此时很有必要开展一次讨论，以便统一思想，鼓起大家克服困难的勇气。于是，孔子把子路叫过来，问道："《诗经》说：'匪兕匪虎，率彼旷野。'我们不是恶兽，却被困在这旷野上。是我们的主张错了吗？如若不然，我们又怎么落到了这步田地呢？"子路回答说："是不是我们还不够'仁'，所以别人不相信我们？是不是我们还不够'智'，所以别人处处为难我们？"孔子对这种回答不以为然，反问说："真是这样吗？假如仁者都能取信于人，那还会有伯夷、叔齐这种饿死的君子吗？要是智者都能行得通，还会有比干那样的惨剧吗？"孔子把子贡叫过来，问了同样的问题。子贡回答说："因为老师的主张太高深，所以天下容不下老师。老师对自己的主张不肯变通，才落到今天的地步。"孔子对这种回答也不满意，批评说："种田好手能把地种好，却未必能有好收成；能工巧匠技艺高，却未必能把器物搞得顺；君子追求真理，以纲纪秩序治天下，也未必能让天下容。现在你不在追求真理上下功夫，却老想着如何能够见容于世。端木赐，你的志向真不远大！"孔子又把颜回叫过来，颜回回答说："因为夫子之道至大，所以天下容不下。虽然如此，您仍然坚持推行自己的主张。天下不容又怕什么？不容然后见君子！不坚持真理，是我们的耻辱；坚持了真理却不为所用，那就是国家的耻辱！"颜回的回答让孔子很满意，他笑着说："要是你发了财，我就给你当管家！"（《史记·孔子世家》）

由此，我们忍不住要感叹了，孔子真不愧为旷古烁今的教育大师，他居然把逆境当成教材，把旷野当作课堂，让学生说古论今地各抒己见，给他们上了一堂生动鲜活的思想教育课！这样的事情孔子能做到，也只有孔子这样的人才能做到！当然，统一思想固然重要，摆脱当前的现实困境更重要。这一次，又是长于交际而善解人意的子贡立了功。他只身潜入楚国境内，与负函（今河南省信阳市）的守城大夫沈诸梁取得联系。沈诸梁马上派出人马前去接应，才帮助大家渡过了这次生死难关。孔子一行途经上蔡（今河南省上蔡县），最后到达负函。

世上还有另一种人

负函原属蔡国，后被楚国占领，成为楚国向中原挺进的新边疆。为控制这片地区，楚国派颇有才干的沈诸梁镇守此地。沈诸梁的采邑在叶（今河南省叶县南），故被称为叶公。他勤学好问、礼贤下士，对孔子这样闻名天下的大学者仰慕已久。所以，当孔子一行到达负函时，沈诸梁非常高兴，热情地邀孔子留下。孔子一时也无处可去，就暂时在负函住下了。

负函是个新占领区，外有吴国虎视眈眈，内有蔡国遗民蠢蠢欲动，这让沈诸梁非常忧心。有一天，他诚恳地问孔子："先生，我应该怎样治理这块地方呢？"孔子回答说："近者悦，远者来。"（《论语·子路》）沈诸梁一面礼貌地点头称是，一面却对孔子这一原则性回答很是迷茫，因为如何才能做到近悦而远来，孔子并未说明白。于是，沈诸梁想从其他渠道进一步了解一番孔子。事过不久，沈诸梁遇到子路，问孔子其人如何。

这问题一时把子路给难住了。子路跟随孔子多年，对孔子当然是忠心耿耿、十分敬爱的。在他心目中，老师是崇高、伟大的，所以当老师的言行哪怕有一丁点不妥的地方，子路也要马上指出来，其爱师之情无人能比。正因为与孔子相处日久，因而要想用恰当的语言把老师概括出来，还真不知从何说起。孔子听说这件事，亲切地对子路说："仲由啊，你为什么不这样说：'要说他的为人，就是发愤忘食，乐以忘忧，不知道自己快要老了，如此而已。'"（《论语·述而》）一位大学者，对自己的评价却是如此平实，这让弟子们更加钦佩。

在负函期间，沈诸梁还向孔子询问过"人治"还是"法治"的问题。沈诸梁以举例的形式对孔子说："我们这里有个非常正直的人，他父亲偷了别人的羊，做儿子的就出来作证。"沈诸梁认为，像这样依法治国、大义灭亲的事情，孔子肯定会赞成的。不料孔子听后马上说："我们那里的人就与这里不一样：父亲要为儿子隐瞒，儿子也为父亲隐瞒，正直之道就在其中。"（《论语·子路》）意思是我们那里是伦理至上、以德治国的，与负函的政治方略很不一样。

孔子在负函停留了大约一年，其间除与沈诸梁论政外，还带领弟子到周边地区去考察，途中碰到不少隐士。后来，孔子从负函回卫国的路上，又遇到了一些隐士。这些隐士有各种类型。从职业上说，有看门的"晨门"，有执杖的"丈人"，也有扶车的"接舆"；从语言上讲，有的深沉，有的尖锐，有的洒脱；从对孔子师徒的态度来看，有的暗讽，有的劝谏，有的则表示同情。这些人既不想在乱世中趁火打劫，也不想与统治者合作，力挽狂澜地去拯救这个世界，于是采取了明哲保身、与世无争的态度，出没于山林河海之间。这些人属于乱世中的"另类人"。他们选择的道路和孔子完全不同，但孔子对他们是心怀敬意的。

有一次，孔子一行人走在淮水边，找不到过江的渡口，孔子派子路打听渡口，在江边遇到长沮、桀溺两位隐者，正并排用耒耜耕地。他们对子路说："天下大乱，洪水滔天，谁能改变？你们跟着孔子只知道一味地躲避坏人，不如跟着我们躲避这个世界吧。"孔子听了，无限怅惘地说："我们既然是人，当然不能与鸟兽为伍。我们不和他们在一起，又和谁在一起呢？如果天下秩序正常，我也就不会去改变它了。"（《论语·微子》）有一次，孔子等人出行时，子路掉队了，在路上遇到一位用拐杖挑着农具的老者，连忙问："老人家，您见过我的夫子吗？"老者说："四体不勤，五谷不分，孰为夫子？"然后不再搭理子路，独自锄地。天色已晚，老者领子路回家，招待了子路。第二

"子路问津处"碑

天，子路找到了孔子，详细地把昨天的事告诉孔子。孔子说："这是位隐者啊。"并让子路去见老者，这时老者已经躲开了。

还有一次，楚国一个"接舆"的隐者，一边疯疯癫癫地从孔子车前走过，一边对着孔子唱了一首歌，歌词是："凤兮，凤兮！何德之衰？往者不可谏，来者犹可追。已而，已而！今之从政者殆而！"（《史记·孔子世家》）大意是：凤凰啊，凤凰啊！你怎么赶上了这么个倒霉的时代？过往的事情多说无益，未来倒还可以谋划。算了吧，算了吧！现在从政的人都很危险，你们还是赶快离开吧。孔子听完这支歌，很受触动，想要和这位隐者交谈，但是他已经远远离去了。孔子其实心里也知道，在这样的乱世做官从政是很危险的，可是如果不努力争取，不尽到个人心力，那天下何时才能太平，黎民百姓又怎么能得到安宁呢？

胎死腹中的楚都之行

孔子在负函虽然受到礼遇，但他非常清楚，这里是边疆地区，也是战乱随时会爆发的地方，自己要想真正获得从政之机，就应该到一个局势较为稳定的地方去，因此萌发了要去楚国都城的想法。

虽然此前孔子没去过楚国，但他对楚国先君楚昭王还是了解的，知道这是一位较有眼光的有为之君，而且，孔子还听说楚昭王"祭不越望"，即不信鬼神，这与自己不语"怪力乱神"的态度也很相像，于是很想去楚国碰碰运气。特别是公元前489年发生的一件事，让孔子对楚昭王更是刮目相看。这一年，楚国出现"有云如众赤鸟，夹日以飞，三日"的怪现象。楚王派人去询问成周的太史。太史说："这是不祥之兆，要应验在国君身上。如果禳祭，就可以移到令尹、司马身上。"楚王说："把病从腹心赶走，却放在股肱上，这又有什么好处呢？我没有大错，上天能让我死于非命吗？我如果有罪受罚，那就受罚好了，又能移到哪里去呢？"于是否定了太史的建议，拒绝移祸于大臣。

这事传到尚在陈国的孔子耳中，孔子大加赞赏地说："楚昭王知大道矣！其不失国也，宜哉！"（《左传·鲁哀公六年》）很可惜，就在此次率军抗吴救陈的途中，昭王病重，卒于城父（今河南省平顶山市），大军无功而返。

昭王病逝之后，楚国君位几经推让，最后由众臣迎昭王与越女所生之子章即位，是为楚惠王。孔子要去楚都，一则对这位新上任的惠王不甚了解，二则楚国都城郢距负函路途甚远，因此决定先派长于辞令的宰予去郢都，以便一探虚实。宰予到达郢都，马上受到了楚惠王的召见。但是惠王权衡利弊后，只是非常客气地准备了一辆用象牙装饰的"安车"，委托宰予将这份贵重礼物送给孔子。宰予立刻明白，老师如果到这里来，其待遇也只能像这辆高级"私车"一样，成为"尊而不用"的政治摆设，于是当场回绝了这份礼物，星夜赶回。孔子听到宰予的汇报后，心中甚感悲凉，知道就是到了郢都那里，肯定也是意义不大了。

礼崩乐坏的春秋时代，是一个邦国林立、诸侯异政的时代。各国为求生存和发展，为士人提供的从政机会不可谓不多。但孔子一行却到处碰壁，不知何处才有适合自己的政治舞台。那么，天下之大，他们又该去哪里呢？

一次要命的政治讨论

公元前487年，孔子离开居住了约一年的楚国负函，决计返身北上，再回卫国。之所以有此决定，是因为当时卫国传来消息，说卫出公想要起用孔子，鲁国、卫国的一些学生也希望老师重返故地。转眼间，离开卫国又有五年了。世事沧桑，人生易老。该去的地方都去了，该经历的磨难也经历了，却没能找到一个真正施展才干的舞台。孔子每念及此就有些怅然若失，然而同时，他也更加意识到改造乱世任重道远。面对坎坷曲折，孔子始终坚信自己思想的正确性，始终以乐观的精神鼓舞学生，以高尚的人格感染学生。毫无疑问，这种不屈不挠、愈挫愈勇的精神品质，必须有伟大的胸怀、坚韧的节操和高远的目标为支撑。这正是孔子迷人风采之所在，也是众多弟子九死不悔地追随孔子的根本原因。

对于卫国，孔子可以说是"三进三出"了：第一次进出时，孔子五十五岁；第二次进出是在五十五至五十九岁之间；这次返回卫国时，他已经是六十五岁的老人了。这个时候的卫国，卫灵公早已不在人世，卫出公与其父旷日持久的君位争夺战也暂时尘埃落定，卫国似乎又恢复了平静。想到又要再回卫国，孔子不禁自嘲地一笑：从卫国几次启程，栖栖遑遑地走了几圈，最后还是要回卫国，这真是一个走不出去的怪圈！

众人从负函出发，径直向北，首先抵达陈国都城宛丘。这时，陈国的战乱刚刚过去，宛丘仍留有战火摧残的痕迹。众人在此稍作休整，继续北进，经数日行程，来到卫国南部边陲一个叫作"仪"的地方。仪城的官员早就听说了孔子的大名，很想见见孔子，孔子听说后也就爽快地应允了。见面后，孔子的一番见解让这位官员大开眼界。他用极敬佩的口吻对随从弟子们说："诸位，何必忧心到处流亡呢？天下无道有几百年之久了，是上天要让老先生为警世'木铎'，带领大家周游各处，宣扬大道！"（《论语·八佾》）地方官员的这番话，更增加了大家改造乱世的使命感和责任心。

在前往卫国都城帝丘的路上，想到很可能要在卫国从政，孔门师生很自然地对如何从政问题展开了讨论。话题是由直率的子路开头的。他问孔子："卫君待子而为政，子将奚先？"意思是这次去了卫国，如果当官执政的话，老师您首先要做什么？孔子坚定地回答："必也，正名乎！"意思是：如果一定让我执政，那就先从"正名"开始。

在这里，子路事实上向孔子提出了一个很直接、很要命也很严峻的问题，就是面对父子相残的乱糟糟局面，卫国的这个"政"应该从何开始。这个问题可谓一针见血、直击要害。对于这样一个重大问题，恐怕孔子在从负函返回的路上就一直思考着，所以马上给予了明确回答。所谓"正名"，绝不仅仅是厘清概念、理顺逻辑关系这么简单。"正名"用之于政治，就是要正名定分，明确每个人的权利和义务，确定每个人应有的位置；从本质上说，就是要用传统的"名分"观念理顺现实中悖谬的政治关系，进而辨清统治权的合法性问题。

这一问题本来并不复杂，但在"礼崩乐坏"的春秋时代却是极其复杂的，因为名分尊卑已被各国冲击得七零八落。而在卫国，这就不仅复杂而且致命了。如前所述，此时当政的卫出公辄是卫灵公的孙子、蒯聩的儿子。灵公死后，按名分理应由蒯聩继任君位，但他因谋杀未成逃亡在外。本来，灵公次子郢亦可为君，但郢对此并不热心，于是最后由辄继位。辄即位后，与其父蒯聩大打出手，拒绝其回国，使其被迫流亡。这使得辄不论在"君臣"还是在"父子"名分上，都不仅不"正"，而且无"德"，国内外对此议论纷纷。从另一方面说，蒯聩夺取君位，也既不"名正"也不"言顺"，因为他密谋行刺南子，是为忤逆不孝；事败流亡敌国，罪同叛国不忠；被废太子之位，本已被剥夺了"接班"的权利，却在父亲尸骨未寒时就来抢夺君位，更是犯上无耻。所以，如果从

"正名"的角度来看，这父子二人全是无父无德、寡廉鲜耻之辈，都根本没有资格继承君位。

子路当然知道上述情况，所以当孔子一提出"正名"，子路就认为这简直太要命了。因为如果真要"正名"，不仅蒯聩出任国君无望，还肯定会惹怒卫出公，那就不但使孔子在卫国难以立足，而且恐怕会惹来杀身之祸！好不容易获得一个从政的机会，为什么不能稍有变通？为什么偏要去捅当政者的"死穴"，去揭人家滴血的"伤疤"呢？想到这里，子路脱口而出："有是哉？子之迂也！奚其正名？"意思是：是这样吗？老师您太迂腐了！为何要先正名？孔子不高兴地说：

> 仲由，你太粗野了！君子对他不懂之事，是不可妄言的！名分不正，则言不成理；言不成理，则事难有成；事情不成，则礼乐难兴；礼乐不兴，则刑罚难以公允；刑罚不公，百姓则不知所措。所以，君子对于名分，不可不言，言之则必可行。君子之言，必须严肃不苟，万不可马虎从事！（《论语·子路》）

孔子的一席话说得振振有词，不能说全然没有道理。事实上，他的"正名"思想对于规范"治世"中的人际关系是非常重要的，因而深刻地影响了后世。尤其是"名不正则言不顺"的表述，成为至理名言。应该说，孔子比子路看得更深，触及了当时各国乱象的一个较深的根源问题，那就是当政者僭位越权、违礼行事。但孔子的大胆、耿直或"迂腐"之处则在于，在当时的混乱局面下，想以一己之力来"正名"，不仅会流于道德说教，而且无异于与虎谋皮，这用在别国尚有不妥，用在卫国就更会自触霉头了。

吊诡怪异的时代漩涡

一番直白的政治讨论之后，弟子们跟随孔子来到卫国都城。卫出公听说孔子来到帝丘，自然是大喜过望，因为孔子虽仍然没有任何政治职位，但早已成为闻名遐迩的"金字招牌"。他到卫国都城的行动本身，就已经给卫出公的君位"合法性"做出了最好的注脚。况且，孔子还率领着一群出类拔萃、才干非凡的弟子，其集团实力已不容小觑。所以，卫出公也出城郊迎，而且隆重程度比祖父卫灵公有过之而无不及。那么孔子呢？他既然对卫出公的君位问题持否定态度，也就对他的虚情假意虚与委蛇；再说，像蘧伯玉那样的老友已经谢世，可以交往的人寥寥无几，于是索性深居简出。

让弟子们不必担心的是，卫出公并没有起用孔子，更没有让他"为政"，只是给了他丰厚的经济待遇和更高的政治礼遇。卫出公当下最主要的"兴趣"就是毫无顾忌地役使工匠，满足自己无尽无休的享乐私欲；最主要的"工作"则是集中精力对付自己的父亲，"严防死守"地不让他回国。这场父子之战，从公元前493年一直闹到公元前478年，到孔子去世时仍未结束。在这样的情形下，在卫国的最后几年中，孔子把精力主要用在了教学和治学上。

不过，"为政"既然是孔门师生最热心的问题，自然就会不时地谈论一番。弟子们颇感兴趣的是，如果卫出公提供了职位，老师会不会去从政？他们还想知道，既然老师对卫出公父子都不赞成，那么他解决这一乱局的方略是什么？冉求和子贡曾私下里讨论过这些问题，但弄不出个究竟。于是，冉求请子贡去问问老师。

子贡善于经商，长于外交，话语不像子路那样直接和莽撞。见到孔子后，子贡问："老师，您认为伯夷和叔齐是怎样的人？"孔子回答："是古代的贤人。"子贡继续问："他们都没有当国君，不怨悔吗？"孔子说："他们求仁而得到了仁，又怨悔什么？"（《论语·述而》）伯夷和叔齐是周初孤竹国的公子，在谁继承君位的问题上互相推让，从而传为美谈。孔子的这番回答让弟子们明白了，只要卫出公当政，老师就不会去草率从政，而且老师解决乱局的方法，就是希望卫出公父子都能相互谦让，即"能以礼让为国，于从政乎何有？不能以礼让为国，如礼何"（《论语·里仁》）。但问题是，在巨大的现实利益面前，尤其是在君权这个"神器"面前，有谁愿意主动出让呢？这让弟子们对老师不切实际的主张颇感困惑。

子贡画像

面对纷乱的时局，孔子有时也很困惑和无奈：自己深爱故国，可谓拳拳之心，上天可鉴，然而鲁国之门却始终紧紧关闭着；自己不赞成卫出公这样无德无父的人，却又不得不待在卫国，与之应付；自己不惜到处奔波，立志改造社会，然而这个社会却未见其治，反见其乱；自己常常以好学者自认，并不认为有什么了不起，名头却越来越响，不仅被人视为警世"木铎"，还被不少人称为"圣人"；自己不希求什么实际政治利益，不屑于为权臣们服务，只想一心为公地推行礼制，结果却是要么被迫委身于鲁国权臣，要么被动地卷入卫国内乱，要么被楚国当政者认为"非楚之福"，如此等等的悖谬，让孔子感觉到自己深深陷入了吊诡怪异的时代漩涡之中。

不过，面对这些悖谬，孔子虽很无奈却不动摇，更不怀疑自己主张的正确性。这正是孔子的伟大之处、过人之处，也是其人格魅力之所在！正是这种中流砥柱般的坚守，让孔子团结了一大帮才华横溢的弟子。既然自己求职无路又年岁渐长，那就把精力用来培养学生吧，因为社会总是需要人来改造的；既然这个社会积重难返，那就日积月渐、步步改造吧，因为聊胜于无，有改造总比无改造好；既然治理国家需要各种官员，那与其让无德无才者占据，还不如让弟子们出任，因为他们受教多年，总不至于太出格。于是，在居卫的数年间，孔子利用自己的"金字招牌"推荐了一大批弟子去从政，不仅在卫国，还遍及周边许多诸侯国。

叶落归根，老而返乡

随着岁月的流转，孔子对鲁国的思念之情日深。公元前485年，孔子六十七岁时，妻子亓官氏在鲁国去世。消息传来，孔子不胜感伤。自己十九岁就与妻子结发，多年来，自己要么投身于教学、政务，要么漂泊在外，对妻子照顾很少。家里全靠妻子勉力维持，既要抚养子女，又要操持家务，生活十分凄苦。但是在老妻去世时，自己居然身在他乡，不能陪伴在妻子身边，真是世事茫茫、岁月蹉跎啊！如今，老夫老妻竟阴阳两隔，他怎能不感到伤感，又怎能不想叶落归根呢？

早在公元前491年，季桓子就曾叮嘱其子季康子，说孔子师徒有很大的政治能量，一定要设法把孔子请回鲁国。当时，季康子只是召回了冉求。几年后，冉求做了季氏的家臣。当时，吴王夫差为了争霸中原，迫使鲁哀公和他会盟，借此向晋、齐等国示威。会盟期间，吴国以霸主自居，向鲁国提出"征百牢"（牛、羊、猪各百头）的苛刻要求。在强大压力下，鲁国不得不满足了吴国的要求。紧接着，吴国又命令季康子前来会面，实质是想将其扣为人质。幸亏子贡多方斡旋，鲁国才暂时缓解了这一外交危机。第二年，吴国以援救小邾国为名，大举进攻鲁国，一直打到武城（今山东省平邑县南）。武城人同仇敌忾，共御外辱，终于击溃了吴军。在此次武城保卫战中，孔子的弟子有若、澹台灭明等人非常活跃，战功卓著。这使得孔子的名声更加响亮，也为他最终回国奠定了基础、铺平了道路。

公元前484年春天，齐国入侵鲁国。鲁国三家贵族仍然矛盾重重，多亏孔子弟子冉求居间策划，三家才联合起来对抗齐国。而冉求更是身先士卒，率领鲁军与齐军交战，大败了齐军。另一位弟子樊迟也参与了这次战争。季康子很赞赏他们的军事才能，问冉求这些军事才能是天生的还是后天学习的。冉求趁机向季康子推荐孔子，毕竟他知道老师心中一直怀念着鲁国。他告诉季康子："我的军事才能是向孔子学的。您要是能任用我的老师，就能使鲁国和您都名声大振。老师是大才，让他治理民众、敬事鬼神都没有问题。我们追求的都是个人的利益。可是对于我的老师来说，再大的利益他都不屑一顾。"（《史记·孔子世家》）

季康子早就知道孔子的名气，但还不太了解孔子的实力。听冉求这么一说，才深信孔子是个大人物，如果能把他请回来，再加上他这些才华出众的弟子，鲁国必然会强大起来，季孙氏的名号也会远播诸侯。更何况，父亲临终之前也希望他把孔子请回来，于是季康子就顺水推舟地表示愿意请孔子回国。冉求当然非常高兴，不过他还是告诫季康子，当年孔子是因失望离国出走的，假如想把他请回来，就要充分信任他，不可听信小人的闲言碎语。冉求进一步劝谏季康子说：

咱们鲁国有圣人而不能任用，要想让国家得到治理，那就像退步而行却想超过身前的人一样，是很荒唐的。现在夫子在卫国，人家要起用他。咱有大人物却要资助邻国，这绝不是聪明的做法。请派专人携重金去礼聘他。（《孔子家语·儒行》）

季康子听罢，进一步坚定了请孔子回国的想法。不过他很清楚，孔子的那套政治主张绝对不能全面贯彻，因为那会极大地削弱贵族的权力。他对孔子的策略是：待以上宾之礼，食以大夫之禄，任以顾问之职，不予实际权力，让孔子成为一个毫无威胁的政治偶像。

这个时候，卫国的情况更加糟糕，不仅卫出公和父亲蒯聩剑拔弩张，而且卫国的大贵族之间也是矛盾重重，朝野一片乌烟瘴气，甚至连一向与孔子关系不错的孔文子（孔圉）都卷入了内乱。子贡曾经问过孔子："孔文子何以谓之文也？"孔子说："敏而好学，不耻下问，是以谓之文也。"（《论语·公冶长》）就是这位颇为好学的孔文子，此时也与贵族发生了矛盾，准备率兵攻打太叔，向孔子问计策。孔子向来反对这种无谓的战争，就推说自己不懂战事，还准备了车马要离开。在孔子看来，毕竟是鸟能择木，木怎么能择鸟呢？于是决心离开卫国这棵乱糟糟的"木"。孔文子自然坚决挽留，不过孔子去意已决，恰逢季康子的使者携厚礼来请孔子归国，孔子就带领弟子们，踏上了归国的路途。

公元前484年，孔子这位为救世四处奔波的老者，终于在六十八岁时回到了鲁国，结束了十四年的漂泊生活。这些年来，孔子历尽艰辛，却始终没有找到从政的机会，最后空怀壮志，老而返乡。不过，政治意图虽未实现，其他的收获倒是很丰富的。他走过了许多的地方，对各国的政治、人文、地理进行了考察，也使他的学说不断地得到完善。

大故迭起，尊而不用：悲伤无奈的晚年活动（下）

经过十多年的漂泊，孔子终于在年近古稀时再返家乡。晚年的孔子虽然名声卓著，被尊为"国老"，却只是作为政治的象征和国策的顾问。屡失亲人，尊而不用，可谓孔子晚年活动的真实写照。

大故迭起，屡失亲人

风烛残年时，孔子回到了鲁国曲阜，回到了生于斯长于斯的这片土地，回到了洒过汗水、寄过希望、有过热情，却也遭过打击、受过重创的故土。就在孔子回国的前一年，老伴已溘然去世；谁能想到，丧偶之痛还未平复，独子孔鲤又不幸病故，时年五十岁，正值壮年。人们常说，早年丧父、中年丧妻、晚年丧子，是人生的三大不幸，有其中之一常人已很难忍受。然而这三大不幸，竟全部结结实实地落到了孔子的身上。妻子辛劳过世已使孔子非常伤心，独子的英年早逝，更让风烛残年的孔子痛苦不堪。孔子很后悔，这么多年来，自己对儿子实在是关心太少了。孔鲤是个非常本分的人，谨遵父亲"庭训"，努力学诗学礼；孔子始终以"不私其子"的态度教人，从来没给儿子开过"小灶"。在家这么多年，孔鲤不曾凭借父亲的声誉谋取一官半职，所以至死家中还是十分贫穷，最后孔子只按"有棺无椁"的规格将儿子下葬。幸亏孔鲤生有一子，名孔伋，字子思，年龄虽幼却聪颖过人，这让孔子在白发人送黑发人的无尽悲哀中，多少有了一丝慰藉。

曲阜鸟瞰图

　　然而，命运之神似乎对孔子格外苛刻，非要与这位古稀老人过不去。仅仅时隔一年，爱徒颜回因贫病交加，又过早地撒手人寰，年仅四十一岁。这对年届七十的孔子来说，所遭受的打击比丧子更痛。在所有学生中，颜回是最为孔子所钟爱的，他们师徒之间虽然不是父子，却远比父子还亲。有人曾说："颜回之于孔子也，犹曾参之事父也。"孔子也曾亲口对别人说过："回也，视予犹父也。"

　　颜回的去世已经让孔子痛不欲生了，没想到仅隔一年，子路也死于卫国的内乱，而且死得非常惨，被人乱刀砍死。子路是孔子又一钟爱的学生，其言行仅在《论语》中就被提及三十八次之多。很多年前，子路就投身于孔子门下，之后一直誓死追随，彼此间的关系非比寻常。据《论语》记载，孔子对子路的批评多达十次，远远超过对其他弟子的批评。子路"冒犯"孔子的事件，仅在《论语》中就有六次记载，可称孔子弟子之最。然而，二人的关系不仅未曾就此走向紧张和对立，反倒因彼此语言直率、相互关爱而日益和睦。例如，孔子对子路就极为欣赏，说："片言可以折狱者，其由也与！"（《论语·颜渊》）"由也好勇过我，无所取材。""道不行，乘桴浮于海，从我者，其由与！"（《论语·公冶长》）对子路极为信任。当着别人之面，孔子还曾颇为满意地说："自吾得由，恶言不闻于耳。"（《史记·仲尼弟子列传》）子路对孔子更是忠心耿耿，时时跟随，处处维护，孔子有病时他为之祈祷，陈蔡绝粮时他设法为孔子做饭，表现出深厚的爱师之意、尊师之情。

在不到五年的时间里，老妻离世，独子早亡，颜回殁去，子路惨死……接连不断的巨大变故无情地摧残着风烛残年的老人。孔子本来是位乐观、豁达的人，由于注意饮食、作息和锻炼，身体也一向健康，但是，再坚强、再健康的人，如何能经受住接连不断的打击呢？经历了这些打击后，孔子的身体每况愈下，精神也明显不如从前。

寂寞国老，尊而不用

屡失亲人爱徒给孔子的打击是深重的，更让他感到无比悲凉的是，鲁国当权者仅仅把他当作礼贤名士的招牌、可有可无的顾问，奉为无职无权的"国老"。孔子回国是鲁国政治生活中的一件大事。鲁哀公自然高兴，因为孔子"尊君抑臣"之类主张对自己绝对有利。季康子表面上也表示欢迎。孔子其实心里很明白，季康子之所以肯邀请自己回国，是因为孔子和弟子们的力量已不容小觑。孔子弟子中有很多文武双全之士，特别是在抗吴、抗齐的战争中，很多人表现突出。那么多贤才鲁国不用，却在别的国家出任官职，这是鲁国执政者的一个巨大损失，也是对鲁国政治的一大讽刺。

怀抱经世宏愿的人要想实现改造社会的理想，是需要各种现实条件支持的。"知其不可为而为之"的精神固然可嘉，但一接触现实往往就会四处碰壁。孔子的可敬也是固执之处就在于此。回国之初，孔子对鲁国政治尚怀希望，寄望以自己的资历和学生的力量来影响鲁国。他曾多次与鲁哀公长谈，这成为孔子晚年生活的重要组成部分。谈话的内容在《礼记·哀公问》《孔子家语·问礼》《孔子家语·五仪解》等文献中有大量的记载。通过剀切长谈，孔子寄望国君能够行德政、重礼仪，使鲁国成为各诸侯国的榜样。虽然哀公对"三桓"专政也耿耿于怀，梦想有朝一日能够重掌大权，但他与定公一样也是势单力薄，早已成为被"三桓"架空的政治傀儡。幸好因为鲁国仍然面临被齐、吴夹击和吞并的危险，以季氏为核心的当权者穷于应付，君臣矛盾才没有那么尖锐。不过，哀公很害怕自己会陷入和祖父昭公一样被逐出境的困境，所以做事一向谨慎小心。因而长谈的结果是孔子除了获得哀公的首肯外，并无任何实际政治效用，充其量只是密切了与哀公的关系。

与哀公不同的是，孔子回国后与季康子谈话不多，说话也常旁敲侧击，原因是孔子对季康子的专权很是不满；而季康子作为鲁国实际的执政者，既没闲暇也没兴趣与这位倔强的老人聊天。季康子很清楚孔子和季氏家族那段貌合神离的合作，也知道"堕三都"造成的那些后果，更明白孔子对当权贵族的态度是什么，因此有时虽也"问政"于孔子，但很大程度上是出于客套和尊重，并非真把孔子"举直错诸枉，则枉者直""苟子之不欲，虽赏之不窃"（《史记·孔子世家》）之类说教当回事。季康子是个务实的政治家，他的眼里只有政治利益。既然是真正的当权者，对眼前的社会问题就不能视而不见。当时鲁国最棘手的问题就是财政紧张，所以季康子正在酝酿一场赋税制度的改革。

春秋时期，国家经费的来源主要是军赋和地税。地税是每年征收的，军赋则在战争爆发的时候才征收。但是春秋末期，战争连年不断，加之行政区划常因战争而被打乱，因而军赋已经很难收到了。所以季康子准备着手征收"田赋"，就是按照人口实际占有土地的数量作为征收赋税的一种形式。为稳妥起见，季康子让冉求陪自己前去征求孔子的意见，但孔子搪塞说自己不懂这些事情，很难回答。其实季康子也不傻，他知道孔子不懂是假，不同意才是真。但他依然五次三番地去征求意见，意在得到孔子哪怕名义上的首肯也行，但是最终也没能如愿。最后，季康子不悦地说："您是国老啊！大家都等着您表明态度，好去实施呢！"孔子仍然沉默不语。季康子走后，孔子对冉求说："按照礼制，赋税要轻，行事要适中。按照传统的方法征税就足够用度了，鲁国现成的《周公之典》也摆在那里，可供参考。变着方法地多征收赋税，是一种于礼不合的贪婪行为！"（《左传·哀公十一年》）但是第二年春天，田赋还是施行了，还引起了其他各国的纷纷效仿。为了这件事，孔子和冉求几乎闹翻了，不承认冉求是自己的学生，甚至号召其他学生群起而攻之。（《论语·先进》）

公元前481年，发生了"田氏代齐"之事。这可是一个划时代的大事件，是地主阶级对传统礼制的一次公然背叛，不啻于一场政治"大地震"。消息传到鲁国，孔子对这种君臣失序、公然篡位的行为义愤填膺，不仅为齐简公举哀三天，而且多次以"国老"身份觐见鲁哀公，甚至郑重其事地沐浴后上朝，向哀公痛陈放任这种行为的弊端，力劝鲁国以正义之师出兵讨伐田常这样的乱臣贼子，并断言齐国有一半的人会反对田常。让孔子颇感失望的是，哀公以弱鲁进攻强齐没有胜算相搪塞，并推脱说："这种事情您还是去找季康子商量吧。"（《左传·哀公十四年》）孔子知道，季康子向来是惧怕强齐的，而且，与齐国开战不但胜算不大，还会极大地削弱其政治实力和执政地位，所以，季康子以"攘外必先安内"的策略，将精力主要用在处理国内事务上。孔子知道，跟季康子商量对外用兵肯定会无果而终。孔子无法理解，哀公为什么不借助君位搏上一把，难道不担心鲁国也"如法炮制"地将他扫地出门，不想借此机会隆君臣之义、明尊卑之别吗？他不明白，哀公此时早已成为"虚君"，整日心惊胆战地强撑君王门面，地位却早已岌岌可危了。事实上，孔子去世后不久，鲁哀公就被"三桓"驱逐出境，结束了政治傀儡的生涯，辗转流亡到越国，最终客死他乡。

聊以自慰，后生可畏

回国后发生的这一系列事情，使孔子清醒地认识到，自己的政治影响力已极其有限。他对从政已不抱希望，更不奢望能受当权者重用了。既然弟子们都还年轻，既然他们还受欢迎，那么将治国理念传给他们，通过他们再去造福万民，也不失为从政的一种方式。于是，孔子将主要的精力放在培养弟子和整理古代文献之上。思路一变，别有洞天。在这两方面，孔子获得了空前的成就，可谓傲视千古、福泽万代。

孔子在政治上是恪守传统的，在教育理念上却十分超前。他探讨并解决了许多前人未曾解决的问题，从而开辟了中国教育史的新纪元。例如，在教育对象方面，孔子从"性相近，习相远"的理论前提出发，明确提出"有教无类"的办学方针，冲破了贵族垄断文化教育的局面，扩大了教育的社会基础，顺应了历史进步的潮流。在教育目的方面，从"为政在人"的政治主张出发，孔子提倡"举贤才"的用人思想，主张"仕而优则学，学而优则仕"（《论语·子张》）。这一主张打破了"氏以别贵贱，氏以别智愚"的宗法观念，体现了"用人唯贤"的原则精神，推动了社会由"亲亲"到"举贤"的政治变革。再如，在教育原则和方法方面，孔子"循循然善诱人"，注重启发，主张"不愤不启，不悱不发"，培养学生"举一反三"、独立思考的能力；他重视"因材施教"，以"退而省其私""听其言而观其行""视其所以，观其所由，察其所安"（《论语·为政》）等方式，对学生不同的性格、志向、言行、态度等加以分析和概括，据此进行有的放矢的教育；他推崇学习过程中的学、思、行三者的结合，力行"叩其两端""攻乎异端"，主张"学而时习之""学而不思则罔，思而不学则殆"；他主张人应该具备远大志向，要求学生树立"敏而好学，不耻下问"的态度，要"笃信好学，守死善道"，倡言"三军可夺帅也，匹夫不可夺志也"；他希望学生"毋意，毋必，毋固，毋我"（《论语·子罕》），即不要主观臆断，不要一意孤行，不要固守成见，不要唯我独是，主张在破除"四毋"的基础上真实地存疑；他认为现实生活中不存在不犯错的人，主张"过则勿惮改"，还认为"君子之过也，如日月之食焉。过也，人皆见之；更也，人皆仰之"（《论语·子张》）。凡此种种，使得孔子成为我国古代最伟大的教育家之一。

孔子晚年广收门徒，所开创的教育事业蒸蒸日上，形成了中国历史上第一个影响巨大的平民教育组织。这些紧紧追随孔子的弟子们，由懵懂无知的普通人成长为"斐然成章"的可用之才。看着自己用心血浇灌出的累累硕果，孔子欣慰之余，曾意味深长地说："后生可畏。焉知来者之不如今也？四十、五十而无闻焉，斯亦不足畏也已。"（《论语·子罕》）所谓"后生可畏"，不能理解为学生之作为让人害怕或恐惧，而应解释为后起之秀应当受到尊重、尊敬与关爱。这是孔子对学生智慧的欣赏和学业的肯定。而在学生们心目中，孔子是做人的楷模、德行的表率，是集知识之大成的智者，所以他们也都以受教于孔子为荣。孔子的弟子中有很多人出仕任职，孔子也尽全力把他们推荐出去。他要求这些做官的弟子注意举用贤能之人，兴利除弊，造福于百姓，有益于国家；这些从政弟子也常常向孔子汇报工作，请教政务，师生之间亲如一家，其乐融融。

有时，孔子眼见弟子们陆续离开自己，投身到风云变幻的社会生活中去，也会产生一种莫名的惆怅和失落，特别是回忆起那十四年师生历尽险阻、相依为命的难忘岁月时，更是按捺不住心中的悲凉。他不止一次地对学生说过："从我于陈、蔡者，皆不及门也。"（《论语·先进》）好在旧时的弟子都活跃在自己的岗位上，并且不时传来令人振奋的消息，这对暮年的孔子不失为一种慰藉。后来，孔子在谈到学生时，曾经如数家珍地分为四科，得意洋洋地提到了如下十个最著名的学生："德行：颜渊，闵子骞，冉伯牛，仲弓；言语：宰我，子贡；政事：冉有，季路；文学：子游，子夏。"（《论语·先进》）他曾经那么激烈地批判过冉求，但还是把冉求列为学生中有政事能力的首位，可见孔子心胸的博大。孔子爱着这些学生，如土地般宽广和深厚，那是一种慈爱与期待，还是一种发自内心的欣赏。

是的，世上还有什么比老师看着学生成长更惬意，还有什么比知道自己的事业后继有人更坦然，还有什么比明白自己的思想通过学生们而能播撒四方、造福社会更幸福的呢？须知，人再高寿也终究要死，难逃生命极限的自然法则。人有限的生命与智慧，只有靠年轻人代代接续、传递和传播，才可能走向无限、永存世间。因此，"得天下英才而教育之"乃是孔子接续社会理想和政治生命的一大事业。将聪颖好学的学生培养成才，使自己的理想和生命能够代代相传，这是孔子晚年巨大的慰藉与自豪，也是从古至今真正的教师所能够也应该拥有的最大幸福。

撰述"六经"，汇集大成

人都是有生命极限的。对学者而言，要真正突破生命的自然局限，除培养后继之人外，著书立说也绝对是一种重要方式。如果说学生是老师思想"活"的、生命的载体，能将学者思想口耳相传地接续下去，那么著作则是学者思想"物"的载体，也能够穿越时空、走向永恒、"以俟来者"。孔子深知这一点，因而他晚年的又一重要工作，就是倾力于古代文化典籍的整理。在多年的教学实践中，孔子清楚地认识到，我国古代典籍中有很多的残缺断简和错乱重复，尤其是《诗》《书》《礼》《乐》《易》《春秋》等"六经"（也称"六书"），经过长期的流行和误传，错讹之处更多，需要认真加以修订。许多年前，孔子就已开始了相关资料的搜集与整理，但因为四处奔波，始终没有机会全面启动这一工作。

自卫返鲁后，孔子渐渐地无意求仕了，便将多年以前立下的恢复和弘扬"六经"所代表的传统文化的宏愿付诸实践。而且，孔子由于自感来日无多，这一愿望也变得越加迫切。经过数年努力，孔子在此方面对中国文化的传承与发展做出了突出的贡献。这是孔子给我国留下的一笔丰厚的遗产，孔子也因此被后世誉为集三代文化之大成的"至圣先师"。某种程度上可以说，我们应该庆幸孔子的仕途失意，否则，三代文化能否顺利传承，恐怕是大有问题的。

中华民族历史悠久、文化发达。从上古"五帝"时代算起到孔子在世时，我国的人文历史持续时间已至少有两千年以上。在这漫长的岁月里，先民们创造出极为丰富的文化，并以典籍和传说等形式传承下来。但在长期流传过程中，尤其历经多次改朝换代和战争冲击，很多典籍已经残缺不全。《史记·孔子世家》记载："孔子之时，周室微而《礼》《乐》废，《诗》《书》缺。"还记载孔子的话说："夏礼吾能言之，杞不足征也；殷礼吾能言之，宋不足征也。足，则吾能征之矣。"短短几句话，道明了当时面临的一个非常严峻的问题，那就是中国文化濒临断裂的危险。事实上，放眼世界，往往由于战乱频仍，加之时间久远、传讹错乱、文化普及程度不够等原因，很多民族因为文化无人接续、典籍无人能识而失去了自己的历史，或者退向野蛮与蒙昧，或者湮没在岁月的长河中，为其他民族所同化。这是人类文明发展史上的悲剧，也是人类为自身的冷漠、愚昧、残忍、贪婪等行为所支付的沉重代价。事实上，到春秋时代，我国数千年的史籍也已面临绝传的危险，悠久灿烂的文化已到了"命悬一线"的时刻。

就在这一关键时刻，孔子自觉地站出来，承担起接续和保护传统文化的重任。这一时期，孔子生活较为安定，也有了较多的闲暇，还被当权者奉为高高在上的"国老"，可以方便地出入于鲁国的档案机构，因而既有条件也有可能将传统文化作一番整理，因而孔子的确是承担这一重任的不二人选。这是一项艰辛、复杂的文化工程，因为各种典籍纷繁复杂且错乱断讹，要理顺极费工夫，而且孔子的工作并非只是对原始材料的简单加工，而是一种前所未有的创造性劳动，要体现对于传统文化的取舍、态度和观点。

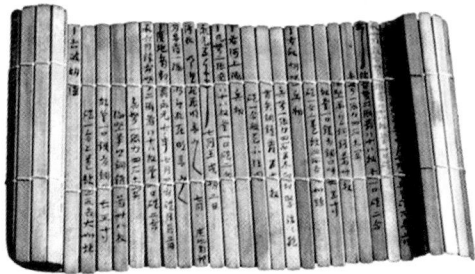

古代书简图示

可见，要整理这份文化遗产，是绝非一蹴而就的。现以《诗》为例。《诗》在孔子以前就有，它上追殷人的祖先契，周人的祖先后稷，下至西周末期的厉王和幽王时代，还有春秋时代的一些诗歌，跨度很大，数量很多，据说有三千余篇。《诗》在古代社会是人们交流情感的工具，是体现贵族身份与修养的标志，也是国家大典隆重庄严的宣示，是古代文化的重要体现和载体。那么，面对三千余篇错乱重复的诗，是要把全部内容都保存下来，还是删繁就简、去粗取精、重新排列？孔子选择了难度极大的后者，从中选取有代表性的三百零五篇，又从《风》（各地民歌）、《雅》（贵族雅言）、《颂》（大典颂辞）三个方面进行分门别类，编成了我们今天所能看到的《诗》之原本。《史记·孔子世家》记载说："三百五篇，孔子皆弦歌之，以求和《韶》《武》《雅》《颂》之音，礼乐自此可得而述。"且不说以"皆弦歌之"为标准来重新修订是极费工夫的，也不说要皆符合古代音律更是不易做到的，仅从修订后的篇什就可看出孔子的工作量之大。从三千余篇中十去其九，而且要使修订后的篇什朗朗上口、押韵和谐，并完全符合古代"圣音"的标准，这需要怎样耐心细致的态度，又需要付出多少心血与汗水！经过这番整理，《诗》从此广为流传，不再只是贵族阶级的专利，也成为平民学习的内容。完全可以说，只有孔子这样既精通音律又熟谙传统文化的一代大师，才能做出这样非凡的业绩；也可以说，如果没有孔子的创造性劳动，也就不可能有后世文学艺术的发展和繁荣，中华民族的诗歌之源更是无从谈起，也罕有人知。

再以《尚书》和《春秋》为例。《尚书》上起传说中的尧帝，下至春秋时期的秦穆公，是远古到夏、商、西周政治史实的记载和传说。作为政府的档案材料，到孔子时代已经累积了很多，而且非常杂乱。在此背景下，要把这些东西整理成一部既反映各代政治风貌又不失历史精华的要籍，这一工作并不轻松。孔子以"好古敏以求之"（《论语·述而》）的态度，搜集了卷帙浩繁的大量文献，加以细心整理，务使每一篇都符合垂世立教、示人规范的政治标准，旨在让人学习先王之道。孔子在艰辛的整理工作中，除力求达到上述标准外，主要做了两件事情：第一是解决断代的问题，上自尧舜，下至秦穆公，收取文章百余篇，以时间先后排列，还为其做了序，点明其要旨。第二是解决选材的问题，比如在黄帝前后的历史这一问题上，虽然孔子自己也了解很多，但是多出于传言，没有什么确凿的证据，于是就排除在了《尚书》之外。虽然《尚书》经过秦始皇焚书之后保存下来的已经不多，但是每一篇都是中国悠久历史的见证，都是研究上古文化的第一手资料。可以毫不夸张地说，如果没有这些资料的存在，我国有文字记载的历史肯定要大大缩短。仅就此而言，就足可确证孔子晚年工作的伟大。

在"六经"之中，孔子最看重且最倾力的是《春秋》一书。对孔子来说，其他著作他人或能置喙指评，唯独《春秋》一书是绝不容许别人染指的。《史记·孔子世家》记载说："至于为《春秋》，笔则笔，削则削，子夏之徒不能赞一辞。"就是说，连擅长历史文献（"文学"）的子夏，孔子也不允许其参与《春秋》的撰述。《史记》还记载孔子对此书的自我评价说："后世知丘者以《春秋》，而罪丘者亦以《春秋》。"那么，孔子为何如此重视《春秋》呢？《史记·孔子世家》说：

> 子曰："弗乎！弗乎！君子病没世而名不称焉。吾道不行矣，吾何以自见于后世哉？"乃因史记作《春秋》，上至隐公，下讫哀公十四年，十二公。据鲁，亲周，故殷，运之三代。约其文辞而指博。故吴、楚之君自称王，而《春秋》贬之曰"子"；践土之会实召周天子，而《春秋》讳之曰"天王狩于河阳"：推此类以绳当世。……《春秋》之义行，则天下乱臣贼子惧焉。

就是说，孔子晚年深感自己身处乱世，政治主张难以推行，而那些乱臣贼子却横行天下，所以就借作《春秋》的机会，一方面对乱臣们口诛笔伐，另一方面借史阐义，宣扬自己的主张。所以与其说《春秋》是一部历史著作，倒不如说是孔子倾力写就的一部政治宣言，是要通过以往事迹教戒现实、规整未来，既为悖上忤逆者铸一耻辱的"立柱"，更为开明忠贞者树一德行的"标杆"。经过孔子的整理订定，《春秋》一书不但删繁就简、忠于史实，而且寓意褒贬、言简意赅，被后世称为"春秋笔法"，成

《春秋集语》

为后人修史的榜样。杨伯峻先生在《试论孔子》中说："假若没有《春秋》，就不会有人作《左传》。春秋二百多年的史料，我们就只能靠地下挖掘。"我们认为，这是今人对孔子这一创造性工作的公允定评。

总之，孔子晚年忍受着屡失亲人的极大悲痛，倾全力于传统文化典籍的整理与撰述，成为集文化大成的一代宗师。长期以来，学术界受孔子自言"述而不作，信而好古"的影响，认为他仅仅是位古代文化的整理者，而事实并非如此。实际上，孔子晚年集中全力，对夏、商、周三代以来的文化进行了全面、系统的取舍和修订工作。范文澜在《中国通史》中说："孔子整理六经有三个准绳：一个是述而不作，保持原来的文辞；一个是不语怪、力、乱、神，删去芜杂、妄诞的篇章；一个是攻乎异端，斯害也已，排斥一切反中庸之道的议论。"可见，虽然孔子自言"述而不作"，实际上其取舍、整理是有标准的，因而是既述且作，并且很多内容是寓作于述之中的。

由此，我们首先应该感到庆幸，因为历史孕育了孔子，召唤了孔子，而孔子也毅然地肩负起了历史的使命；我们还应该感到震惊，因为整理历代文献这种浩大的文化工程，在今天也需要数十乃至数百学者的共同合作，当年竟然主要由孔子一人独力完成，这不能不令我们陡升敬意、惭愧汗颜；我们更应该感到欣慰，因为晚年的孔子不再一门心思追求所谓"从政"，而是转而投身文献整理，从而使中国文化具有了承前启后的可能。通过孔子艰苦卓绝的努力，民族的文化瑰宝得以保存下来，而且已走向世界。这是历史的幸事，也是人们至今仍缅怀这位文化巨人的重要原因。

旻天不吊，哲人辞世

公元前481年春，就在孔子以远超于常人的毅力，甚至以"韦编三绝"的精神整理"六经"之时，鲁国又发生了一件对其精神打击极大的事，就是鲁哀公等人到西部边境打猎游玩时，竟然将罕见的麒麟射杀。这一事件发生在鲁国西境的大野泽地。《史记·孔子世家》记载说："鲁哀公十四年春，狩大野。叔孙氏之车子鉏商获兽，以为不祥。仲尼视之曰：'麟也。'取之。曰：'河不出图，雒不出书，吾已矣夫！'"

根据记载，此次哀公是借举行"大蒐礼"（即通过狩猎进行军事训练）之名、行出外游玩之实的，结果捕获了一头长相奇特的怪兽。驾车的鉏商认为此兽不祥，欲丢弃了事。当时很多人也都未曾见过这种怪兽，因此求教于博学多识的孔子。孔子见此怪物之后大惊，认定这是世间极难见到的"仁兽"麒麟，内心极受触动，许久才伤感地对学生说：

> 如果天子布德行于四方，天下走向太平，那么麒麟、凤凰、神龟、飞龙才会首先显现，成为祥瑞之兆。现在周室将要灭亡，天下没有宗主啊。将来会怎样？将来会怎样呢？我的理想主张走到尽头了！（《公羊传·哀公十四年》）

孔子为何如此伤感，以致感慨"吾道穷矣"？在孔子看来，麒麟为天上神兽，它含仁怀义，音中钟吕（叫起来声音像音乐），行步中规，折旋中矩（走路旋转都合乎规矩），游必择上（游走时一定选择位置较高之处），翔必有处（行动必有恰当的地方），不履生虫（走路不忍踩踏虫豸），不折生草（行动时不折青草），不群不旅（不成群出现），不入陷阱，不入罗网，文章斌斌（身上有美丽的花纹）。麒麟是不会轻易出现在人间的，一出则预示着明王在位，以示天将降祥瑞于世。当今学者认为，历史上确有"麟"这种动物，今天称为麋鹿，尚存于我国一些地方，人们称之为"四不像"。（蔡尚思《孔子思想体系》）

在此我们不应责怪孔子"见物伤怀"，更不应苛责孔子"迷信"。因为在古人看来，麟凤龟龙是"神灵之鸟兽，王者之嘉瑞"，是中国古代四大瑞兽，被称为"四灵"。只有太平盛世、圣人在位时，这些动物才会出现。春秋末期是一个礼崩乐坏、社会混乱的时期。此时"麟"的出现并不适宜，即所谓"上无明主，是虚其应也。为人所获，是失其归也"。《论语·子罕》中曾记载孔子的话语说："凤鸟不至，河不出图，吾已矣夫！"意思是凤凰不飞来，黄河不现地图，我的命运也就这样了吧！相传，凤曾在"舜时来仪"，文王时"鸣于岐山"；伏羲出生时，河中龙马背负河图而出。凤鸟、河图的出现，都是圣王将出的瑞兆。但是，麟现在竟然被无知的人们用弓箭射中，折足而亡，凤鸟、河图却不见踪影。孔子肯定由"麟"之死于非命想到了自己的遭际，因而不由得发出"吾已矣夫""吾道穷矣"的感慨，这对老年孔子的精神打击无疑是极其沉重的。

真是福无双至，祸不单行，好像命运之神格外冷酷，非要一再考验孔子的挫折承受力。就在孔子为"西狩获麟"悲叹不已之时，同年又爆发了齐国田常弑君的事件。如前所述，孔子多次义正词严地劝哀公出兵讨伐，结果夸夸其谈的哀公多方推诿，令此事不了了之。不料时隔不久，又传来爱徒子路在卫被人惨杀的消息。这对七十二岁的孔子来说不啻是精神的致命一击。一个人精神再坚强，身体再健硕，又如何能经受住这一连串的打击？更何况，此时的孔子已年逾古稀，不仅备尝了人世的艰辛，经历了数倍于常人的坎坷曲折，还独力承担着一个庞大团队都望而却步的文化工程。经过这些打击，孔子常常感到虚弱疲倦，病魔也悄悄找上门来。这位东方圣哲，离人生的最后期限已经不远了。

孔子有早起散步的习惯。公元前479年夏四月的一天，孔子像以往一样清晨即起，拖着病体，拄着拐杖，来到门口散步，边走边悠悠地唱出一首歌：

泰山啊，不再雄伟了吧！梁木啊，就要崩塌了吧！哲人啊，也要离世了吧！（泰山其颓乎！梁木其坏乎！哲人其萎乎！）（《礼记·檀弓上》）

曲阜孔林孔子长眠处

这首歌唱得无比苍凉，好似一首生命的挽歌。孔子唱罢，对着门坐下。子贡心里大为惶恐，情不自禁地说道："如果泰山陷落，那我们该仰望什么呢？如果栋梁崩塌、哲人辞世，那我们又该仰仗谁啊？夫子的病看来越来越严重了！"

自从向子贡简单地交代了后事以后，孔子的病越来越严重。大约病卧七天之后，孔子这位一生命运多舛、为拯救乱世奋斗不止的老人，带着未了的心愿，带着对清明治世的期待，也带着对无道乱世的无奈，在众多学生的围绕和痛挽下与世长辞，享年七十三岁。中国历史从此告别了一个伟人，也告别了一个时代。

为纪念孔子这位享誉列国的大人物，这位德高望重的"国老"，鲁国举行了隆重的国丧。哀公直呼孔子为"尼父"，还作了如下诔文：

上天不怜啊，不肯留下这位国老！只让我一人独守君位，孤单地忧愁成病！我好哀痛啊！尼父，我没有约束自己的榜样了！（旻天不吊，不憗遗一老！俾屏余一人以在位，茕茕余在疚！呜呼哀哉！尼父，毋自律！）（《左传·哀公十六年》）

哀公的这篇诔文引起了孔门弟子的不满。子贡不无讽刺地说："这等国君，恐怕是不能在鲁国善终了！老师说过：'礼仪丧失就会昏聩，名分丧失就有罪过。'人活着不能被重用，去世后却来假惺惺地作诔文，这不合乎礼；自称'余一人'，这也不合他的名分！"（《史记·孔子世家》《左传·哀公十六年》）

孔子去世后，弟子们依照孔子生前"礼，与其奢也，宁俭；丧，与其易也，宁戚"（《论语·八佾》）的遗训，由公西赤主持，以对待父亲的礼仪（"哀而无服"）为孔子举行了简约、沉痛而庄严的葬礼，以"墓而不坟"的方式将孔子葬在曲阜城北的泗水边上。大家相约守墓三年，其间移草植树，将孔子墓地装扮得郁郁葱葱，成为今日孔林的最初原形。由于弟子们对孔子非常怀念，子夏、子张、子游等人觉得有若长得很像孔子，便把他推举出来当成老师参拜，聊以慰藉大家刻骨铭心的追念恩师之情。

三年"心丧"之后，众弟子于墓前痛哭一场，相别而去。唯有子贡这位中国历史上著名的"成功商人"，不顾所谓"时间就是金钱"的经商"铁律"，自觉思念之情未了，在孔子墓前建了一处小屋，又独自守墓三年之久，之后才依依不舍地离开。

守墓期间，众弟子极有可能还做了一件大事，就是相约讨论和编订了《论语》的最初之稿。这并非没有道理，因为今本《论语》虽然作为记载孔子及其弟子言论的汇编，人们据其内容断定该书由曾子、有若之门人最终编成，但该书究竟最初编于何时，初编者何人，迄今并无定论。《汉书·艺文志》说"夫子既卒，门人相与辑而论纂，故谓之《论语》"，我们认为此说甚当。事实上，孔子的很多重要思想，都是与弟子个别谈话时就事论事地表达的，并非聚众而谈；而学生能够给予老师的最好纪念，就是把最能反映老师思想的言论忠实、完整地记载下来、流传下去。因此，弟子们在守墓的三年期间，必然会分别将老师的言谈贡献出来，大家共同讨论、商定和取舍，集思广益，疑义相析，初步编定成册。由此，众弟子不仅既有机会共享孔子思想，还能重温一代宗师的谆谆教诲；而九泉之下的孔子也借了经典著作《论语》的记载，不仅使其思想流传至今，而且永远活在人们的心中。

博学守礼，知古鉴今——孔子轶闻趣事新说

在我国，孔子可谓家喻户晓的大名人。在老百姓心目中，孔子既然是圣人，从出生之日起就必然与凡人不同，因而其轶闻趣事既特别多也特别玄。在此，我们不想重述那些道听途说的故事，更不想再为"造神运动"添油加醋地"凑热闹"，而只想针对那些较为可信的轶闻趣事作一番"新说"，通过去伪存真的梳理叙述，将一位博学多闻的前辈学者，知古鉴今的哲人大师，可敬可亲的师表楷模，德行敦厚、有血有肉的老者形象呈献在当今读者面前。

因此之故，有些轶闻如"麒麟玉书""二龙五老""钧天降旨""跪受赤虹"之类，虽然极具趣味性，而且也很具可读性，但都不免于民间神话的比附，自然为我们所不取；有些趣事如"穿井辨怪""节骨专车""知鲁庙灾""商羊知雨"以及"童子辩日""项橐为师""解甲弹琴"，等等，虽然说得绘声绘色，但这些或为荒诞不经的奇谈怪论，或为其他学派的"移花接木"，亦为我们所不取；至于另一些传闻称号如"盗丘""黑帝之子""光净童子""儒童菩萨"等，纯为恶搞的戏说或恶意的利用，虽也能吸引读者眼球，但有违历史的真实，当然更为我们所不采。此外，前文所述较详之事迹亦不重复，只对那些言之不详或未曾述及者，博采各种可信资料，加以适度的细节性想象，权作"新说"，以飨读者。

俎豆礼容

这是关于孔子幼时将贵族礼仪当成游戏内容的事迹传说，被载入多种文献。《史记·孔子世家》云："孔子为儿嬉戏，常陈俎豆，设礼容。"襄公二十四年（前549年），叔梁纥因病辞世，颜徵在携孔子及孟皮一同回到曲阜阙里。因生活所迫，颜氏不得不以纺织、做鞋、帮人浆洗衣物等方式维持生计。孔子小小年纪便对很多事情都兴趣浓厚，对不懂的事物敢于探索，一经旁人指点便可习得要领。

曲阜不仅是鲁国的政治文化中心，也是整个春秋时代最重要的文化中心，春秋两季总有许多贵族举行祭祀，国君也常常举行重大的礼仪外交活动。每当宗庙举行祭祀活动之时，颜氏就鼓励孟皮带着孔子前去观看。久而久之，孔子就将祭祀仪式的程序熟记于心。颜氏每日忙于生计，哥哥孟皮也不常在家，只有孔子自己在家中玩耍。他将泥土捏成宗庙祭祀时所用的器皿，将这些瓶瓶罐罐摆好，便模仿起祭祀的礼仪。他自己又当主祭官，又当参祭者，逐一按照祭祀程序操作。

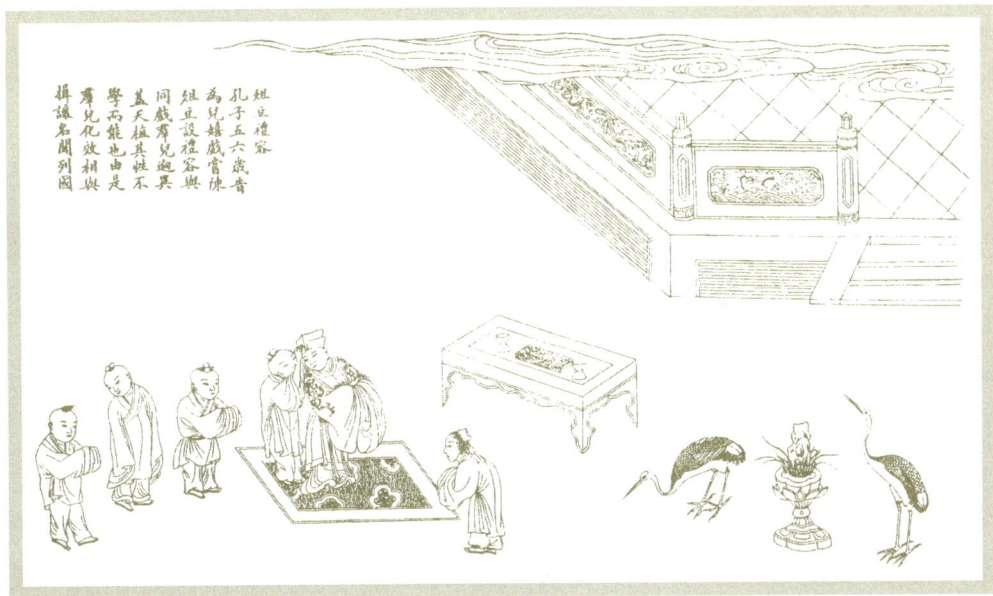

"俎豆礼容"图

孔子自三岁起就生活于曲阜城中，耳濡目染，熟谙鲁国的礼仪文明。就是在这种浓郁的文化氛围中，孔子迅速成长起来。孔子之所以后来能出任夹谷之会中的相礼之职，以至被各国视为高超的礼乐大师，都是与其童年的这种独特爱好关系极密的。当今有学者甚至推断说，孔子以后能维持一个庞大的私学团队，其经费的很大来源之一就是担任贵族的礼仪顾问，以及充当各色人等婚、丧、嫁、娶等活动的相礼司仪。

多能"鄙事"

这是孔子对其早年生活状况的自述。《论语·子罕》记载："太宰问于子贡曰：'夫子圣者欤？何其多能也？'子贡曰：'固天纵之将圣，又多能也。'子闻之，曰：'太宰知我乎？吾少也贱，故多能鄙事。君子多乎哉？不多也。'"这段话很明白，就是孔子不承认自己如子贡所说，是什么"天纵圣人，所以能耐很多"，而自述"小时候家境贫贱，因此学会了许多实际的本领"。

所谓"鄙事"，就是指贵族们看不起、不愿做的一些事情。那么，孔子早年做过哪些"鄙事"呢？据说，他曾经给叔孙家放牧过牛羊，给乡里活动做过吹鼓手、司仪等等，但不见于相关记载。《史记·孔子世家》说，孔子"及长，尝为季氏吏，料量平；尝为司职吏，而畜蕃息"。《阙里志年谱》记载，孔子"二十岁为委吏，二十一岁为乘田吏"。《孟子·万章下》也追记说，孔子"尝为委吏矣，曰：'会计当而已矣。'尝为乘田矣，曰：'牛羊茁壮，长而已矣。'"看来，孔子的确是做过"委吏""乘田"之类的低级职务。"委吏"是管理仓库的会计出纳之职，"乘田"则是管理牛羊牲畜的官员。尽管都是些卑微的职事，但已远离了胼手胝足式的粗简劳作。孔子办事极为认真，做"委吏"时把账目管理得清楚妥善、丝毫不乱；做"乘田"时把牛羊养得肥壮健硕，使祭祀活动有了体面的供品。

据说，孔子在担任鲁国季平子的"委吏"一职之时，正是秋收之际，这是"委吏"一年之中最繁忙的时候。古时实行井田制，就是将一块地划为九块，每块百亩（约合今三十亩），周边八家为私田，中间一块为公田。私田一家一块，自种自收；公田八家共耕，收割之后全部交与诸侯贵族。鲁宣公十五年，鲁国实行"初税亩"制度，取消公田，全部交农夫耕种，贵族再按亩数向农夫收取租税。那时用竹签计筹，数字不同，竹签长短不一，计算起来十分麻烦。但孔子做事谨慎，思路清晰，反应灵敏，收租记录条理有序。

收租后便是核对账目，孔子将收上的租税统计后与账目比对，发现二者并不一致；暗中调查发现，有人趁职务之便中饱私囊。孔子设法收集证据，将贪污之人送与季平子处置。为彻底根除收租者舞弊之举，孔子还制定了一系列条例，其中包括平衡夏秋两季的赋税；采用统一的斗桶；百姓可监督收租之人的言行举止；以半月为期，若如期缴纳则奖，过期则罚，特困者酌情减免等等。他还向季平子建议，将粮仓盖为金字形，以绳索拴紧以防雨水渗入粮仓，四周留有窗口以便通风。

学琴师襄

这是孔子勤奋好学的事迹传说，史书对此有大段的记载。孔子何时学琴于师襄，史无确载，如《孔子家语·辨乐解》和《史记·孔子世家》对此事虽然都有描述，但都没有明确记载学琴的时间。《孔子世家》将这一事件插入周游列国的过程中加以叙述，就时间而言是绝无道理的。唯独清人崔述明言，孔子"学琴当在少年时"（《洙泗考信录》卷二），不知其依据何在。根据孔子对演奏技巧的掌握状况推断，学琴的时间绝不会在"少年时"。孔子正式设教授徒是从三十岁开始的，而二十七岁时曾向郯子问过古代官制的问题（《左传·昭公十七年》），据此推断，学琴应在此期间，即在二十八九岁时。

鲁昭公十九年（前523年，周景王二十二年），二十九岁的孔子辞别亲友，前往师襄子的故乡拜师学琴。当时，孔子的乐理造诣已经相当高，但他认为不彻底弄懂就难以为师，于是远赴师襄子的家乡拜师学艺。

师襄是春秋时鲁国的乐官，擅击磬，也称击磬襄、师襄子。拜师后，师襄首先向孔子讲授了制琴之缘由。他说："古人造琴，一为娱乐：悦人增寿，陶冶情操；二为教育：歌颂功德、正义、美好生活，鞭挞丑恶，匡正人心。"而后师襄弹奏一曲，曲毕向孔子说明了要领，孔子便精心弹奏，刻苦练习。十天后，师襄听孔子弹奏的曲子声韵俱备，指法熟练，琴音悦耳，便对孔子说道："你的琴技已经十分高了，这首曲子也已弹得相当熟练，可以学习下一首新曲了。"

"学琴师襄"图

　　但是孔子认为，自己目前也只是熟悉了曲子，但是还未掌握弹奏的要领，还需勤加练习、细心体会。数日过后孔子再次弹奏了此曲，师襄听后赞许道："你的琴音悦耳，拍子准确，已经悟出了其中的韵律，应该换首新曲目了。"孔子回答说："此曲含义深奥，我还未能全然体会到作曲者想要表达的情感，未能体会其志向情操。"于是静心凝神地一遍遍弹奏，体悟作曲者内心所想。几天过后，孔子双手抚琴肃穆深思，而后若有所悟，最后了然一笑，对师襄说道："此曲处处让人领略到一种高瞻远瞩、目及天下的情怀。这样的胸襟和情愫，这样一位高瞻远瞩、胸怀天下之人，非周文王莫属！"

　　师襄听后心悦诚服，惊叹道："此曲确实为周文王所作，曲名就是《文王操》。我学琴时，先师曾言只有完全领悟此曲，以身感悟作者所想，才可奏出这世上最优美的旋律。夫子真是能人啊！鲁国振兴礼乐，就靠夫子这样的贤德之人了。"

观水兴叹

这是孔子借水阐思、以水明理的故事。水是孔子非常喜爱的自然之物。他经常带领学生到河边去散步，去感受水的随方就圆、激浊扬清。面对奔腾不息的河水，孔子曾颇有感慨地说："逝者如斯夫，不舍昼夜。"（《论语·子罕》）阐述了万物生生不息的运动观。孔子还通过登山观水，生发出"仁者乐山，智者乐水"（《论语·雍也》）的感受。孔子施教一向不拘形式，当有所见有所感时，便与弟子随时随地进行交流。孔子的这些活动，在《史记》《荀子》《韩诗外传》中都有记载。

鲁昭公二十一年（前521年）夏天，孔子听说百泉喷涌，便与子贡、子路等人相携来到河畔（一般认为孔子所观之"川"为泗河之泉林，现有"孔子观川处"等多处遗迹；也有人以"观川亭"在尼山而认为所观之"川"为沂河之一段，即智源溪、夫子河、张马河、颜母河、田黄河汇集之处）。孔子站在河边，望着浩浩不息的河水，不禁长长地叹了口气。子贡见老师望着

曲阜一景：尼山"观川亭"

河水蹙眉凝思，不解地问道："我见很多像老师这样的君子每见水流必然驻足不前、凝神思考，这是为何呢？"孔子回答说：

你看那滔滔流淌的河水，所到之处滋养万物，生灵得以生存繁衍，却不以恩德者自居，这就像是仁者的仁爱；不管河床平坦或弯曲，都顺其道而流去，姿态低下，这就像仁者终日坚持的正义；它在浅处平缓，深处莫测，这就像仁者的智慧；它流经万丈高山的峡谷，奔流直泻，毫无惧色，这就像仁者的勇敢；它以微弱的力量渗透到每个地方，作为衡量地平面的标准，公平公正，这就像仁者的深邃明察；

它遇到浑浊不洁从不回避，以自身的洁净将浑浊洗涤，这就像仁者以自己的美德感化他人；它流到一定的地方而聚集起来时，自然平整而静止，这就像仁者的正直；把它盛起来，它平平如镜，这就像仁者终日坚持的各种制度；它千回百转，曲折旋流，却朝着一个方向流去，不变其志，这就像仁者的志向操守。水有这样的德行，所以有道德的君子见到流水，必然观赏而沉思，寻找那修养道德的良方。（《荀子·宥坐》）

子贡听罢，不禁感叹道："夫子的学识理念学生敬佩，您的德行也正如这奔流不息的河水一般。"弟子们闻听夫子的一番宏论，也都非常钦佩。谁能想到司空见惯的流水，在夫子的心目中竟包藏有如此丰富的哲理呢？在这风景秀丽的河畔，学生不仅明白了什么是仁爱、什么是正义，更加深了追求理想的信念。

金人铭背

这是孔子年轻时西行观周期间的一段经历。鲁昭公二十四年（前518年，周敬王二年），孔子得到昭公支持，与弟子南宫敬叔离开鲁国前往周都洛邑，观周都文物制度，学习先王之道。

到达洛邑后，孔子与南宫敬叔四处观览，最后来到太庙。太庙是供奉周朝祖先的庙宇，也是帝王祭祖的地方。孔子师徒步行入太庙，抬眼望去，每样物品都精美绝伦。二人拾级而上，忽见右方有一铜铸的人像，人像的口上贴有三道封条，背上刻有一行铭文："古之慎言人也，戒之哉！无多言，多言多败；无多事，多事多患。"南宫不知其意，询问孔子这是什么意思。孔子解释说：

这是古时说话谨慎之人，以此为戒，切勿多言，多说多错；不要多事，多事多患。安乐放松时也一定要谨慎，不要做后悔的事。不要以为说话不会给其他人造成一点伤害，有时多言所造成的隐患是很长远的；不要以为多言不会给人造成多大的灾难，有时那种伤害会让人承受不起的；不要以为他人听不见就妄加议论，上天在看着你，你的所作所为，所说所想，老天是知道的。涓涓细流条条畅通无阻，逝水东流终将汇集为江海；绵绵线条根根韧如丝线，纵横交错则有望集结成网；细细的枝条任其生长、置之不理，若干年后就得以斧头砍伐。如若每时每刻都能谨慎小心，每字每句都三思而后言，字字斟酌，灾祸就可避免了。口为灾祸的大门，口出狂言必然遭人鄙夷，强横之人必遭人恨，好胜之人必遭人嫉，君子不争强好胜，逞口舌之快。恭听他人教诲，温和谦卑会使人仰慕。守住柔弱保持卑下，没有人可以超越。并非多言即为博学广闻。少说寡言，但遇事发表言论且能句句正中要点，方为智者，不一定要时时与他人争辩。智慧存于头脑之中。立于人群，不言不语也是鹤立鸡群的，无关风景，气质使然。（《孔子家语·观周》）

南宫听了孔子的解释后豁然开朗，点头说："的确是这个道理啊，古人真是智慧。"孔子回头对他说："这些话实在而中肯，合情而可信。《诗经》说：'战战兢兢，如临深渊，如履薄冰。'立身行事能够这样，哪还能因言语惹祸呢？"

儒家自孔子开始便极力提倡"慎言"，不该说的话绝对不说。白玉被污染尚可将污染之处磨去，而说了不该说的话，便再也无法挽回了，正所谓"话既出口，覆水难收"。孔子一直谆谆教诲弟子要"讷于言而敏于行"。后来人们便以"三缄其口"来比喻人须慎言，成语"三缄其口"便是由此而来的。

晏婴沮封

"晏婴沮（阻）封"是齐国国君欲将土地封给孔子而被晏婴劝阻的故事。这一故事发生在孔子三十六岁时，是孔子首次游齐时的事迹传说。晏婴字仲，谥平，习称平仲，又称晏子，齐国夷维（今山东省高密市）人，齐灵公、庄公、景公在位时皆出任相国要职，为齐国三朝元老。晏婴身高不满六尺，但才华出众，名闻诸国，且以厉行节俭名重于齐。

鲁昭公二十五年（前517年，周敬王三年），孔子因鲁国"斗鸡之变"而避祸于齐国，并屈尊做了齐国大夫高昭子的家臣。孔子希望能够通过高氏的推荐，得以接近和觐见齐景公。大约五年前，高昭子曾奉齐景公之命，与丞相晏婴一起出使过鲁国，还特地登门拜访了孔子，彼此印象颇佳。现在，孔子率领弟子们来到齐国寻求从政之

"晏婴沮封"图

机。高昭子见孔门弟子尽是好学不倦的贤才，并且深信孔子有治世之才，便将孔子引荐给了齐景公。

在齐期间，孔子曾多次拜见景公，这在《晏子春秋》《孔子家语》和《孔子集语》中都有很多记载。当时，景公曾恳切地向孔子询问治国之要。孔子说："国君要像国君，臣子要像臣子，父亲要像父亲，儿子要像儿子。"景公感叹道："讲得好啊！如果国君不像国君，臣子不像臣子，父亲不像父亲，儿子不像儿子，纵然物品丰富，我又怎么能得到呢！"之后，齐景公又向孔子询问如何为政。孔子说："为政在于节约钱财。"这些主张是切中当时齐国政治弊端的，所以景公听了非常认可，对孔子也更为钦佩了。几番对话之后，景公更加领悟到中央集权对于国君的重要性，对孔子的学说也更感兴趣。为了能让孔子长期留在齐国，景公打算将尼谿（一说为"尔稽"）周围的大量田地赐给孔子作为食邑，以便在齐全面推行尊君抑臣、礼仪治国的主张。

消息一出，晏婴首先站出来大加反对，直言不讳地向景公进谏，并且毫不客气地对孔子进行人身攻击。晏婴说：

不行啊，君上！孔子这个人，高傲自大，自以为是，不可用来教化臣民；喜好乐舞而不切实际，不能让他掌握政事；依恃天命而怠于实务，无法让他守职尽责；破费财产厚葬死人，崇尚丧礼尽情致哀，不能让他这样来治理人民。人的行为最难的在于内心，而儒者过于注重装饰外表，过于注意人的容貌，用这样的方法来训导百姓，那是不行的。自从圣君大贤相继去世、周朝王室衰落以来，礼仪增多了，而民情更薄了；舞乐更繁盛了，而道德更沦丧了。如今，孔丘注重声乐之用，导致社会更加奢靡；夸张弦歌鼓舞之功，以便能够聚拢徒众；以揖让升降的繁多规定，用来显示自己的礼仪；以步伐和节奏的快与慢，招拢众人前来观看。孔丘虽然博学，但不可为世人所效法，这耗费心力却于民无益，几代人都学不尽他的教化，人到壮年也学不完他的礼数，积钱再多也不够其舞乐之费用。用繁杂的邪术来迷惑当世君主，以推重声乐来愚弄百姓，其主张不可作为社会的准则，其学说不能用来教导民众。现在您要封给他那么多的土地，是要改变齐国多年的风俗啊，这恐怕不是引导百姓、治理国家的好办法。（《晏子春秋·外篇不合经术者第八》）

以上话语虽长，意思却并不复杂，就是孔子的那一套繁文缛节不仅对百姓毫无用处，反而会给齐国造成灾难，其潜台词则是如果按照尊君抑臣、重农抑商的那套主张去做，贵族们的末日就要到了，齐国的政治也会大乱。景公一听，自己最倚重的晏婴都是这种态度，也就只馈赠给孔子丰厚的礼物，再也不提封地一事。后来，在众臣反对下，景公无奈地对孔子说："要我像鲁昭公对待上卿公孙氏那样，对你委以重任，恐怕是不现实的；我也很难像鲁君对待下卿孟孙氏那样，给你实际的职位。"还说："我老了，不能用你了。"在此情形下，孔子就返回了鲁国。

观器谕道

相传这是孔子与弟子游览桓公太庙时，借庙中"敧器"向学生阐述哲理的事迹传说。众所周知，孔子以"有教无类"的方针开设私学，并以"自行束脩以上，吾未尝无诲焉"（《论语·述而》）的态度设教授徒，所收弟子中自然不乏自命不凡、恃才傲物之

"观器谕道"浮雕

辈。孔子心似明镜，但未曾言明，打算借机再进行教诲。

据《荀子·宥坐》记载，有一日，孔子携弟子前去太庙，向桓公行礼后，看见旁边有一倾斜的青铜器。孔子手指容器问众人此为何器。众弟子细心观察，见此物口为长方形，底为圆形，两边悬挂的铜轴并不居中，从而使容器呈现倾斜的状态。此物既非角、爵、斝、簋等酒器，也不是祭祀用的各种彝器，众人不知为何物，只好摇头不答。

孔子回答说："这是国君放在座位右边以示警诫的欹器（'宥坐之器'）。我听说，欹器内部空虚就会倾斜，水量适中它就端正，注满水就会翻倒。贤明的国君拿它作为警示之器，所以常常把它放在座之右。"说完回头对学生说："注上水试试！"学生将水慢慢倒入器内。当注水一半时，欹器便渐渐端正；继续向器内注水，欹器开始倾斜；当水将要注满时，欹器反扣下来，水洒在地上。

孔子问学生从中学到了什么，大家脱口而出："满则覆。"孔子点头微笑说："太满了哪有不覆的道理！这欹器原是放在天子座边的，因鲁是周公封地，所以也同洛邑太庙一样有此物。此物正是告诫我们：切勿自傲，过犹不及，自命不凡者必遭失败。"子路问："请问老师，有保持中正的方法吗？"孔子回答说："居高而能处下，饱满而能谦虚，富有而能节俭，高贵而能卑下，聪慧而能愚拙，勇敢而能胆怯，善辩而能木讷，博大而能浅显，贤明而能愚钝，就是减损而不让它盈满的方法。这种境界，只有道德修养极高的人才能做得到。《周易》说：'不减少而增加它，所以会受损；自己减损并坚持到底，所以会受益。'"

听了孔子之言，众弟子无不受教。水满则溢，月圆则缺，这是大自然中常见的现象，先哲们却从中悟出了满招损、谦受益的人生道理。在这里，孔子巧借太庙之行，给学生们上了一堂生动的如何为人处世的思想教育课。

痛斥刑鼎

这是孔子针对晋国"铸刑鼎"之举而反对"法治"、力倡"礼治"的一则史实，在《史记》《论语》中都有记载。众所周知，孔子生活在"礼崩乐坏"的春秋末期。这一时期，周王朝的统治权力早已名存实亡，诸侯国之间以强凌弱、以众暴寡，战争频繁，冲突不断，社会正处于新旧交替的大动荡时期。对于当时社会的混乱状况，孔子曾满怀忧虑地说：

> 天下有道，则礼乐征伐自天子出；天下无道，则礼乐征伐自诸侯出。自诸侯出，盖十世希不失矣；自大夫出，五世希不失矣。天下有道，则政不在大夫；天下有道，则庶人不议。(《论语·季氏》)

面对"政在大夫"的"无道"局面，孔子旗帜鲜明地主张恢复西周鼎盛时期的社会政治制度。在孔子看来，三代以来的等级制度是经过历史考验的，是"监于二代""郁郁乎文哉"的；特别是"经礼三百，曲礼三千"的周礼，对于重塑春秋时期的社会秩序与人际关系极为有用。因此，当晋国"铸刑鼎"的消息传到鲁国时，孔子非常激愤，马上用最严厉的话语谴责了这一事件。他说：

> 晋其亡乎，失其度矣。夫晋国将守唐叔之所受法度，以经纬其民，卿大夫以序守之。民是以能尊其贵，贵是以能守其业。贵贱不愆，所谓度也。文公是以作执秩之官，为被庐之法，以为盟主。今弃是度也而为刑鼎，民在鼎矣，何以尊贵？贵何业之守？贵贱无序，何以为国？且夫宣子之刑，夷之蒐也，晋国之乱制也，若之何以为法？(《左传·昭公二十九年》)

公元前513年冬天的"铸刑鼎"之举，是晋国大贵族赵鞅与荀寅联手，将执政大夫范宣子所制定的《刑书》铸在铁鼎上，以求使国家刑律家喻户晓，其实质是改造晋国祖先唐叔既定的法度，将贵族社会的"礼治""德政"改为官僚社会的"法治""刑政"，

晋国所铸"刑鼎"

旨在通过变法运动使晋国再现文公称霸时的盛况。但在孔子看来，晋国此举极为不妥，因为这不仅撕去了伦理劝化的温情外衣，暴露出刑法的冰冷和严峻，而且会鼓动人们依照法律规定去谋取私利，追逐权力和地位，冲击、颠覆既有的社会秩序，非常不利于尊卑名位的维持，因此他断言："看来晋国快要灭亡了，晋国的政治完全乱套了。"

虽然孔子反对"法治"，但并不认为西周政治制度绝对不能变更，而是主张随时代的变化也应进行一些适度改革，即"殷因于夏礼，所损益可知也；周因于殷礼，所损益可知也。其或继周者，虽百世可知也"（《论语·为政》）。同时他又认为，这些改革必须有一条底线，就是以"君君、臣臣、父父、子子"为核心的等级制度必须得到严格遵守，特别是无视身份的僭礼行为是绝对不能容许的；换言之，治世之要务自然是当政者应以身作则、身正令行，但最重要的问题还是"正名"，即重新营造出尊卑有序、上下有别的社会制度。这是孔子一直恪守的重要原则，也是他为治理乱世开出的根本药方。

在坚守这一目标的同时，孔子对统治者杀人立威、厚敛肥己的行为极为愤慨，对于贵族阶级的道德堕落尤其痛心疾首。他一针见血地斥责说：

> 今之君子，好色无厌，淫德不倦，荒怠傲慢，固民是尽，午其众以伐有道，求得当欲不以其所。古之用民者由前，今之用民者由后。今之君子，莫为礼也。（《大戴礼记·哀公问孔子》）

孔子认为，现实之所以混乱不堪，根源就在于无德者在位。因此，天下要么有德者居之，要么在位者就应以德律己。他谆谆告诫说："为政以德，譬如北辰，居其所而众星共之。"（《论语·为政》）就是说，只要统治者能够以德治国，就会像居于中天的北极星一样，得到天下人的拥护和爱戴；只有统治者"道之以德，齐之以礼"，民众才能摆脱"免而无耻"的局限，达到"有耻且格"的程度。他还一再告诫执政者："政者，正也。子帅以正，孰敢不正？"（《论语·颜渊》）"苟正其身矣，于从政乎何有？不能正其身，如正人何？"（《论语·子路》）即是说，只要当权者以身作则，百姓就能受到感化，"德政"目标就有望实现。

农山言志

这是记载孔子与弟子活动的一则生动故事，《说苑》《韩诗外传》《孔子家语》等都有大同小异的记载。农山是鲁国都城曲阜以北的一座山，海拔并不高，但与周围平原相比，山势也略显峻拔。有一次，孔子在子路、子贡、颜渊的陪同下，向北游至农山。登上山顶，举目四望，顿时使人心胸开阔、神清气爽。孔子感叹道："在这里静心思考问题，什么想法都会出现的。你们谈谈自己的志向吧，我最后再作选择和点评。"

据《孔子家语·致思》篇记载，抢先发言的是子路。他走上前说："我希望有这样一个机会：白色的军旗像月亮，红色的战旗像太阳，钟鼓的声音响彻云霄，繁多的旌旗在地面舞动。我带领一队人马进攻敌人，必会夺取敌人千里之地，拔去敌人的旗帜，割下敌人的耳朵。这样的事只有我能做到，就让子贡和颜渊跟着我吧！"孔子赞叹道："多么勇敢啊！堪称勇士。"

子贡也走上前说道："我愿出使到齐楚交战的广阔原野上，两军的营垒遥遥相望，扬起的尘埃连成一片，士兵们挥刀交战。在此情形下，我穿戴着白衣白帽，在两国之间穿梭游说，论述交战的利弊，解除国家的灾难。这样的事只有我能做得到，就让子路和颜渊跟着我吧！"孔子又赞叹说："多有辩才啊！可做辩士。"

唯有颜回后退了几步，未曾说话。孔子见状，对颜回说："颜回，为什么他们谈了志向，而你却不谈呢？"颜回回答说："文武两方面的事，子路和子贡都已经说了不少，我还说什么呢？"孔子说："每个人都是有其志向的，你就说说吧。"颜回回答说："我听说，薰草和莸草不能藏在同一个容器中。尧和桀也不可能共治一个国家，因为他们不是同一类人。我希望能够辅助明王圣主，向人民耐心地宣传父义、母慈、兄友、弟恭、子孝这五种德行，用礼乐来教导人民，使百姓不加固城墙，不越过沟池而战，剑戟之类的武器改铸为农具，平原湿地放牧牛马，每个家庭都没有思念亲人之苦，国家千年而无战争之患。这样，子路就没有机会施展他的勇敢，子贡也没有机会运用他的口才了。"孔子听了，表情郑重地说："这种德行真美好！"子路举起手来问道："请问老师，您赞同

"农山言志"图

哪种志向呢？"孔子说："不耗费财物，不危害百姓，不费太多的言辞，只有颜回才有这个想法啊！"

在这一活动中，孔子借赞同颜回之机，向弟子们委婉地表达了自己的政治追求和人生志向。他认为，子路奋勇杀敌、所向披靡，虽然勇气可嘉，但算不上远大的志向；子贡辩才滔滔、纵横捭阖，虽可不战而屈人之兵，也算不得什么宏伟的抱负。只有以德治国，用礼乐教化人民，使家无离散之苦，国无战火之患，才能算是具有高远眼光的政治追求和人生志向。

在孔子看来，列国之所以纷争不断，固然是现实利益之争使然，也与纲纪沦丧、礼制不兴、伦理失序有着极大的关系。故此他认为，只有大力宣扬仁义礼乐，才能使人民行为各有规范，才能求得国家的长治久安。正因如此，孔子对子路不问战争性质而热衷拼杀的做法并不十分认同，对子贡沉湎于纵横游说的外交之举亦不十分欣赏，而对颜回的志向给予了很高的期许。

拜胙遇途

这是孔子中年时在鲁国与阳虎之间交往的一则故事，其过程在《论语·阳货》中有详细记载。阳虎，姬姓，名虎，一名货，春秋后期鲁国人，长期担任季孙氏大管家之职，颇有权势。定公五年，阳虎与季孙氏矛盾加剧，乘其不备囚禁了季桓子，迫使其结盟并下令驱逐了另一家臣仲梁怀，继而又强行与鲁定公和"三桓"盟于周社，遂跻身卿大夫行列，掌管鲁国国政。定公八年，阳虎集结力量挑起叛乱，欲尽杀"三桓"嫡子，以牢牢掌握鲁国实权。后因"三桓"联合抗击，阳虎兵败，逃往他国。这场以阳虎为首，公山不狃、叔孙辄、叔仲志等参与其中的，欲取"三桓"而代之的动乱，开了春秋各国"陪臣执国政"之先河。

鲁定公五年（前505年，周敬王十五年），鲁国相国季平子亡，其子季桓子继任为执政大夫。已怀不轨之心多年且势力极大的阳虎，欲趁季桓子根基不稳之际取而代之。阳虎知道自己虽有权势，但缺乏深谋远虑之人为自己出谋划策，于是极力争取孔子出仕，企图借孔子的名望来抬高自己。

"拜胙遇途"图

事实上，早在鲁昭公七年（前535年），孔子十七岁时，就曾与阳虎有过交往。阳虎苦心经营，势力越来越大，逐渐掌握了季氏家族的实权。同时，阳虎的所作所为也越来越让孔子看不惯，因为孔子最不能容忍的就是违礼僭越的行为。

因此，当孔子听说阳虎要极力拉拢自己时，阳虎的反叛之心昭然若揭，孔子当然不可能答应为其效力。所以阳虎一连几次登门拜访，孔子都事先借故离开了，只让儿子孔鲤去虚与委蛇。阳虎见此情形，明白孔子是刻意不见自己，便在拜访时心生一计，将一只小猪作为礼物送与孔子（即所谓"拜胙"），以此迫使孔子回拜，让他避无可避。

此事一时令孔子相当为难，因为按照鲁国礼俗，收到礼物后，受者应该亲自登门道谢，否则就有违礼节；但若前往阳虎家中，则会落下与乱臣同流合污的嫌疑。深思熟虑之后，孔子想到一个两全其美的办法。一日，孔子让弟子打听到阳虎离开家的消息后，便立即乘马车去阳虎家中回拜，不料返回途中二人恰巧相遇。阳虎站在车上，大声说："过来，我有话对你说。"孔子无法回避，硬着头皮走向阳虎。阳虎不无所指地说道：

> 将自己的本事藏在怀中，却听任自己的国家迷乱，这能叫作仁吗？回答是：不能！有人喜欢从政，想为国家做一番事业，却屡屡失去时机，这能说是智吗？回答也是：不能！时光不断流逝，岁月可不等人啊！（《论语·阳货》）

孔子听罢，只好应付着说："好吧，我将会去出仕做官的。"回到家中后，子路不悦，询问孔子为何答应阳虎的要求。孔子说："我与他所走的路完全不同，又怎会为虎作伥答应他的聘请呢？每日粗茶淡饭，以手臂为枕，虽然清贫但我亦乐在其中。他虽给我官职、富贵，但却并非我所愿，这种不符合道义的富贵权势，对于我而言就像是天上的浮云，我又怎会去接受呢？我所应允的是准备出仕，却并未言明什么时候就任啊。"

孔子一生东奔西走，到处寻求执政的舞台。虽然历尽坎坷，但他有自己坚守的准则，就是绝不为权贵折腰，绝不做损害道义之事。孔子拒绝阳虎聘请便是最有力的证明。孔子曾屡屡明言："邦有道，贫且贱焉，耻也；邦无道，富且贵焉，耻也。"（《论语·泰伯》）"富与贵，是人之所欲也；不以其道得之，不处也。"（《论语·里仁》）"邦有道，则仕。"（《论语·卫灵公》）此类论述很多，贯穿其中的最高原则只有一个，就是永远把道义置于首位。"有道则见，无道则隐""不义而富且贵，于我如浮云"，充分展现出一个仁者、智者崇高超迈的人格风范和不媚俗世的铮铮傲骨。

赦父子讼

这是孔子五十三岁时在鲁国担任司寇审理一桩父子诉讼案件时的事迹。虽然孔子主张以德治国，但也并不完全排斥法律法治的作用。例如，在德刑关系上，他主张德刑相辅，德优于刑，认为"道之以政，齐之以刑，民免而无耻；道之德，齐之以礼，有耻且格"（《论语·为政》）。在诉讼折狱上，他主张"听讼，犹人也。必也，使无讼乎"（《论语·颜渊》）。意思是说，我审理案件时和别人差不多，如果一定让我去做，我管理诉讼的目标就让人们再无诉讼。在施用刑罚上，他主张"刑中"，即刑罚得当，不枉不纵，因为"刑罚不中，则民无所措手足"（《论语·子路》），所以不能以罚立威，而是应该先教而后罚。

孔子是这么说的，也是这么做的，最典型的例子莫过于审理父子诉讼一案。据《孔子家语·始诛》记载，有一次，某家父子二人发生争执，打起了官司，一直闹到孔子那里。季桓子认为父子诉讼是儿子不孝，主张给儿子判死刑。但是孔子没有采纳他的意见，而是将父子二人关在同一间牢房里，关了三个月未进行审判，让他们好好反思。后来，儿子表示歉意，父亲请求终止诉讼，父子和好如初。于是孔子便将他们全都释放了，百姓听说此事后也深受感动。

季桓子听说后却很是不满，气愤地说："孔丘欺骗了我。他曾经告诉我，治国家必以孝为先。我现在要杀一个不孝之人来教化万民孝道，难道不可以吗？现在把他们全释放了，是什么道理？"冉有将季桓子的话告诉了孔子。孔子慨叹之余，发表了一番法与德的经典评论。他说：

天哪！为政者自己无道却虐杀其百姓，这是没有道理的啊！不以孝来教化百姓而只想审狱断讼，实质就是杀害无辜。军队失败，不能将士兵全部斩首；狱讼不治，不能对当事人全都施刑。为什么呢？原因就是为政者未能推行教化，故而过错在己而不在百姓。政令松散却刑罚严酷，属于民贼；随意征敛赋税，属于暴政；不施教化而苛求成功，属于虐民。如果没有上述三种情况，才可以施行刑罚。……先要阐明礼义道德，使百姓依循遵守；如果效果不行，贤者就会对百姓进行劝勉；还

111

不行的话，便不再劝勉，才给予威慑。这样坚持三年，百姓便会走向正道了。如果这样还有奸邪之人不服从教化，再用刑罚对待他们，百姓就都知道什么是违法的了。《诗经》说：'有君子辅弼国君，那么百姓就不会迷惘。'如果这样，根本用不着威慑与刑罚。再看现在，礼崩教坏，法律繁密，百姓思想混乱，社会道德堕落，为政者却只想施以处罚，所以法律愈加烦琐复杂，盗贼却数不胜数啊！（《孔子家语·始诛》）

"赦父子讼"图

就是说，当政者不能一味依恃刑罚，因为刑只能对人的行为施加外部管束，而德却能培养人的内在优良品质，所以刑罚只是外在手段，教化才是根本之策。

宋人伐树

这是孔子周游列国时发生的一则故事，是孔子逃避宋人谋害而微服出走的经历传说。这一故事在《史记》《孟子》《礼记》中都有记载。故事发生在鲁哀公元年（前494年，周敬王二十六年）。此前，因在卫国接连发生"子见南子""丑次同车"等事，孔子对卫灵公极感失望，气愤之余，带领弟子们离开卫国，经曹国来到宋国。

宋国是孔子的先祖之地，家族"根"之所在，所以他常常以宋人自认。当时宋国的执政者是宋景公。这一时期，吴越之间矛盾加剧，卫国灵公昏聩无能，晋国内乱不止，从而为宋国的生存发展提供了一定空间。宋景公决心再创先祖襄公时的盛况，所以，听说孔子来到都城商丘，景公非常高兴地接见了孔子，并且接连询问了一系列问题。

《孟子·万章上》说，孔子不悦于鲁、卫，遭宋司马桓魋将要而杀之，微服而过宋。《史记·孔子世家》也记载说："孔子去曹适宋，与弟子习礼大树下。宋司马桓魋欲杀孔子，拔其树。孔子去。"原来，当时宋国的军事大权掌握在大司马桓魋的手中。他担心自己死后棺木会腐烂，就命令工匠为他雕制石质的巨大棺椁。工匠们全力苦干三年尚未完工，弄得人民怨声载道。孔子听闻此事后，很是不满地评论说："像这样靡费民财，死后还不如早早烂掉！"（《礼记·檀弓上》）这话很快传到了桓魋耳中，顿时令他怀恨在心，加之桓魋深恐宋君重用孔子，会威胁到自己的权位，故而处心积虑地要对付孔子，至少要将其赶出宋国。

恰巧孔门师生有个习惯，就是走到哪里都忘不了习礼诵读。当时，孔子师生时常在商丘郊外的一棵大树下习礼诵读。桓魋碍于孔子和景公的关系，便首先派人将大树公然砍掉，以示警告。弟子们都担心事态会继续恶化，怕桓魋随后会暗下杀手，就劝孔子走为上策。孔子安慰弟子们说："上天赋予我这样的品德，桓魋能把我怎么样呢"（《论语·述而》）但形势确实不容乐观，所以在弟子们劝说下，孔子换上当地人服装，匆忙离开了宋国。此即"微服过宋"的传说。近人钱穆认为，孔子"避害未尝不深"，而"其心亦未尝不闲"（钱穆《论语新解》），足见孔子处变不惊的道德风貌。

楛矢贯隼

这是反映孔子见识广泛、学识渊博的一则故事，记载于《史记·孔子世家》《国语·鲁语下》《孔子家语·辨物》等文献中。鲁哀公三年（前492年，周敬王二十八年），孔子一行客居陈国。陈湣公虽未重用孔子，但以礼相待，视为上宾，时常请孔子进宫与其商讨国事并听取他的意见。

　　某一日，有一只被射中的隼鸟落于陈侯庭院，箭仍留在隼鸟身上，箭杆由楛木所制，箭头为石头磨制而成，箭杆长约一尺八寸，隼鸟的身体被箭射穿。滑公仔细端详，不知此箭的来历，便询问大臣。众人看后纷纷摇头，也不知道此箭出自哪里。滑公想到孔子学识渊博，必然能解疑惑，便派人将隼鸟和箭交于孔子，请教这支箭的来历。

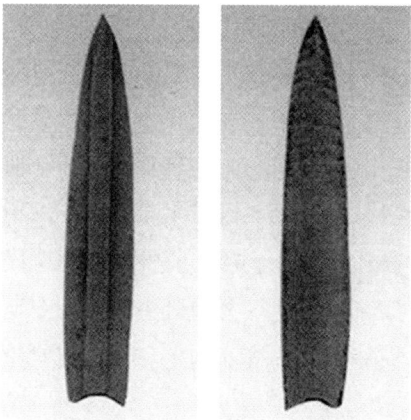

楛矢箭镞图

　　孔子接过隼鸟和石头磨制的箭镞，审视片刻后说："这只隼鸟来自遥远的东方，这支箭来自北方长白山肃慎氏。武王平定天下，灭商纣之后，将九夷、南蛮之地打通，九夷百蛮族崇敬武王，纷纷归顺。其中有一肃慎氏善做箭镞，以楛木为箭杆，以石头打磨支撑箭头，长约一尺八寸。归顺于周后便以此物作为贡品献给了周王。周天子为使政令及功德广泛传诵，让天下知晓是自己的仁德之心使远方的少数民族得以归顺，也让后人能永远以仁德治政为鉴戒，故在箭杆上刻下'肃慎氏贡矢'的字样。后来武王将此箭赐给他的女儿大姬，并将她嫁给了舜帝后裔胡公，分封胡公为陈地诸侯，也就是今日陈国的开国之君。于是，肃慎氏之楛矢随大姬来到了陈国。古时，将珍宝赐给同姓之人是表示重视，将远方贡物赠送给异姓之人，是要他不忘侍奉天子。这种箭，可能还保留在陈国的故府中，你们派人去库中查看一下，看是否能找到相同的箭镞？"

　　陈滑公派人查看，果然找到了一支与隼鸟身上一模一样的箭。陈滑公知晓后十分惭愧，因为整个陈国上下，竟然连自己国家的历史都全然不知。同时，陈滑公也非常惊讶于孔子的博学多闻，对臣下感叹道："孔子学识渊博，无所不知，真令人佩服啊。"

陈蔡论道

　　在孔子列国之行中，"厄于陈蔡"是最为艰难的一段历程，很多史书对于这段经历都有记载。例如，《孟子·尽心下》说，孔子师徒"厄于陈蔡之间，无上下之交也"。

《荀子·宥坐》称："孔子南适楚，厄于陈蔡之间，七日不火食，藜羹不糁，弟子皆有饥色。"《孔子家语·困誓》言："孔子遭厄于陈蔡之间，绝粮七日，弟子馁病。"在这种极度困厄的时刻，不少随行弟子面露愠色，对孔子坚守的"道"产生了怀疑，连一向乐观的子贡都愁容满面。孔子认为有必要开展一次讨论，以便鼓起大家克服困难的勇气。于是，在旷野上、天地间，孔门师徒展开了一场别开生面的"谈困论道"活动。对于这场活动的情形，《史记·孔子世家》有如下较详细的记载：

孔子首先把子路叫来，问道："《诗经》说：'匪兕匪虎，率彼旷野。'我们不是犀牛也不是老虎，却被困在这旷野上。是我们的主张错了吗？我们怎么落到了这步田地？"子路回答说："是不是我们还不够'仁'，所以别人不相信我们？是不是我们还不够'智'，所以别人处处为难我们？"孔子听罢，反问道："真是这样吗？假如仁者都能取信于人，那还会有伯夷、叔齐这种饿死的君子吗？要是智者都能行得通，还会有王子比干那样的惨剧吗？"

孔子又把子贡叫来，问了同样的问题。子贡回答说："这是因为老师的政治主张太高深，所以天下容不下老师。老师又对自己的主张不肯变通，才落到今天的地步。"孔子对这种回答也不满意，批评说："端木赐啊，种田好手能把地种好，却未必会收割、有收成；能工巧匠技艺高，却未必能把器物做得好、纹理顺；君子追求真理，以纲纪秩序治天下，也未必能让天下容。现在你不在追求真理上下功夫，却老想着如何能够见容于世。端木赐，你的志向真不远大！"

子贡走开后，孔子又把颜回叫来，也问了同样的问题。颜回的回答与他们两个不同，显得颇有意味。他说：

夫子之道至大，故天下莫能容。虽然，夫子推而行之。不容何病？不容然后见君子！夫道之不修也，是吾丑也；夫道既已大修而不用，是有国者之丑也。不容何病？不容然后见君子！《史记·孔子世家》

对于孔子"吾道非耶？吾何为于此"的问题，子贡和颜回的回答虽然都是"夫子之道至大，故天下莫能容"，但子贡接下来的回答却没让孔子满意，因为子贡提供的是"削足适履"、以求为用的答案。颜回的回答与子贡不同。他认为，君子的耻辱不是不能见容于世，而是不去追求真理；只要认定自己的主张正确，就要坚守到底，绝不应该屈己以媚世。颜回的回答让孔子很满意，他笑着说："颜回啊，要是你发了财，我就给你当管家！"对颜回的这种"笃信好学，守死善道"的精神深表赞同。

子西沮封

这是孔子于周游列国时发生的一则故事，是楚国令尹（行政长官）子西反对楚昭王将土地封给孔子的传说。鲁哀公六年（前489年，周敬王三十一年），孔子六十三岁，当时楚国执政的是昭王。随着孔子声誉日盛、势力渐强，孔子及其弟子的影响力引起了楚昭王的注意。他想聘用孔子到楚国从政，还打算分封书社周围七百里的土地给孔子，但此议遭到子西的强烈反对。子西向楚王进言说："听闻您欲将七百里地封与孔子，臣下觉得此举不妥。我知您求贤若渴、知人善用，但防人之心却是必须有的。孔子虽说有治世之才，可并非我楚国百姓，虽游离在外，却一直心系故国，终究不可全然信赖。"

楚王听后觉得子西所言甚是有理，起用孔子的决心有所松动。子西见楚王赞同，便继续说道：

"子西沮封"图

  大王派往各国的使臣有子贡这样的么？辅佐的大臣有颜回这样的么？将帅中有子路这样的么？管理人才中有宰予这样的么？都没有。更何况，楚国始祖原本是只能有权拥有五十里之地的"子男"，孔丘现在大谈礼仪治国，那么靠扩张起家的楚国还能拥有数千里之地吗？况且，以前周文王、武王发迹的地方不过百里，就能最后夺取天下，如果让孔丘拥有七百里土地，再加上他徒弟的辅佐，这可不是楚国的幸事啊！（《史记·孔子世家》）

  理由说得这么冠冕堂皇，礼聘分封之事也就告吹了。其实，说一千道一万，楚国贵族最担心的无非是孔子到这里推行"尊君抑臣"主张，会损害他们的实际利益罢了。

  楚昭王本就多疑，听子西的言论之后，也担心封地给孔子会招致其他贵族的反对，而且更担心孔子会因封地而坐大。更关键的是，昭王对孔子所主张的政治思想和为政之道也并非全然赞同，更多的是看中了孔子的声名及他门下的弟子，才有封地之议。现在经子西分析后，楚昭王觉得有理，便将封地一事搁置。后昭王病逝，此事也就不了了之了。

贵黍贱桃

  "贵黍贱桃"也称"饭黍雪桃"，是反映孔子日常生活中注意贵贱之别的一则故事。这一故事详细记载于《韩非子·外储说左下》及《孔子家语·子路初见》中。鲁哀公十一年（前484年，周敬王三十六年），鲁国执政大夫季康子派人携带礼物请孔子回国，并在曲阜城郊以最高的国礼迎接孔子。鲁哀公于公馆亲自迎接孔子，落座后，哀公命侍者赐以鲜桃。侍者将鲜桃与黍米放于孔子面前。

  孔子谢过鲁哀公赏赐之后，低头见桌上摆放着鲜桃与黍米，于是手执碗筷吃起了黍米。大臣们看到后，掩口窃笑。哀公也笑道："夫子，这黍米是用来擦净桃（'雪桃'）皮的，不是让您食用的。"孔子回道："我知道这黍米是用来擦桃子的，可这黍米是五谷之首，您在祭祀宗庙之时，也将黍米作为上等的祭祀礼品。而果品之中最上等的有六种，桃子属于最下等，祭祀是不用的，难登大雅之堂。我听闻，仁德之人总以卑贱之物去擦拭珍贵之物（'以贱雪贵'），从未听过以珍贵之物去擦洗卑贱之物的。且黍米为百姓的主食，若无黍米，必定民不聊生、社稷不稳。今天以五谷中的长者去擦拭果品中最为下等的鲜桃，臣以为这样做有违贵贱之礼，所以不敢胡乱行事。"

孔子言罢，鲁哀公与众大臣愕然相对。哀公说道："孤未曾想到吃桃都蕴含着如此深刻的道理，您真是博学守礼的贤德之人，不愧是圣人啊！今后孤定以夫子您为师表。"

孔子以重黍贱桃的行为暗讽哀公治国不分主次、舍本逐末、追逐享受，暗示鲁国的政治贵贱不分、君臣颠倒，并且以实际行动向权贵者宣示，自己在日常生活中也会谨守尊卑之礼。

四子侍坐

"四子侍坐"是孔子与四位学生闲坐论志的一则故事，常为后世学者所引用。孔子施教时常采用的方式，就是引导弟子们畅谈志向，适时予以点评，"四子侍坐"即是其中之一。由于公西华是孔子晚年所收的弟子，而曾点未参加周游列国之行，因此学者判断，这记录的应该是孔子晚年归鲁后的活动。（李启谦《孔门弟子研究》）"四子侍坐"是《论语》中篇幅最长的活动记录之一，也是孔门师生言志的经典篇章。据《先进》篇记载，整个活动情形如下：

有一天，子路、曾点、冉有、公西华陪孔子坐着。孔子对众弟子说："不要因为我的年龄比你们大一点，你们就不敢尽情说话了。你们平时总是说：'没有人能了解我啊！'现在假使有人赏识你们，你们将怎么做呢？"子路率先起身说："一个拥有千辆兵车的国家，夹在几个大国之间，外有军队入侵，内有连年灾害，国家内忧外患。假如这个国家交给我来治理，以三年为期，我不仅可以使人民在战场上能够骁勇善战，还可使他们知道御敌抗灾的方法。"孔子听罢，微微一笑，转头问冉求："冉求，你是怎么想的呢？"冉求回答说："若是要我去治理一个面积有六七十里或者五六十里的小国，也以三年为限，便可使百姓温饱富足。至于修明礼乐，就只有等贤人君子来完成了。"孔子又问公西华："公西华，你有什么想法呢？"公西华回答说："我不敢说能做到什么，只是愿意学习罢了。当宗庙祭祀或者诸侯会盟之时，我愿身着礼服，头戴礼帽，做一个小小的赞礼司仪之人。"

孔子又问道："曾点，你有什么志向呢？"曾点此时正在弹瑟。听到孔子发问，曾点弹瑟的声音渐渐稀疏下来，最后"铿"的一声停下。曾点站起身来回答说："我和他们三人讲的都不一样。"孔子说："那有什么关系呢？不过是谈谈自己将来的志向而已，说说吧。"曾点说："暮春三月，天气转暖之时，春天的衣服已经穿上了。我和五六位成年人、六七个少年一起到沂河里洗洗澡，在舞雩台上吹吹风，唱着歌走回家。这就是我的志向，我所向往的生活。"孔子长叹一声说："曾点，你的想法我很赞同啊。"

"四子侍坐"图

子路等三人出去后，曾点问孔子："他们三个都说了志向，老师觉得他们的想法怎么样？"孔子说："不过是各自谈谈志向罢了！"曾点问："老师为什么笑仲由呢？"孔子说："治理国家要讲礼让，可他的话却一点不谦让，所以笑他。"曾点又问："难道冉求所讲的不是治理国家吗？"孔子回答说："方圆六七十里或五六十里的就不是国家吗？当然是国家。"曾点接着又问道："那么公西华所讲的不是治理国家吗？"孔子答道："祭祀和会盟，不是诸侯之事又是什么？若以公西华的才华只能做一个小司仪，那么谁又有能力来做大司仪呢？"

以上即为"四子侍坐"言志的大致过程。对于孔子"吾与点也"之论，学界历来有不同的解释。有人认为，这表明曾点向往一种无忧无虑的生活；而孔子一生命途多舛，故听后深表赞同。有人认为，"春服既成""浴乎沂""风乎舞雩""咏而归"等，所说的是"上巳"节里的活动，目的在于除灾去邪，以求风调雨顺；孔子有感于曾点关心民众生活，故叹曰"吾与点也"。还有人"研究"指出，"冠者五六人"意即三十人，"童子六七人"就是四十二人，两者相加为七十二人，就是指孔子的七十二门徒，这表明曾点希望七十二子都能过上优哉游哉的生活，故孔子深许之。（李启谦《孔门弟子研究》）

我们认为，以上诸说或未详真意，或过于牵强。不难看出，子路、冉有和公西华所讲的都拘泥实际，都是着眼于当前或战事纷争，或生活不保，或礼乐不修而谈志向的，是只顾眼前而未瞻长远的"形而下"的治国方略，所以孔子只是部分赞同。而曾点以生动形象的方式描绘了礼乐之治下的太平景象，展示了人民其乐融融的生活面貌，反映出"仁"和"礼"的治理效果，表现了儒家所希望的理想社会状态，所以深为孔子所赞赏。

过庭诗礼

这是孔子与其子伯鱼及孔子弟子陈亢交往的一段趣事，也是古语"庭训"的最初来历。该故事记载于《论语·季氏》中。陈亢名亢，字子亢，一字子禽，春秋末期陈国人，少孔子四十岁。一日，陈亢于园中漫步时偶遇孔子之子伯鱼，便上前与其攀谈，问伯鱼："你是老师的独子，自然备受宠爱。老师学富五车，必然会将自己所学尽授于你，我们都十分羡慕。老师平时对你的教诲肯定与我们不一样吧，不知能否告知一二？"

伯鱼答道："父亲施教，至公无私，对所有人都是同样的。我虽为独子，但在父亲眼中没有差别。只是有一日，我自堂前快步走过（'趋而过庭'），父亲独立于堂前，将我叫住问道：'鲤啊，你可曾读过《诗》？'我回答说：'未曾读过。'父亲说：'《诗》中的内容字字珠玑，不读《诗》便做不到出口成章。'听过父亲的教诲后，我便退下去开始学《诗》。又过几日，我再次从堂前经过，又见父亲站于堂前，再次叫住我问道：

无学日诗日孔过
以礼又无学子庭
立乎独以尝诗
鲤对立言鲤礼
退日鲤鲤退立
而未趋退日鲤
学也而未趋
礼而不过学也而
学庭诗不过
礼日他学庭

"过庭诗礼"图

'鲤，你可曾学过《礼》？'我回答说：'未曾
学过。'父亲对我说：'不学《礼》，你如何在
这世界立足，如何能站稳脚跟呢？'于是我便
回去学习《周礼》。"

陈亢听完伯鱼所说，一方面心中十分羞
愧，因为自己竟以常人之心去怀疑夫子偏爱自
己的儿子；另一方面，心中也十分欢喜，因
为向伯鱼询问了一件事，却懂得了三件事：
第一，知道了《诗》对于人的重要性，明白了
拥有渊博的知识是何等重要；第二，认识到了
《礼》的重要性，明白了礼在为人处世中的意
义和作用；第三，更了解到夫子是真正的圣
人，是不私其子、毫无私心的，并未因伯鱼是
他的孩子而有所偏袒，也并未因其他弟子非其
亲生而有所保留。

孔鲤墓葬碑

伯牛废疾

这是孔子以"爱人"的高尚情怀关心病患弟子的一则感人故事，也深刻反映出孔子以人为本的崇高理念。伯牛即冉耕，字伯牛，鲁国人，少孔子八岁，长期追随孔子学习，被晚年的孔子列入"德行"一科。《论语·雍也》记载说："伯牛有疾。子问之，自牖执其手，曰：'亡之，命矣夫！斯人也，而有斯疾也！斯人也，而有斯疾也！'"学者们一般认为，以德行见长的冉伯牛，此时患的是一种有传染性质的疾病，别人不敢靠近，唯有孔子从窗户中"执其手"，与其爱徒诀别，并且连声痛言："这样的人，怎么会有这样的病！"可见，孔子对于弟子的生命是极其珍视的。

其实，孔子关心弟子的故事不止此一例。如《公冶长》篇记载："子谓公冶长：'可妻也。虽在缧绁之中，非其罪也。'以其子妻之。"就是说，公冶长虽然曾被关进监狱，但并非因其罪过所致，因此孔子将女儿嫁给了他。对于曾经入狱坐监的人，孔子不仅不歧视，反而以亲情的方式加以肯定，由此更能看出孔子对弟子权利的尊重。

孔子之所以如此关心弟子，是因为他所实施的是一种面向人生、谈论人事、阐述人道、注重人格的教育。立足人的现世需要，关注人的现世生存，为人的现世发展提供规范，是孔子施教的基本立足点和出发点。因此，以人为本乃是孔子私学教育的重要理念。这不仅体现在如何对待弟子方面，还表现在孔子与弟子对于人之权利及现世人生的关注中。他曾对弟子说，"饮食男女，人之大欲存焉；死亡贫苦，人之大恶存焉"（《礼记·礼运》），肯定人有"饮食男女"的自然需求和权利。《论语·乡党》记载："厩焚。子退朝，曰：'伤人乎？'不问马。"这是一条被后世学者常常引用的史料，是人们公认的孔子具有人本思想的经典确证。孔子还曾明言："丘也闻，有国有家者，不患寡而患不均，不患贫而患不安。盖均无贫，和无寡，安无倾。"（《论语·季氏》）在他看来，每个人都有分得财富的权利，财富的多寡则要依其地位和贡献，否则国难治理，家也难以安定。当有学生问鬼神、生死问题时，孔子明确回答说："未能事人，焉能事鬼？""未知生，焉知死？"（《论语·先进》）体现出他对人的重视和对现世社会的关怀。《说苑·辨物》载：

　　子贡问孔子："死人有知将无知也？"孔子曰："吾欲言死者有知也，恐孝子顺孙妨生以送死；欲言无知，恐不孝子孙弃不葬也。赐欲知死人有知将无知也，死徐自知之，犹未晚也。"

　　很明显，上述言论反映出孔子对于现世人生的关注，以及人之生应该尽其在我、积极有为，死则归之于天、听其自然的态度。正是因为孔子能够始终做到以人为本，以现世为重点，关心弟子的思想状况、生活疾苦，用理想和信念激励他们奋发有为、修己安人，因而不仅招揽、聚集了一大批弟子，还感召了很多弟子无悔地终生追随。

步游洙泗

　　"步游洙泗"是孔子晚年与弟子们经常进行的活动。泗河、洙水是位于曲阜城北的两条河流。泗河发源于沂蒙山脉，源头在今山东省泗水县的泉林镇，河流蜿蜒西流，注入山东、江苏交界处的微山湖中。洙水是古泗河的一条支流，发源于曲阜东部，由泉水平地喷涌形成。以后，洙水改道汇入汶水，与泗河隔绝，故道现已湮没。今曲阜也有一条叫作洙水的河道，由东向西流，穿越孔林南部，西南流入沂水，亦汇入微山湖中，是古洙水河改道后的另一条河。

　　相传孔子自卫返鲁之后，曾在洙泗之间讲学术、删诗书、演礼乐，整理古籍，培养弟子。每当闲暇之时，孔子便与弟子们一起漫步于两河侧畔，看着湍湍流水，谈诗论道，颇有一番情趣。站在今天，遥想两千五百年前，周游列国后的孔子来到这里后，又该是怎样的一种心境与感慨？奔波一生而到处碰壁，老而返乡却尊而不用；鲁哀公虽屡屡召见回国的孔子，殷勤地问政于他，孔子也不厌其烦地回答开导，但面对这样一位有职无权、朝不保夕的国君，孔子又是怎样地知其不可为而为之？即使如此，我们从"自卫返鲁，于此删诗、序书、定礼乐、系周易"的历史记载中，看到的还是一个坚忍不拔的老年孔子。他没有被失意击垮，没有向挫折弯腰，他通过整理古籍、培养弟子，把思想的光芒投向了更广更远的地方。

　　在孔子"步游洙泗"的地方，后人建起了一座洙泗书院，旧称孔子讲堂。书院位于曲阜城东北四千米处，因洙水绕其南、泗水经其北而得名。元初，讲堂"故基化为禾黍"。至元三年（1337年），孔子五十五代孙出资在讲堂旧址上重建，扩建有殿、堂、门、庑等建筑，改称洙泗书院，并设山长一人主持奉祀。明弘治七年（1494年），衍圣公孔弘泰以维修阙里孔庙之余资，对书院加以重修。正德二年（1507年），改书院山长为国子监学录，秩正九品。六年，书院大门毁于刘六、刘七的农民军。嘉靖二年（1523年），重建大门并再度维修扩建。天启七年（1627年），朝廷斥资对书院再次大修。清顺治八年（1651年）、十三年（1656年），康熙三十八年（1699年），雍正十二年（1734年）多次维修。其后，道光二十九年（1849年）、民国年间相继维修。

今天，洙泗书院这座为纪念孔子伟绩而建起的院落占地近两万平方米，院内古柏高耸、深幽雅静。我们来到这里，在空旷和安静中，一种巨大的寂寥弥漫在书院的每一个角落。走进书院大门，首先映入眼帘的是左右三间、单檐灰瓦悬山顶的房屋，这就是书院的主体建筑"孔子讲堂"。不过虽曰"讲堂"，数百年来却少有人在此讲学，这大概可称为中国历史上使用率最低的讲堂了。

曲阜洙泗书院

拨开迷雾，去伪存真——孔子事迹之谜今释

在中国历史上，恐怕还没有谁能像孔子一样，事迹家喻户晓，名声妇孺皆知；也没有谁像孔子一样，被后世统治者不断地拔高，被贴上各色各样的时代标签；更没有谁像孔子一样，"不妥"之处被竭力辩解，身世形象被曲意维护。由此一来，孔子事迹就变得越加复杂，各种谜团也更纷乱难解。今天，任何丑化与"戏说"固然无损于孔子的伟大，而乱解谜团、想当然地美化或神化孔子，更不足为凭。今日学人应尽的职责，就是拨开迷雾、逼近真貌，把一个尽可能真实的孔子还原到公众面前。

出生"野合"之谜

公元前551年，伟大的思想家、教育家孔子诞生。两千多年来，孔子的身世一直是个扑朔迷离的千古之谜。尽管历代统治者都极力美化孔子，然而，《史记》明明记载说，是所谓"野合而生孔子"。那么，孔子真的是"野合"而生吗？"野合"又是什么意思呢？

《史记·孔子世家》记载："纥与颜氏女野合而生孔子，祷于尼丘得孔子。""纥"便是孔子的父亲叔梁纥。按字面理解，"野合"极易使人想到"野外交合"或"奸污"之意。持这种说法的学者猜测："所谓野合，只能是指颜徵在在野外被老奴隶主叔梁纥强奸，迫使她怀孕而生下孔子。"特别是在"文革"期间的批林批孔运动中，此恶浊之意流传更加广泛。还有一种解释为"野外幽会说"，如张秉楠所著《孔子传》就认为，所谓"野合"，是男女借祭祀之机在河边欢会或山间幽会，不知其依据何在。虽然历代儒者认为"野合"有失"圣人"体面，但是大都认为这一记载是可信的，这就出现了第三种说法，即认为"野合"是指不合礼仪的结合。如司马贞在《史记索隐》中说："今此云'野合'者，盖谓梁纥老而徵在少，非当壮室初笄之礼，故云野合，谓不合礼仪。"大体意思是，不满二十岁的颜徵在"从父命为婚"，嫁给了六十四岁的叔梁纥。这种年龄悬殊的婚姻，不能按照正常的结婚仪式举行婚礼，只能迎娶至孔氏宗庙内，然后再相见。叔梁纥年岁老迈，所娶的是青春少女，确有不合礼仪的地方，故曰"野合"。

司马迁写《史记》时曾亲自到孔子故乡"观仲尼庙堂"，而且他修史的原则是不隐恶、不扬善，重在实录。对于孔子种种"不雅"之事，如"子见南子""丧家之犬"等都照实记载。所以，司马迁在《孔子世家》中用了"野合"二字，极可能寓有隐讽之意。而在"野合而生孔子"之后，续写"祷于尼丘得孔子"，更说明叔梁纥与颜徵在是"公开"地携手去陬邑境内的尼丘山去祈祷山神期盼后代的，并非说孔子就是私生子。近些年来，学者多对孔子"野合而生"的问题采取避而不谈或轻笔带过的做法，也是较为适宜的。

"束脩受教"之谜

《论语·述而》篇记载有孔子的一段言论："自行束脩以上，吾未尝无诲焉。"最通常的解释是："只要自愿拿着十条干肉为礼来见我的人，我从来没有不给他教诲的。"这体现了孔子诲人不倦的精神，也反映了他有教无类的思想。但长期以来，人们对句中的"束脩"指的是什么却一直争论不休。那么，"自行束脩以上"是送一束干肉吗？

从字词的本意来说，"束脩"一词有多种含义。一种最常见的解释是："脩，干肉条。束脩，将干肉条自中间捆扎处对折，则成两脡，每十脡为一束。古人相见用赘礼，束脩乃至菲薄之赘。"（丁纪《论语读诠》）另《礼记·少仪》有云："其以乘壶酒、束脩、一犬、赐人。"对"束脩"的解释也是"十脡脯也"。这类解释源自孔安国的"言人能奉礼，自行束脩以上，则皆教诲之也"。那为什么拜师要送干肉呢？朱熹集注说："古者相见，必执赞以为礼，束脩其至薄者。"这就是说，"束脩"还只是最基本的见面礼。"古者相见"当然是指人们的相互拜会，未必就指学生去见老师。但孔子是极重视礼的，所以学生拜见一定要奉赞以表诚意、敬意、向学之意。后世解说《论语》多引用这一解释。

另一种解释是将"束脩"解释为"束发修饰"（一说"束带修饰"或"束身修行"）之义，即讲年龄标志。这一解释源于郑玄注《论语》："束脩，谓年十五以上也。"古时候男孩到了一定年龄，要将头发束起来，表示长大成人，要开始注意修整自己的服饰与言行。孔子说自己"吾十有五而志于学"，是说十五岁以后，个人具备了学习的主动性和自觉性。而台湾学者傅佩荣先生说："'束脩'是古代男子十五岁入大学时所奉出的薄礼。它成了专有名词之后，也可以用来指十五岁的男子。"认为"自行束脩"是由赞礼而演变为指年龄。所以，不少学者将这一章解释为："十五岁以上来求学的，我从来没有不教导他的。"

那么，哪一种解释更符合孔子的本意呢？

首先，从孔子办学的初衷来看，孔子是希望通过培养人才来影响、改造社会的。孔门弟子有像孟懿子那样的贵族子弟，有武士之子如秦商，当然也有贫民如颜回者。像颜回这样的学生，一贫如洗，孔子却对他赞誉有加。颜回贫穷不堪，又哪里能有干肉送给孔子呢？即便如此，孔子也没有把他拒之门外，最多只是叫颜回行个拜师之仪式而已。故此，仅将"束脩"解释为干肉是不合理的。

其次，从《论语》中的许多文字来看，没有记载学生送干肉的情况，相反倒有向学生施舍的情况。比如，公西华出使去齐国，冉求请求孔子给公西华的母亲一点口粮，于是孔子让家宰原宪给一釜小米，冉求请求多给点，最后竟给了八十斛。另外，孔子去卫国的时候，卫灵公问他一年领多少俸禄，孔子说六万斗小米。卫灵公就按这个数量给孔子，以供给孔子师生的费用。可见，孔子并不缺少费用，又怎么会在意十条干肉呢？

再者，从《论语》的中心思想来看，孔子力图以"礼"的方式来达到"仁"的目的。他说："克己复礼为仁。一日克己复礼，天下归仁焉。""人而不仁，如礼何？"孔子不仅重礼，而且倡俭。他曾说过："礼，与其奢也，宁俭。"那么，孔子所谓的"束脩"也就主要是一种礼的形式了。"从师必有赞见礼，求学亦必有学费"。本末轻重不能混淆，奉赞只是表示其诚、其敬。至于礼品多寡，是由自己的家庭条件决定的，就不一定非送干肉不可了。

由此分析，可以解释孔子确实不拒斥学生送的拜师礼，但并非一定要十条干肉。只要学生诚心向学，孔子都愿意教诲。承认孔子收受干肉，将其理解为一种礼仪，不仅毫不影响孔子"有教无类"的教育形象，而且可以看出对于礼仪的重视与肯定，这与孔子的思想是完全一致的。

"杏坛设教"之谜

曲阜孔庙大成殿前甬道正中，坐落着一座古亭，朱栏黄瓦，华丽古朴，庄严典雅，上书"杏坛"二字。坛前置有精雕石刻香炉，坛侧几株杏树，坛旁有一株古桧，称"先师手植桧"。相传，这就是孔子当年传道授业的地方。孔子杏坛设教，收弟子三千，授六艺之学，自古以为美谈。因而，杏坛是孔子兴教的开始，也是孔子教育光辉的象征。那么，"杏坛设教"确有此事吗？孔子是何时开始为师授徒的呢？

据说，孔子杏坛讲学时间为公元前522年，即孔子"三十而立"之年。孔子自己因"少也贱"而未能接受正规教育，幼时秉承母亲教诲，自学成才，始终把"志于学"放在第一位。孔子性格坚毅又讲仁重德，熟知周礼又注重仁义，三十岁时已经具有了一定的社会影响。当时周王室统治衰微，君臣失道，礼仪不彰。孔子为了改变这种痛心的社会现实，于鲁昭公二十年收徒讲学，试图改变当时"礼崩乐坏"的现实。

据说，孔子以其博学多识而又通达礼乐赢得人们的赞誉，渴求知识的青年纷纷慕名前来，投奔到孔子门下。于是，孔子选了孔宅西边不远处一片无主的空地，筑起一个大方坛，并将自家院内的一棵银杏树移栽于方坛边上。孔子抚摸着银杏树遐想联翩：银杏多果，象征着弟子满天下；树干挺拔直立，绝不旁逸斜出，象征着师生正直的品格；杏仁既可食用，又可入药治病，象征弟子学成之后可以有利于社稷，有利于民生，故将这一讲坛取名为"杏坛"。此后，孔子每日于杏坛讲学，四方弟子云集。此即关于"杏坛设教"的传说。

然而很明显，以上不过是后人的穿凿附会而已。孔子"杏坛设教"之事，后世颂者虽众，却不见于《论语》《孟子》《荀子》，以及《左传》《礼记》。这些与孔子相去未远的先秦诸子文献之中，甚至连"杏坛"之名都未曾出现过。那么，"杏坛设教"之事到底是从何而来的呢？

"杏坛"一名的记载，最早见于《庄子·渔父篇》："孔子游乎缁帷之林，休坐乎杏坛之上，弟子读书，孔子弦歌鼓琴。奏曲未半，有渔父者，下船而来……（孔子）乃下求之，至于泽畔……"这一记载形象地描述了当时孔子设坛讲学的情景，文学虚构的痕迹甚为明显。晋人司马彪注云："缁帷，黑林也。

曲阜孔庙杏坛

杏坛，泽中高处也。"按司马彪的注释，杏坛只是指"泽中高处"，并非栽有杏树的方坛。顾炎武以为《渔父》乃是寓言："渔父不必有其人，杏坛不必有其地；即有之，亦在水上苇间、依陂旁渚之地，不在鲁国之中也。"他认为，《庄子》书中凡是讲孔子的，采用的都是寓言的写法，杏坛不必实有其地："今之杏坛，乃宋乾兴间四十五代孙道辅增修祖庙，移大殿于后，因以讲堂旧基甃石为坛，环植以杏，取杏坛之名名之耳。"

根据这些史料记载，我们大致可以推算出曲阜杏坛的建立历史：宋代之前，曲阜并无所谓"杏坛"；直到北宋真宗天禧二年（1018年），孔子第四十五代孙孔道辅认为孔庙卑陋不堪，上书请加修崇祖庙，用当时建造泰山封禅行宫的剩余木材，"皆橡樟梗梓之属"，对孔庙进行了大规模的改造，移殿于北。因庄子有"孔子游乎缁帷之林，休坐乎杏坛之上"语，在正殿旧址"除地为坛，环植以杏，名曰杏坛"。金代于杏坛上建亭，元世祖至元四年（1267年）重修，明代隆庆三年（1569年）改造为重檐方亭，清代乾隆皇帝题匾于上，即今日之"杏坛"。

所以，现在的曲阜孔庙实有一处"杏坛"；而孔子"杏坛设教"之事却未必真有。事实上，孔子讲学授徒往往不拘地点、形式和时间，而是因时、因事、因地、因人灵活进行，常常表现为一种"流动教学""旅行教学"。"杏坛设教"云云，无非是他人对孔子教书授人的一种臆想以及后人对其教育活动的一种美化。

"有教无类"之谜

在《论语·卫灵公》篇中，有四个字影响深远，具有历史性意义——"有教无类"。正因为孔子"有教无类"，才有了"弟子三千，贤人七十"的美谈。然而，孔子也曾说过"生而知之者，上也""唯上知与下愚不移"，也就是说，教育并非对所有的人都能起作用。所以，后世学者对"有教无类"也就有了不同的理解，特别是围绕"类"的问题，争论不休，打了不少笔墨官司。那么，应该怎样理解孔子的"有教无类"呢？

东汉学者马融注解说："言人所在见教，无有种类。"就是不管对哪一类人都给予教育。《论语正义》说："人乃有贵贱，同宜资教，不可以其种类庶鄙而不教之也。教之则善，本无类也。"基本上他们都重在"类"上，且把"类"理解为种类、类别。所谓"有教无类"，是说不论贵贱、贫富、老少及国别等，人人都可以受教育。孔子不仅提出"有教无类"的思想，而且将其贯彻到教育实践中，使其私学成为当时影响最大、人数最多、成效最显著的教育团体。

孔子自三十岁左右开始办教育。基于"性相近也，习相远也"的理念，孔子私学开

孔子讲学模拟图

"自行束脩以上"而"不问身家"之先。史料表明，孔子弟子来自多处，至少有齐、鲁、宋、卫、秦、晋、陈、蔡、吴、楚、燕等十多个诸侯国；弟子的成分也颇为复杂，其中大多数属于平民阶层，是向来不为贵族阶层看重的微贱之士，如穷居陋巷的颜回、卞之野人子路、蓬户柴门的原宪、无置锥之地的仲弓、出身于商贩的子贡等，甚至有三年不举火、十年不制衣的穷苦百姓，也有父子先后拜师求学于孔子者，当然也有若干贵族子弟。可以说，孔子私学中弟子之品类不齐、年龄不一、智愚不等、出身不同，为当时所绝无仅有，实为"有教无类"的活标本。当时就有人对此颇不理解，以为孔子收徒标准过低、成分过杂。如《荀子·法行》记载，南郭惠子曾问："夫子之门何其杂也？"子贡回答说："君子正身以俟，欲来者不距（拒），欲去者不止。且夫良医之门多病人，檃栝之侧多枉木，是以杂也。"子贡以名医身旁多病人、良器之侧多弯木为喻，赞扬了孔子正身以待的高尚品格和教育艺术的高明善化。《孟子·尽心下》则追述说"夫子之设科也，往者不追，来者不拒"，对孔子兼收并蓄的胸怀和诲人有术的教育艺术也颇为钦佩。

　　当然，从严格意义上说，孔子所倡言的"有教无类"并不是彻底的"无类"，而是有一定条件的。就是求学者须有学习的志向和愿望，要能做到"洁己以进""举一反三"，即所谓"自行束脩以上，吾未尝无诲焉"。虽然"有教无类"并非彻底的"无类"，但是这一思想的提出，在中国乃至世界教育史上是具有革命意义的，不仅使教育对象和范围得到了极大的扩展，而且使教育的功能结构产生了重大变化，增添了新的政治功能和文化功能。就政治功能而言，不仅使得一批寒微之士通过教育得以增长才干、跻身仕途，改变了原有的社会地位，从而在相当程度上促成了人才的合理流动，而且为各国贤明政治提供了必要的人才和智力支持，并且对传统的贵族世卿世禄制度造成了很大的冲击。从文化功能来看，"有教无类"方针的施行，使文化的传承与传播、保存与活化、交融与创新成为可能，为之后战国时期的诸子并起、百家争鸣准备了条件。孔子以其"二三子以我为隐乎？吾无隐乎尔。吾无行而不与二三子者，是丘也"（《论语·述而》）的广阔教育胸襟，首开"变畴人世官学而及于平民"的新局面，打破了贵族垄断文化教育的现象，对教育、文化的发展起到了积极的推动作用。

"三盈三虚"之谜

在《荀子》《史记》《说苑》《论衡》中，都记载了少正卯和孔子争夺徒众的事情，使得孔子的课堂"三盈三虚"，并引发了"诛杀少正卯"的千古之谜。然而，不少学者对此也有所怀疑，甚至是完全否定。那么，"三盈三虚"是否实有其事？这在当时展示出一种什么样的局面，其背后又折射出什么问题呢？

孔子大约从三十岁时创办私学，以"因材施教""诲人不倦"的态度对待学生，使其弟子越聚越多，在下层社会中间赢得了很好的声誉，并逐渐传到上层社会，引起鲁国上层贵族乃至国君的重视。孟僖子是鲁国很有权势的人，地位仅次于季平子，他对孔子表示出极大的关注。孟僖子死后，其子孟懿子和南宫敬叔遵照父亲遗嘱拜孔子为师，跟随孔子学习礼乐。孔子的声望在鲁国越来越高，这样就对季平子形成了强烈的冲击和挑战。

少正卯的私学正是在这时创立的。《论衡·讲瑞》记载："少正卯在鲁，与孔子并。孔子之门，三盈三虚，唯颜渊不去。……门人去孔子，归少正卯……"少正卯（？—前496），鲁国大夫，少正是氏，卯是名。春秋战国时期，氏多以别贵贱、表身份，而"少正"是周朝所设官职，所以称少正卯。少正卯在季氏的支持下开办私学，设教坛，并取名"卯坛"，宣传法家思想，主张变法革新，与孔子"克己复礼"的"礼治"思想相对立。少正卯利用自己在鲁国的地位和影响，拉拢孟懿子等孔门弟子；同时，季平子的家臣阳虎也极力鼓吹卯坛。听少正卯讲学的人越来越多，使得孔子私学多次空了又满、满了又空。少正卯很快成了公认的"闻人"（出名之人）。孔子并不介意，反而坦然说："人各有志，择师随意，来去自便，思辨自主，去返不责。""三盈三虚"之后不久，私学在孔子的精心管理下得以继续发展，卯坛则以散伙而告终。

由此可见，当时办私学的并非孔子一人，私学则呈现出一种"自由竞争"的局面。事实上，在孔子创办私学前，社会上就已经出现私人设教的现象，如孔子就"学无常师"，经常向他人请教。郑国的邓析曾规定，只要交纳一定的衣物作为学费，就可以学习诉讼，"民之献衣襦袴而学者，不可胜数"（《吕氏春秋·离谓》）。《左传》中也记载，早于孔子的晋大夫叔向，因其贤德受到晋平公的特殊尊重，一些投往其他贵族门下的人，转而投身叔向。虽然孔子之前已有私学，然而并没有成熟的教学内容和教学方法，因而所谓"私学"者，大都具有势力集团或政治依附的性质。由此我们才可以说，孔子是"第一个创设规模很大的私立学校的教育家"。

与其他私学注意拉拢力量、着眼政治图谋不同的是，孔子的私学从一开始就注重育人。在孔子的教育下，很多年轻人走上了"学而优则仕"的道路。孔子致力于培养弟子为从政"君子"，所传授的是《诗》《书》《礼》《乐》，"文、行、忠、信"，具有自身的明显特色。而孔子"因材施教"的教学方法和"启发式"的教学，在私学中开创性地进行人评和时评，使得孔子私学历经"三盈三虚"而更加繁荣。正是这种竞争，促使孔子不断革新自己的思想，使其私学得以长盛不衰。

值得注意的是，"三盈三虚"的故事并不见于《论语》《春秋》《左传》之类典籍中，只载于王充《论衡》一书，以"异端"言论著称，因而对其具体情形只能大致猜测。此外，"三"并不一定就是"三次"，只能说明私学的自由，师生之间来去的自由。孔子私学之所以能够熬过"三盈三虚"的艰难岁月，其原因大概在于他能够与时俱进，顺应文化下移的趋势，迎合了社会平民的文化需求。

"克己复礼"之谜

近代以来，孔子和儒家思想受到了不少人的批判。尤其是"文革"期间，还上演过"批孔"的闹剧，其中，"克己复礼"思想被批判得尤为严重。人们把"复礼"理解为恢复"周礼"，说孔子是要恢复西周奴隶制度，是妄图开历史的倒车。毫无疑问，这是不符合孔子原意的。那么，"克"与"复"是什么意思？对于"克己复礼"又应该怎样理解呢？

"克己复礼"是孔子的一个著名论断，出自《论语·颜渊》篇："颜渊问仁。子曰：'克己复礼为仁。一日克己复礼，天下归仁焉。为仁由己，而由人乎哉？'颜渊曰：'请问其目。'子曰：'非礼勿视，非礼勿听，非礼勿言，非礼勿动。'颜渊曰：'回虽不敏，请事斯语矣。'"就是说，当颜回请教如何才能达到仁的境界时，孔子回答说："努力约束自己，使自己的行为符合礼的要求，这就是仁。如果能够真正做到这一点，天下的人都会称许你是仁人。实践仁德是要全凭自己的，难道还凭别人吗？"颜回又问："那么具体应当如何去做呢？"孔子答道："不合礼的事不看，不合礼的话不听，不合礼的话不说，不合礼的事不做。"颜回听后说："我即使再迟钝，也决心按照您的话去实行。"

以上是"克己复礼"的原文。这一思想被误解，关键就在一个"复"字。按照通常的理解，"复"就是返回、恢复；而恢复的又是"礼"，于是"克己复礼"就被理解成了恢复以往的礼仪。这似乎没有什么异议。但孔子是要全盘"复制"西周政治制度吗？这却是值得商榷的。孔子所处的春秋末期已经"礼崩乐坏"，不可能全面恢复周制；孔子自己恐怕也明白，再强调"克己"，也是绝难恢复周制的，故而对于周礼只能损益变通、经权结合。

《左传·昭公十二年》记载，楚国右尹子革曾以《祈招》之诗讽劝楚灵王："王揖而入，馈不食，寝不寐，数日；不能自克，以及于难。仲尼曰：'古也有志：克己复礼，仁也。信善哉！楚灵王若能如是，岂其辱于乾谿？'"这是说，楚灵王虽然数日寝食难安，但仍然压抑不住自己的欲望，在人心所背、亲戚怀贰的背景下，还抱着向周王"问鼎"、向郑人索田和威慑四方诸侯的野心，出兵围徐以抗击吴国，最后导致兄弟叛变，陈、蔡之军攻入楚国。在大势已去的情况下，楚灵王不得不吊死在乾谿。孔子用"克己复礼，仁也"来批评楚灵王，是针对"多嗜欲，多攻伐"而导致辱于乾谿的惨剧，所作的是一次历史事件教训的总结。

而在颜渊问仁中，孔子所言的并非政治问题。《论语》中有十多次问仁的记载，孔子不曾对"仁"有一个明确的概括。樊迟多次问仁，孔子所答不一，何以独独对颜回讲"克己复礼为仁"呢？众所周知，"夫子教人，各因其材"，颜渊是个安贫乐道的人，品行修养很高，孔子评价颜渊"三月不违仁"。所以，在颜渊提出这一问题时，孔子并未直接给"仁"下定义，而是阐述了"仁"和"礼"的关系，告诉颜渊要通过"克己"来执"礼"达"仁"。所以，孔子提出"克己复礼"并不是从政治上去恢复周礼，而要从人生修养的角度去寻求答案。

可见，孔子是把"克己复礼"当作一种达到"仁"的境界的修养方法。"克"是"克制"之意，也有"战胜"的意思。朱熹认为，"克己"就是战胜自我的私欲，"复"应引申为"合"，"复礼"即"实践礼的要求"。概言之，克制自己的欲望，使自己在言语和行动上实践礼的要求，就算是"仁"了。

"君子三畏"之谜

《论语·季氏》篇记载孔子的话说："君子有三畏：畏天命，畏大人，畏圣人之言。小人不知天命而不畏也，狎大人，侮圣人之言。"此即所谓"君子三畏"。"君子三畏"是孔子思想的重要组成部分，阐明了君子应该具有的德操。然而，不少学者却把"三畏"中的"畏"解释为"害怕""畏惧""恐惧"，好像孔子认为君子应该唯唯诺诺、瞻前顾后、不能越雷池半步似的。那么，孔子所说的"畏"应该这样理解吗？孔子为何又有"三畏"之说呢？

孔子"三畏"之"畏"应该作"敬畏"解，可进一步引申为尊重、谨慎、小心、慎重对待。例如，孔子曾经明言"后生可畏"，就不能理解为"后生可怕"或"后生让人害怕"之意，而是说后生应该受到尊敬和重视。也就是说其"畏"之意应为"尊重、尊敬"，当与"敬鬼神而远之"之"敬"同义。其余"二畏"，亦当作如是解。

孔子将"天命""大人""圣人之言"放于成就"君子"的同一"畏"的维度之中，此处以"天命""大人""圣人之言"并举，此三者皆是君子所应畏者；而三者之中，"天命"又是最重要的，"大人"次之，"圣人之言"又次。孔子在"畏圣人之言"之后，接着说"小人不知天命而不畏"，才"狎大人，侮圣人之言"。那么，为何"天命"是君子所首当"畏"者呢？

"天命"并非指"天"。孔子口中的"天命"当理解为"天命之谓性"。所谓"畏天命"实乃尊天之所命的性，就是尊重客观必然性、尊重自然世界的意思。应该说，孔子是承认天命的存在的，强调君子当知天命。他认为天命不仅存在，而且可知，即所谓"不知命，无以为君子也"（《论语·尧曰》）。在他看来，"巍巍乎，唯天为大，唯尧则之！"就是说，"天"是只有尧这样的圣人才能效法的。社会的兴衰治乱都是由"天命"决定的，常人于"天"不能"则之"，而仅能望而兴叹，对于"天命"只能心存敬畏和尊重。所以孔子有言"死生有命，富贵在天"。然而，孔子也曾提出疑问："回也其庶乎，屡空。赐不受命而货殖焉，亿则屡中。"（《论语·先进》）意思是说，颜回的学问道德接近于完善了吧，可是他常常贫困，在陋巷中穷苦不堪；端木赐不听命运的安排，去做买卖，猜测行情，却往往猜中。可以看出，孔子不相信"天命"能无条件地支配人事。

在孔子生活的年代，人们不可能知道客观世界与人类社会的关系究竟是怎样的。正因如此，孔子对"天命"既不去多言，类似近代西方哲学中的所谓"悬搁法"，又宁信其有、不言其无，抱着尽人事以应天命的态度，多少具有不可知论的色彩。用现代的话来说，就是孔子意识到人虽然不能改变"天命"，却可以认识"天命"，适应"天命"，就是克服主观世界与客观世界的矛盾问题。"知天命"是认识客观世界，"畏天命"则是已经认识到客观世界的不可抗拒性，从而抱持审慎敬畏的态度。这种客观认识，不仅是儒的特色，而且是释、道的精华。儒家思想称之为"天命"，佛家思想称之为"因果报应"，道家思想称之为"道"，称呼有异，实质则一。

至于"畏大人""畏圣人之言"，应该理解为敬畏伟大的人物，尊重他们对社会所做的贡献。"大人"就是伟大的人物，即为社会做出贡献的人。"圣人之言"就是圣贤之人遗留下来的言论。朱熹说："君子之心，常怀敬畏。""圣人"是孔子极其崇敬的，并认为在当时社会找不到一个圣人。孔子心目中的圣人是尧、舜、禹、文王、武王、周公。他们都对当时的社会起到了重要的作用。有些人认为孔子所谓的"大人""圣人"，是指以周天子为代表的奴隶主贵族。我们认为，这才是真正的"侮圣人之言"。

孔子对周礼损益性地继承和发扬，同时又提出对"天命"的怀疑。"六合之外，存而不论"，在中国哲学史上具有创榛辟莽的积极意义。孔子对"天命"知而敬之、敬而顺之的认识，顺应了社会发展的历史潮流，在认识论发展史上也具有深远的影响。

"诛少正卯"之谜

关于孔子"诛少正卯"之事，最早见于《荀子·宥坐》篇。该篇云："夫少正卯，鲁之闻人也。夫子为政而始（先）诛之，得无失乎？"并记载少正卯有"五恶"："一曰心达而险，二曰行辟而坚，三曰言伪而辩，四曰记丑而博，五曰顺非而泽。"司马迁采录了荀子的故事，在《史记·孔子世家》中云："定公十四年，孔子年五十六，由大司寇行摄相事……于是诛鲁大夫乱政者少正卯。"王充在《论衡》中还谈到了孔子与少正卯交恶的具体根源："少正卯在鲁与孔子并。孔子之门，三盈三虚，唯颜渊不去，颜渊独知孔子圣也……夫门人去孔子，归少正卯，不徒不能知孔子之圣，又不能知少正卯，门人皆惑。"此外，《淮南子》《后汉书》《孔子家语》等文献中均有类似记载。这就把"诛少正卯"等同于孔子的个人恩怨了。《孔子家语·始诛》载："孔子为鲁司寇，摄行相事……朝政七日而诛乱政大臣少正卯，戮于两观之下，尸于朝三日。"正因如此，现在曲阜还有一处记录此事的遗址，名曰"两观台"。

曲阜"两观台"遗址

由于荀子是先秦思想的集大成者，司马迁又将这个故事写进《史记》，所以很多学者认为是真实可信的。朱熹率先对此事提出怀疑。他在《舜典象刑说》中说："若少正卯之事，则予尝窃疑之。盖《论语》所不载，子思、孟子所不言，虽以左氏《春秋》内外传之诬且驳，而犹不道也，乃独荀况言之。

是必齐鲁诸儒愤圣人之失职，故为此说，以夸其权耳。吾又安敢轻信其言而遽稽以为决乎？"清人崔述也认为："圣人之不贵杀也如是，乌有秉政七日而遂杀一大夫者哉？……此盖申韩之徒言刑名者诬圣人以自饰，必非孔子之事。"（《洙泗考信录》）他们的质疑和诘难主要有四个方面：

首先，诸子百家著作中寓言居多，不足为信。战国末期百家争鸣异常热烈，有的游说之士为了扬己抑彼，不惜捏造事实以诬陷对方。像这样的大事，仅见于《荀子》《史记》《孔子家语》，而成书早于《荀子》《左传》，记载鲁国史事的典籍《春秋》，《论语》《国语》《孟子》等，都没有提到这件事。可见历史上并没有孔子诛杀少正卯的事。

其次，关于孔子"摄相事"之事，乃是孔子担任傧相，代替季氏行相会的礼仪，不可能有权力去诛杀像少正卯那样的大夫。至于"以大夫而诛大夫"一说更不成立。孔子当时虽为司寇，但真正掌握大权的还是季氏家族。如孔子的后裔孔令朋说："孔子在鲁任官时，军政大权操于季氏三卿之手。孔子虽任大司寇，仍须听命于季桓子，不能想象越过季桓子任意杀人。"因此，诛少正卯"非孔子所能为，非孔子时所需为"。

再次，孔子杀少正卯与他一贯"仁"的思想不符。孔子主张"为政以德"，强调"出门如见大宾，使民如承大祭；己所不欲，勿施于人；在邦无怨，在家无怨"。他坚决反对轻易杀人，尤其反对"不禁而诛"和"不教而诛"。在季康子问孔子是否可以"杀无道以就有道"时，孔子曾说过："子为政，焉用杀？"那么，"怀德"的孔子自己怎么会在秉政七日，就杀掉了他所"不欲"的大夫少正卯呢？而且，孔子刚刚执政七日，就将"诛少正卯"作为一项国家大事处理，这显然不是孔子的所为。

另外，《史记》记载孔子诛少正卯的时间，与其他记载有着明显的矛盾。《史记·卫康叔世家》云，卫灵公"三十八年，孔子来，禄之如鲁"，说的是孔子离鲁至卫，其俸禄与在鲁国时一样。卫灵公三十八年即公元前497年，这时应是鲁定公十三年。而到了《史记·孔子世家》却说"定公十四年"，孔子"诛鲁大夫乱政者少正卯"。此时，按《史记·卫康叔世家》所述，孔子已经离开鲁国了。虽然《史记》所载年代时有错乱，但这样的大案在当时记载不应该出现时间上的混乱。

这些质疑不无道理。荀子有可能假借孔子之名来宣传自己的思想。我们认为，"诛少正卯"是后世强加在孔子身上的一大冤案。

"女子难养"之谜

《论语·阳货》中说："唯女子与小人难养也，近之则不孙，远之则怨。"这句话可谓人人皆知，人们对此通常的解释是：只有女子和小人最难伺候，与之关系近了他们就不够恭敬有礼，与之关系远了则有所怨气。这句话，从古至今都被认为是孔子轻视妇女的证据。连许多尊崇孔子的学者也觉得难以讳言，无可奈何地说："孔子就这句话说错了。"当代一些学者试图从不同角度进行解释，力图为孔子"辩诬"。如有人从"唯"和"与"字上做文章，认为"唯"表示条件，即只有在这种条件下；"与"可训为"结与"，也就是"交朋友"。由此，就把上句解释为：只有女子和小人交朋友时才"难养"。还有人在"养"字上做文章，认为"养"是教育、教养的意思，也就是说，女子是很难教养成才的，因为她们基础不好；既然如此，也就应该大力加强女子教育。如此等等的见解，看起来新颖别致，但都不免失于牵强。那么，孔子是否说过"女子难养"这句话？如果说过，这句话的背景是怎样的？其真正含义又是什么呢？

我们认为，孔子确实是说过"女子难养"这句话的，但这是有背景、有针对性的感慨之语，而不是一种概言或泛称。要想清楚"女子难养"的真实含义，只有放在具体的场景和状况下去理解，才有可能不失偏颇。这句话单从字面看去很好理解，但"女子"到底指什么？是看不起妇女吗？近年来不少学者对"女子"二字所指提出不同说法。

第一，杨子彬说女子为特称而非全称，也就是孔子所说的"女子"只是妇女中的一部分。杨先生认为，按照逻辑分析，"唯"是副词，作"独、只、仅仅"讲，"女子"只是妇女中"近之则不孙，远之则怨"者，并非所有妇女。同样，"小人"只是男人中的"近之则不孙，远之则怨"者，非指一切男子。杨伯峻先生的《论语译注》也是这样译的，意思是：只有"近之则不孙，远之则怨"的"女子与小人"难养，并非所有"女子与小人"都难养。

第二，钱穆认为是指如何处理臣妾之间的关系。这种说法认为"女子"指臣妾。朱熹《论语集注》说："此小人，亦谓仆隶下人也。君子之于臣妾，庄以临之，慈以畜之，则无二者之患矣。"臣妾是役人之贱者，男曰臣，女曰妾。朱熹把"女子与小人"只限于臣妾，统以"此小人"称之。钱穆在《论语新解》中说："妾视仆尤近，故女子在小人前。因其指仆妾，故称养。待之近，则狎而不逊。远，则怨恨必作。善御仆妾，亦齐家之一事。"意思大约是："只有家里的妾侍和仆人最难养。你若和他们接近了，他将不知有逊让。你若和他们疏远了，他便会怨恨你。"清代刘宝楠也说："此为有家有国者戒也。"

第三，沈善增说君侧有妻妾、子嗣、小人三股乱政的政治势力。沈先生在撰写《还吾老子》时发现，这句话其实是标点错误。"女子"中间应有标点断开，如"女、子"。"女"指的是君主的妻妾，"子"指的是君主的儿子，"小人"指的是宠臣、佞臣、优伶、宦官之类。从先秦典籍文献记载中看，君主的妻妾参政，就是为了自己的儿子当继位者。所以伙同儿子，与近臣勾结，造成"难养"。《韩非子》论"八奸"，头三条便是，"一曰同床"，即指"女"；"二曰在旁"，指"小人"；"三曰父兄"，指"子"。妻妾、子嗣、小人三者勾结起来，乱政篡权，是当时引发政治动乱的直接根源，因此，这是当时政治家非常关心的问题。

那么，"女子难养"是在什么背景下说的呢？从孔子自身经历来看，这句话很有可能是在见南子之后说的。《史记·孔子世家》说，孔子"居卫月余，灵公与夫人同车。宦者雍渠参乘，出，使孔子为次乘，招摇市过之。孔子曰：'吾未见好德如好色者也。'于是丑之，去卫"。就是说，南子不但设法见到了孔子，还要公开炫耀，以抬高自己的声望。所以孔子对此种行径非常不满，才气愤地说出这句话，并不是无端痛恨所有"女子"。当然，这也只是一种推测。

另外，从孔子"为人子"的角度来看，母亲颜徵在因叔梁纥年老而逝，不得不携子回到鲁都，孤儿寡母过着相依为命的生活，这使得孔子从内心崇敬母亲、同情女性。孔子本人亦曾反复多次诵《诗》"妻子好合，如鼓琴瑟""宜尔室家，乐尔妻孥"来表达自己对婚姻和女子的平等看法。孔子之学乃君子之学，而"君子之道，造端乎夫妇"（《礼记·中庸》）。所以，说孔子轻视、歧视妇女，实在是大大地有待商榷。这句"唯女子与小人难养也"引发了人们这么多的思考，恐怕是孔子始料不及的。不难看出，孔子的历史形象有某些错乱，与后世学者们对之过度粉饰、改造、美化或丑化有关。

子"摄相事"之谜

《史记·孔子世家》曾两次记载孔子在鲁"摄相事"，说"鲁定公十四年，孔子年五十六，由大司寇行摄相事，有喜色"，"与闻国政三月"。学者大多解释为相国或宰相。然从清朝江永、崔述等开始，以为春秋时无相名，摄相是指相礼。并且，孔子所做的司寇一职，只是一名地位较高的公职人员。那么，在孔子任司寇期间，是否曾代理鲁相职务，同样成为历代学者聚讼纷纭的问题。

关于孔子仕鲁的起始时间及资历，《孔子家语·相鲁》记载最为详细。它是这样记

"夹谷会盟"图

述的："孔子初仕，为中都宰……行之一年，而四方之诸侯则焉。定公谓孔子曰：'学子此法，以治鲁国，何如？'孔子对曰：'虽天下可乎！何但鲁国而已哉？'于是二年，定公以为司空……由司空为鲁大司寇，设法而不用，无奸民。"《史记·孔子世家》记曰："定公以孔子为中都宰。一年，四方皆则之。由中都宰为司空，由司空为大司寇。"《春秋传》进一步解释："季孙为司徒，叔孙为司马，孟孙为司空。"就是说，孔子自中都宰所迁司空应为小司空，属下大夫之职。又迁司寇，"宋公之子，弗甫何孙，鲁孔丘，命尔为司寇"（《韩诗外传》）。可见，孔子担任司寇这一职务是公认的。那么，孔子是怎样出任司寇的呢？

鲁定公八年，孔子年届五十，在教书育人方面取得了巨大成就。然而，这时鲁国的政治形势发生了巨大的转变。阳虎联合"三桓"中不得志的力量，"欲去三桓，以季寤更季氏，以叔孙辄更叔孙氏，己更孟氏"（《左传·定公八年》）。"三桓"组织力量予以镇压，击败了阳虎及其同党。阳虎的失败，将孔子推上了鲁国的政治舞台。当时的定公昏庸无能、形同虚设，大权由季氏掌握。袭位不久的季桓子年纪尚轻，陪臣先后叛乱，阳虎虽被击败，其同党公山不狃、叔孙辄仍占据着费邑。对外，如何处理同邻国，特别是齐、晋、楚三个大国的关系，也是季氏面临的严峻现实。而孔子长期兴办私学，博学多识，有巨大的社会声望，鲁国正需要这样一位深孚众望、智慧超群的人来领导鲁国走出这种内外夹持的局面。尤其是孔子反对"陪臣执国政"的立场，以及孔子对于阳虎与公山不狃的拒绝，使得季氏最终重用无土无民的孔子。孔子本人也一直盼望能在政治上施展自己的才能。就是在这样的情况下，孔子踏上仕途，获得了实现自己抱负的机会。

孔子在鲁国虽然受到定公的赏识，也得到季桓子的提拔，但孔子并不可能取得实际的执政地位。当时鲁国的大司空为孟孙氏家族的孟懿子，孟懿子是孔子的弟子，季桓子提拔孔子旨在借此加强与孟懿子的关系。

既然孔子的实际地位如上所述，也就不可能有独揽大权、决定鲁国政治走向的权力，因而所谓"摄相事"绝非充任国相。事实上，"摄相事"是指在鲁定公和齐景公于夹谷相会之时，孔子代替季氏行相会的礼仪，即君主会遇礼仪之相，充任"司仪"一职。孔子是当时熟谙礼仪的不二人选，加之又担任公职，是有可能也有能力胜任此事的。

"子见南子"之谜

《论语·雍也》中记载有这样一段话:"子见南子,子路不说(悦)。夫子矢之曰:'予所否者,天厌之!天厌之!'"由此引出"子见南子"的千年聚讼,历来众说纷纭。清代王崧专门著《子见南子》,曾列举了十一种说法。有人信其有,也有人证其无。而南子与孔子见面的场景及经过,由于没有具体的记载,传到后来已是面目全非了。那么,"子见南子"确有其事吗?孔子为什么要见南子?其背后又有什么缘由呢?

"子见南子"一事,后世不少儒者以为尴尬难堪,有辱"圣人"体面,故极力为之注解或辩解。汉儒孔安国云:"盖男女之别,本不应见。加以淫乱,亦非所宜。而指天为誓,亦与《论语》所记平日之言不伦。"清人崔述更是列举了两个理由,以论证其"不可有":情理方面,与孔子"贤者辟世,其次辟地,其次辟色,其次辟言"的一贯处事态度相悖;版本方面,"意旨文体皆与篇中不伦,而语亦或残缺,皆似断简,后人之所续"。而"子见南子"一事,却实实在在地记载于《史记·孔子世家》中。其文曰:"灵公夫人有南子者,使人谓孔子曰:'四方之君子不辱,欲与寡君为兄弟者,必见寡小君。寡小君愿见。'孔子辞谢,不得已而见之。夫人在絺帷中。孔子入门,北面稽首。夫人自帷中再拜,环佩玉声璆然。孔子曰:'吾向为弗见;见之,礼答焉。'子路不说。孔子矢之曰:'予所否者,天厌之!天厌之!'"司马迁此处所记虽有场景、对话、细节,甚至还有声音的描写,但恐怕都是想当然的文笔而已。

我们认为,对于"子见南子"实不必遮遮掩掩、欲言又止。承认其有,不仅无损孔子的体面,反而使其形象更为生动、真实和可信。那么,接着的疑问就在于:南子为什么主动邀见孔子?孔子"辞谢"后"不得已而见之",是出于什么原因?子路为何"不说"?孔子的"矢之曰"又是什么意思呢?

南子是来自宋国宗室的美人,在卫国的政坛上是很有权势的人物。孔子再度来到卫国之时,适逢卫国刚刚平息了公叔戍欲除南子之党的事变和蒯聩刺杀南子未遂一案。这两次政治阴谋的矛头都是直指南子的。有"与政"之习的南子早有所察觉。名传诸侯的孔子来到卫国后,南子主动邀见孔子,实欲在国人心目中树立其"尊贤"形象,借此扩大自己的政治影响。

孔子起初婉言拒绝,南子却再三相邀,孔子只得勉强答应。朱熹说:"盖古者仕于

"丑次同车"图

其国，有见其小君之礼。""小君"即国君夫人。当时正值卫君宴客，夫人南子参与，而南子实际左右着卫国政治，她以卫君的名义邀请孔子参加，孔子不好拒绝。孔子既然来到卫国，是希望有所作为的，虽然认为卫灵公是无道的，但"无道而不丧"，卫国多君子，这与卫灵公的好才好贤不无关系。卫灵公提供小米六万斗的俸禄，至少表明他是敬重孔子的。孔子客居他国，若连卫国"小君"的邀见都断然谢绝，不合情理。

既然这样，子路又为什么"不说"呢？朱熹认为："子路以夫子见此淫乱之人为辱，故不说。"刘宝楠在《论语正义》中说："窃谓南子虽淫乱，然有知人之明，故于蘧伯玉、孔子，皆特致敬。其请见孔子，非无欲用孔子之意。子路亦疑夫子此见，为将诎身行道，而于心不说，正犹公山弗扰、佛肸召，子欲往，子路皆不说之比，非因南子淫乱而有此疑也。"明代杨慎同样认为，子路误会孔子拜见卫国"小君"，是有意要在卫国做官，有攀附名声不好的南子之嫌，故"不说"。

子路性格刚烈正直，但不懂权变。孔子见过南子后，子路自然不高兴，于是便有了这段颇具争议的对话。"夫子矢之曰"中"矢"通"誓"，历来很少异议。但问题在于，孔子见南子本是极平常的事，孔子并无非礼、失礼的行为，为什么以发誓来自辩呢？这或许是因为，面对刚烈率直的子路，孔子再解释也无法平息子路的怨气，故只能发下重誓来辩解。其中的"之"，应该是指方向，当是去见南子的地方。《论语·八佾》记载："王孙贾问曰：'与其媚于奥，宁媚于灶'，何谓也？'子曰：'不然，获罪于天，无所祷也。'"这里的"奥"是一家之主所居之尊位，暗喻卫灵公；"灶"指做饭的地方或做饭者，暗指南子。王孙贾是卫国人。他以人们流行的一句话问孔子：与其结交名义上的当家者，还不如结交真正主事的人，这是什么意思？孔子则回答说：要是做了违礼的事获罪于天，祷告也于事无补了。

至此，我们也就不必否认"子见南子"一事了，因为这没有任何违礼之处。至于"矢之曰"的意思则可以解释为，孔子指着去见南子的方向对子路解释道："我若被请见而拒不去见，或做了违礼的事情，上天就会厌弃我！上天就会厌弃我！"言外之意是，如果不去见南子，我们师徒在卫国还怎么待下去？

后世因思想观念或立场不同，或"过事渲染"以厌孔子，或"曲为讳护"以卫孔子，都已与历史相去甚远，为智者和达者所不取。若以平常心来看待"子见南子"一事，此事不仅不必大惊小怪，由此还能看出孔子的深谋远虑。

"子畏于匡"之谜

孔子周游列国时遭遇的艰难困厄不可胜数，但以被围困于匡地时最为危险。《史记·孔子世家》记载，孔子"将适陈，过匡，颜刻为仆，以其策指之曰：'昔吾入此，由彼缺也。'匡人闻之，以为鲁之阳虎，阳虎尝暴匡人，匡人于是遂止孔子。孔子状类阳虎，拘焉五日……匡人拘孔子益急，弟子惧"。就是说，孔子离卫赴陈时，给孔子驾车的弟子颜刻，当年曾经跟随阳虎率领的军队攻打匡邑。经过匡邑时，颜刻忍不住用鞭子指着城墙缺口，叙述当年在此打仗的经历。这话被匡人听到，匡人以为孔子就是曾经占领匡邑、屠杀匡人的阳虎，于是便聚众将孔子一行围住。围困达五日之久，粮米断绝，形势危殆，弟子们有些手忙脚乱，颜回还一度掉队。此即"子畏于匡"的故事。目前，关于孔子被围匡地一事无甚异议，然而他们为何离开卫国，被围是否因为"状类阳虎"，学界对此还有不同看法。那么，其过程和情形究竟是怎样的呢？

孔子从五十五岁时开始周游列国，到公元前484年六十八岁返鲁，历时十四年。鲁

长垣县张寨乡南孔庄村匡城遗址

定公十三年（前497年）时，孔子来到卫国国都帝丘。孔子之所以选择卫国作为流亡生活的第一站，不仅因为卫国与鲁国接壤，还因为卫国、鲁国是兄弟之邦，同为姬姓封国。此外，卫国还以贤人君子多而闻名列国，有一批有名的贤大夫颜浊邹、蘧伯玉等。另外，孔子的学生中也有不少卫国人，如子夏、子贡、子开等。有如此多的有利条件，孔子期望自己在卫国会受到重用。然而，孔子虽然得以享受"奉粟六万"的极高待遇，但只是被卫灵公作为政治上的摆设，并未真正得到重用。这时，孔子又被迫卷入公叔戌与卫灵公的政治斗争中，不得不抽身而退，以避其祸，故有"恐获罪焉，居十月，去卫"之举，正所谓"危邦不入，乱邦不居"。

史料记载，孔子离开卫国，本打算西去晋国，投奔赵简子。孔子走到黄河边，听说赵简子杀了晋国的窦鸣犊、舜华两位贤人，不由得临河而叹，颓然返回卫国。稍事停顿后，又带领弟子离卫适陈，于途中发生了"子畏于匡"的事件。危难中，有的弟子惊慌失措，子路等弟子对胆小畏葸之人痛加呵斥，并试图与匡人拼死一搏。但孔子非常镇定，用手指着天安慰大家："周文王去世了，如今我们师徒担负着继承文王文化传统的神圣使命，如果上天要毁灭人类的文化，那我也不会掌握这些文化；如果上天不让这些文化毁灭，那匡人又能将我怎么样呢？"（《论语·子罕》《史记·孔子世家》）后来，孔子派出弟子求助于卫国大夫宁武子，宁武子说服匡人收兵，才解救了被围困的孔子一行。

由匡逃出，孔子一行经过蒲地，再至卫国，其后在卫发生了"子见南子""丑次同车"等事。孔子甚感失望，于是再次离开卫国，经曹、宋、郑等地，止于陈国。《史记》记载，孔子在陈居住了三年，后因晋、楚争强，战火祸及陈国，孔子等人离开陈国，"过蒲，会公叔氏以蒲叛，蒲人止孔子"。恰在此时，身高力大的公良孺挺身而出，奋勇抵抗围兵，战斗十分激烈。在此情形下，公叔戌要求讲和，与孔子盟誓，说只要孔子不去卫国，就可以放他们过境。孔子照此发誓，但刚出蒲门，孔子就直奔卫国国都帝丘。子贡批评他违反盟约，向老师发问："盟可负邪？"孔子却说："要盟（要挟之下的盟约）也，神不听！"于是孔子领着弟子，又回到了卫国。这时是公元前496年（鲁定公十四年）。

以上即为"子畏于匡"和"蒲人拘孔"的大致经过。钱穆在《先秦诸子系年》中专列《孔子畏匡乃过蒲一事之误传与阳虎无涉辨》，认为"子畏于匡"与"蒲人拘孔"实则是一个事件："核其时地，过匡过蒲，乃鲁定公十四年春同时之事。畏乃私斗之称。《论语》之畏匡，即是《史记》之斗于蒲，只是一事两传。"由此引发学界争论。查看孔子《周游列国图》可以发现，匡与蒲虽则紧邻却并非一地，孔子师徒先"畏于匡"、后"拘于蒲"恰可说明周游的艰难与凶险，因此我们认为，二者并非一事，钱穆以二者时间相同为据坚称"只是一事两传"，理由有些牵强，因为《史记》中记载的事件多有时间的错乱。此外，关于"子畏于匡"所发生的地点，有些学者认为是在孔子离卫赴宋的途中，钱穆认为是在其离卫赴晋的途中。我们认为，"子畏于匡"的地点应该是在离卫适陈的途中，并非赴宋或赴晋之时。

关于孔子被围是否因为"状类阳虎"，学界也有不同看法。清人崔述推断说："孔子在鲁为司寇，居卫见礼于其君。其去也，道路之人当悉知之……乃至不知其非阳虎，岂人情耶？匡人欲杀孔子，斯杀之矣；如不欲杀，斯释之矣；拘之五日，欲奚为者？"（《洙泗考信录》）我们认为，崔述的话不无道理。当时的匡、蒲都在卫国的势力影响内，能使匡人围拘孔子，既不杀也不释达五日之久，其情由颇耐人寻味，很可能背后有卫国统治者指使。孔子"状类阳虎"恐怕只是借口，其目的应该是阻止孔子前往他国。毕竟，孔子这样一个闻名于诸侯的人在卫国仅仅住了十个月就不辞而别，可能卫灵公自觉颜面受损。

今天当然已经无从考证匡的具体地址了，但是通过"子畏于匡"的故事，展示出了孔子坚定、灵活的形象，这给了我们深刻的启示。一方面，孔子临危不惧的行为充分体现了其巨大的自信和强烈的使命感。这种使命感不仅仅来自文王，更来自天命与道义。他自言"五十而知天命"，对一切世事已经洞明于胸、无所畏惧。面对死亡的威胁，他始终不以宗教精神来祷告，反而以"弦歌不绝"来安慰弟子放心，表现出大无畏的崇高精神；另一方面，孔子又有着相当的灵活性：答应叛乱者的要求，不做无谓牺牲，留得生命在，以为他日图。应该说，孔子在两千五百年前做出"要盟也，神不听"的响亮回答，直到今天，仍是各国政界以及司法界所共同遵循的一项通则。孔子"君子权变"、权经结合的思想，在这里恰如其分地表现出来。

"问阵不答"之谜

当下，随着"国学热"的日渐升温，孔子思想的研究范围越加广泛，其军事思想也受到了人们的关注，"问阵不答"就是其中之一。《论语·卫灵公》记载："卫灵公问陈于孔子。孔子对曰：'俎豆之事，则尝闻之；军旅之事，未之学也。'明日遂行。"《史记·孔子世家》则做了更为详细的记载："他日，灵公问兵陈。孔子曰：'俎豆之事，则尝闻之；军旅之事，未之学也。'明日，与孔子语，见飞雁，仰视之，色不在孔子。孔子遂行。"在古代，"陈"字通"阵"，即军事作之事；"灵公问兵陈"，就是向孔子询问军阵作战的事情。孔子委婉地答复灵公说，他通晓祭祀礼仪之事，对于军旅之事未曾学过。目前，学界关于这一事件的始末还有不尽相同的解读，对于"问阵"的具体情形也有不同解析。那么，卫灵公是在什么情况下向孔子问阵的？孔子为何不正面回答问询？不答是因为他不懂军事吗？进而言之，儒家对于战争是什么态度？是否如后世所云的"儒者不言兵"？如果不是，那孔子的军事思想又是什么呢？

要回答上述问题，首先应该弄清卫灵公问阵的背景。《史记·孔子世家》说："卫灵公闻孔子来，喜，郊迎。"那么，孔子是从何而来的？卫灵公又为何"喜而郊迎"呢？根据《史记》的记载，孔子此次是在周游了曹、宋、郑等地并在陈国居住了一段时间后，经蒲地再返卫国的。此前，孔子就曾在卫国驻留有年，尽管被灵公待若上宾，却不仅不为其所重用，还发生过"子见南子""丑次同车"等事，从而对卫国统治者逐渐失

"灵公问阵"图

望，加之被迫卷入公叔戌与卫灵公的政治斗争中，故而离开卫国，到周边诸国去寻求从政机会。卫灵公虽然政治上无甚建树，然而对尊贤之虚名却非常在乎，故而孔子几年前不辞而别，卫灵公自觉面上无光。今孔子去而复来，又是背弃蒲人之盟而来，于卫灵公是意外之喜，所以隆重地喜而郊迎。而孔子再次返卫，仍企图说服胸无定见的卫灵公改变好战扩张的政策，改行自己理想的"仁道"政治，所以对他"问阵"之举只是虚与应付。

应该说，孔子所处的春秋时代，军旅之事已是当时各国政治的必然，是无法回避的一大要务。孔子在齐鲁夹谷之会之前，就曾主动向鲁定公建议："有文事者必有武备，有武事者必有文备"；鲁国的"堕三都"之举，也可说是在孔子主张下由国君向"三桓"家臣主动采取的三次小型武装行动。另据《左传》载，鲁哀公十一年，齐国的国书、高无平率师伐鲁，冉有帅左师、樊迟辅助迎战，结果大获全胜。事后孔子十分高兴地夸奖了冉有和樊迟。子贡问何以为政时，孔子答以"足食、足兵、民信之矣"。由上都不难看出，孔子对于军事活动并非一概排斥。他还曾明确说过，"善人教民七年，亦可以即戎矣""以不教民战，是谓弃之"（《论语·子路》），就是说，当政者首先应该对民众进行严格和较长时间的习战训练，然后再派往战场打仗，否则就是草菅人命。可见，孔子对于战争一方面是极其谨慎的，即所谓"子之所慎：齐（斋），战，疾"（《论语·述而》）；另一方面，也认为"能执干戈，以卫社稷"的"义战"之举是非常必需的。

此外，孔门六艺之中，"射"和"御"是明显的军事训练内容，也可视为孔子文武并举的表现。孔子以"六艺"教授弟子，而弟子中"身通六艺者"也不乏其人。《史记·孔子世家》记载，季康子问冉有："子之于军旅，学之乎？性之乎？"冉有回答："学之于孔子。"可见，孔子不仅不讳言"兵"与"战"，而且还指导过弟子学习军事。子路曾直言不讳地问孔子："子行三军，则谁与？"孔子回答说："暴虎冯河，死而无悔者，吾不与也。必也临事而惧，好谋而成者也。"（《论语·述而》）就是说，在行军打仗时，孔子不赞同有勇无谋的拼杀，而是欣赏那种知己知彼、运筹帷幄的战法。只不过，孔子主张的是以义统战、以礼治兵的军事活动，即"君子义以上。君子有勇而无义为乱，小人有勇而无义为盗"（《论语·阳货》）。"以之军旅有礼，故武功成也"（《礼记·仲尼燕居》），鼓励保家卫国、抵御外辱的战斗，这就与当时很多诸侯国穷兵黩武、野蛮扩张的不义之战有了本质的区别。

孔子不仅鼓励卫国之战，而且不反对举兵他国，前提是这种战事必须是救民水火的仁义之战。据《史记》载，灵公问阵之前，还曾问过"蒲可伐乎？"孔子明确地回答"可"。意思是蒲地很混乱，又有公叔氏在那里作乱害民，卫国理应出兵。但灵公却说："吾大夫以为不可。今蒲，卫之所以待晋、楚也。以卫伐之，无乃不可乎？"卫灵公认为，蒲地是卫国与晋、楚大国之间的缓冲之地，一旦占领了就会与大国直接面对，因而以"吾大夫以为不可"为借口，使伐蒲之事无疾而终。这使得孔子再次失望，不由得发出"苟有用我者，期月而已可也，三年有成"之叹。

由上可见，孔子不仅深通军事，而且有着完整的军事思想。对于卫灵公这样一位既志大才疏又妄图穷兵黩武之人，孔子认为没有必要与之讨论军旅之事。当时的卫国因为南子乱政，太子政变失败外逃宋国，政局并未平静下来，贵族间的矛盾暴露无遗。卫灵公却欲于此时联合齐国外向争霸于晋。这种仁德不修而急于武事的做法，在孔子的眼中正可谓"其本乱，而末治者，否矣"（《大学》）。孔子所到之处，一向推行礼乐大道，其内容是居敬用简、先富后教、罢兵息讼、厚德薄赋，与灵公"问阵"之事南辕北辙，可谓"道不同不相为谋"。《邢疏》竹氏会笺评价说："灵公一生错处，俱在礼教上。是时蒯聩出亡，公年老而无嫡嗣子，欲其修身齐家，夫妇父子之间讲求礼让，靖内为急，盖逆知其内乱将作，故为此言导之，正是夫子救时手段，欲使灵公深思而自悟之耳。"孔子此时，已是人生最艰难的时刻，返鲁无由，居卫不成。但即便如此，孔子仍不愿苟且偷生、谄媚事人。他认为，国君应"为国以礼""为政以德"，注重仁德教化，不应动辄用武，所以对灵公问阵以"未学"相搪塞。

今天看来，孔子的思想和主张，在他所处的时代已很不合宜。可是，其"以义统战、以礼治兵"的思想却也歪打正着，对乱世中夺取政权虽用处不大，但对于巩固政权来说，的确是非常合宜的。汉初叔孙通评论儒家思想时说"夫儒者难与进取，可与守成"（《汉书·叔孙通传》），可谓对儒家思想的中肯评价。

"恓惶丧家"之谜

司马迁在《史记·孔子世家》中，详细记述了孔子一生的经历。在该卷结尾处，他感慨地说："《诗》有之：'高山仰止，景行行止。'虽不能至，然心乡（向）往之。余读孔氏书，想见其为人。适鲁，观仲尼庙堂车服礼器，诸生以时习礼其家，余祇回留之不能去云。天下君王至于贤人众矣，当时则荣，没则已焉。孔子布衣，传十余世，学者宗之。自天子王侯，中国言六艺者折中于夫子，可谓至圣矣！"这段话鲜明地表达了司马迁对孔子敬佩的心情。更需一提的是，《史记》还以"世家"这种只有诸侯国王才能享有的体例，为不仅未曾登上王位，甚至连仕途都不顺畅的孔子作传，更能看出孔子在司马迁心目中的地位。

然而，同样是在《史记》中，司马迁又如实记载了时人对于孔子的另一评价："孔子适郑，与弟子相失，孔子独立郭东门。郑人或谓子贡曰：'东门有人，其颡似尧，其项类皋陶，其肩类子产，然自要（腰）以下，不及禹三寸，累累若丧家之犬。'子贡以实告孔子。孔子欣然笑曰：'形状，末也。而谓似丧家之犬，然哉！然哉！'"由此，"丧家之犬"也就成了孔子的又一"称谓"。"至圣"与"丧家之犬"，二者不啻天壤之别。那么，"丧家之犬"究竟是何含义？孔子为何沦为了"丧家之犬"？他为何又以"然哉"对这一"称谓"表示认同呢？

要理解"丧家之犬"的真实含义，首先应该从孔子的经历说起。两千多年来，没有谁比孔子头上的桂冠再多了，诸如"圣人""至圣先师""万世师表""素王""大成至圣文宣王""十大世界名人之首"；还有人感慨地说："出乎其类，拔乎其萃，自生民以来，未有盛于孔子者""天不生仲尼，万古如长夜"，等等。这些溢美之词加在孔子的头上，便构成了一个个绚丽多彩、令人眼花缭乱的光环，把孔子吹捧成了无人能够超越的圣人。然而这都是后人加给孔子的。纵观孔子的经历，可以说是坎坷曲折的。他虽有"苟有用我者，期月而已可也，三年有成"之志，胸怀匡扶社稷之心，却屡屡受挫、四处奔波，不是难容于权贵，就是见诽于佞人，有时连生活都难以为继。在鲁国真正从政的短短四年间，他曾初试牛刀，使中都大治；夹谷之会中，他有胆有识地完成了使命；从司空晋升为司寇之后，又屡屡惩恶扬善、依情断案，使社会风气大有改变。由于孔子从政几年间政绩卓然，以至于使齐人"闻而惧"，担心鲁国强盛于己不利；由于孔子主导的"堕三都"动摇了鲁国贵族的利益，导致这一改革中途夭折。孔子受到鲁国贵族排斥，辗转奔走于各国。其间，或碍于无名无由，或苦于鲁国朝政仍不安稳，孔子虽几度欲返鲁归家，但终究不能。他们每日栖栖遑遑，四处游走，有"家"难回，望"家"兴叹。由此，也就难免有"丧家之犬"之实了。

其次，要理解"丧家之犬"的真正含义，还应该从孔子身处的时代着眼。孔子虽然有拯救世界的雄心壮志，也有明确的政治理论和施政纲领，但是各国君主是不愿重用他的。现实政治要求当下的功利和权术，这是关乎统治者个人生死的大事；而孔子所执着的却是大善与大道，是天下之福祉、长远之利益。换言之，统治者关心的是乱世中的生存问题，而孔子着眼的却是治世中的发展问题。因此，孔子虽然栖遑苍凉地四处游走，结果却只能是四处碰壁。事实上，孔子在当时更多地被视为"博学"之人、有德君子、高贤名士，而不是务实的现实政治家；诸侯国王对其礼遇，则是为了装点门面，标榜自己好士尚贤。因此，孔子虽遍历各国，却始终无"家"可居。这从隐士的立场来看，也正若"丧家之犬"。

在孔子看来，"丧家之犬"的形容，正是对自己现实境遇恰如其分的描述，因此以"然哉"进行解嘲与认同。孔子是列国间公认的礼仪大师，却始终不能真正为世所用：在鲁为"三桓"所忌，在卫为灵公所疑，又受南子侮辱，在匡受人围困，在宋险遭司马桓魋迫害，在楚被认为"非楚之福"……累受挫折，艰难不断，确实是"很恓惶，也很无奈"；虽然有人曾说过"天下之无道也久矣，天将以夫子为木铎"，但现实中"木铎"却处处碰壁，没有自己的容身之处。孔子曾自言"五十知天命"，然历经艰辛之后，恐怕连他也不能肯定自己的"天命"究竟是什么了。在一个权势与利益盛行的时代，孔子追求"克己复礼"的大一统何其艰难！因此，"欣然笑曰""然哉"的背后，又是何其悲哀、苍凉与无助！

就周游列国的艰辛经历来说，"丧家之犬"的评价具有概括性的意义，可谓传神之至！事实上，关于"丧家犬"的称谓，不仅《史记》有载，还见于《白虎通·寿命》《论衡·骨相》《孔子家语·困誓》等，文辞大同小异，均认为"丧家犬"是指无家可归的犬，且都说孔子接受了这一称谓。孔子从不以己为圣，更不以圣自欺。后世给予的所谓"圣者"，不过是后人感于"中国言六艺者折中于夫子，可谓至圣矣"，孔子从不掩饰自己作为一个常人的喜怒哀乐。对"丧家之犬"的认可，让我们看到了一个真实的、诚实的、可贵的孔子。

"楚狂接舆"之谜

"楚狂接舆"的故事，见于《论语·微子》："楚狂接舆歌而过孔子，曰：'凤兮！凤兮！何德之衰？往者不可谏也，来者犹可追。已而，已而！今之从政者殆而！'孔子下，欲与之言。趋而辟之，不得与之言。"司马迁写《史记》时，将其录入《孔子世家》。另外，在《微子》篇中，还留下了一些孔子与古代隐者关系的记载。这样，对孔子的研究又增加了一串无法回避的问题："楚狂"是谁？"接舆"是怎么回事？孔子与隐者究竟是何关系呢？

不仅是《论语》《史记》，庄子在《人间世》篇中也有关于"楚狂"的记载："孔子适楚，楚狂接舆游其门曰：'凤兮！凤兮！何德之衰也。来世不可待，往世不可追。天下有道，圣人成焉；天下无道，圣人生焉。方今之时，仅免刑焉。福轻乎羽，莫之知载；祸重乎地，莫之知避。已乎，已乎！临人以德。殆乎，殆乎！画地而趋。迷阳迷阳，无伤吾行。吾行却曲，无伤吾足。'"此外，关于"楚狂"在先秦其他典籍中也有记载，如《庄子》的《逍遥游》《应帝王》，屈原《九章·涉江》等都有提及。

"楚狂"即楚之狂人，这无甚异议；但是将"接舆"视为"楚狂"的名字，现在已被公认是一种误解。"接舆"原义为迎着孔子坐的车，既不是"楚狂"的姓名，也不是某个人的字，更不是指什么人，而是一动宾词组。那么"楚狂"是谁呢？《高士传》认为，

"楚狂"是指楚国的陆通。相传，楚昭王时，他见楚国政治无常，便佯狂不仕，因此人们称之为"楚狂"。后楚王曾派使者前往聘请，让他治南山，他却笑而不应。使者走后，他便携妻子更名易姓，游诸名山，终老于四川峨眉山。《战国策》记载说，陆通"被发而阳（佯）狂，好养性之术，躬耕以为食，不愿为仕"。《韩诗外传》也记载说，"楚王使使者赍金百镒，愿请治河南"，陆通则"变易姓字，莫知所之"，一派世外高人的做派。

春秋时期，有许多怀抱雄才的人远离尘世、隐居江湖。这些隐者有各种类型。从职业上说，看门的称"晨门"，执杖的称"丈人"，扶车的称"接舆"；从语言上讲，有的深沉，有的尖锐，有的洒脱；从对孔子师徒的态度看，有的讽刺，有的劝谏，有的则表示同情。这些隐者的行为和话语，常常被认为是批评或暗讽孔子的。那么，像"楚狂"这样的隐者应该怎样看待呢？史料表明，春秋时期的楚国以诗书礼乐之邦自居。楚国贵族与中原贵族相交往时，也常常赋诗言志，表现了知书识礼的文化修养。春秋时期，楚国在统一江汉平原后，灭了申、息、吕等一些小国。这些小国原来的贵族、文人、学士们既不想在乱世中助纣为虐，也不想与统治者合作，于是采取了明哲保身、与世无争的态度，出没于山林河海之间，消极遁世，随波逐流。

大约鲁哀公六年，孔子来到负函，并派弟子至楚国都城郢，企图说服楚君恢复礼治，但终因不合潮流、不识楚国政治之实质（时楚国各贵族大权在握，国君不过是平衡贵族之间利益的一个砝码）而受到冷遇。这时，孔子便遇到了一个"接舆"（迎车）的隐者，他披头散发，疯疯癫癫从孔子车前走过。他似乎同情孔子周游不遇的遭际，却又不赞成孔子积极入世、求仕从政的行为，于是以《凤兮歌》讽谏孔子。孔子听后很受触动，急忙下车，想和他谈谈；他却头也不回，扬长而去。孔子没有能够和他交谈，怅然若失地叹道："这个隐者啊！"

从相关记载看，孔子是敬仰隐者的。隐者最突出的特点是都不愿同流合污，极重人格尊严。《论语·微子》中提到了许多古今遗落的贤人，如伯夷、叔齐、虞仲、夷逸、朱张、柳下惠、少连等。孔子对他们的评价是颇高的，即所谓"不降其志，不辱其身""言中伦，行中虑""身中清，废中权"。然而，孔子与这些隐者的分歧也很明显：一方知其不可为而不为，一方知其不可为而为之。当时的隐者对社会混乱和不平现象表现了极大不满，但又无可奈何，只好逃避现实。他们"表现了当时的时代精神——对现实的批评和反对。通过逃避当时可悲的社会环境而表明了他们的反抗"（胡适《先秦名学史》）。孔子对此道路并不认同，他一生抱定不使"文武之道坠于地"的宗旨，虽然

"楚狂接舆"图

"累累若丧家之犬"而并不退缩后悔。其实,孔子追求的不是无原则的忠君,他早已看穿当朝统治者的无道和不义,万不得已时甚至有"欲居九夷""乘桴浮于海"的感慨,但这也只是说说而已。楚狂接舆而歌的故事,让我们见到了一个"知其不可为而为之"的与命运抗争的孔子形象。

"七十自述"之谜

孔子享年七十三岁。对于这段漫长的人生经历,孔子在《论语·为政》中有一段著名的自述,曰:"吾十有五而志于学,三十而立,四十而不惑,五十而知天命,六十而耳顺,七十而从心所欲,不逾矩。"学界公认,这番话是孔子暮年对其一生所作的简短总结,然而对这段话的理解却有不同,有人认为这反映的是孔子的生活经历、求学阶段,有人则认为是孔子对人生不同阶段的领悟;其中的一些关键处如"志于学""而立""不惑"等,人们的解读更不一致。那么,应该怎样理解孔子的这段自述呢?

我们认为,这段自述谈的主要是孔子修养的不同境界和心路历程。关于"十有五而志于学"，《白虎通·辟雍》的解释是：十五是成童之岁，心坚志明，故自十五始志于学。朱熹在《论语集注》中进一步解释说："古者十五而入大学。心之所之谓之志。此所谓学，即大学之道也。志乎此，则念念在此，而为之不厌矣。"如果照此理解，就只能是立志于"大学之道"之后孔子才好学不已的。我们认为，这一解释未免有些牵强。"古者十五而入大学"，常常是"王太子"之类高级贵族的子弟才有的权利，与孔子当时的情况并不相符；并且，"大学之道"的"三纲八目"要求很高，是需要人一生去追索、实践和实现的，这与孔子当时的年龄也不相符。

在我们看来，首先，孔子所说的"志于学"绝不是人们平常说的"学习""念书"之类，因为孔子习礼、读书应该从很小就开始了。其次，"志于学"的内容是什么？我们认为，孔子十五岁之前学习的是些基本的知识、礼仪和行为规范；十五岁之后，则把学习的目标定位于正规的、较高层次的教育内容，即"礼""乐""射""御""书""数"等"六艺"，也就是在原有的基础上，开始把正规的学习当成头等大事。再次，"志于学"又是怎样的意思呢？孔子的自述说明，他的学习这一时期已超越了被动的、零散的阶段，已把学习作为人生的第一需要，自觉地去学习各种礼乐和技能，而且终生求索，矢志不渝。这是孔子成为"博学"之人、礼仪大师的开始，也是他一生发展最重要的奠基阶段。

"三十而立"也是孔子对自己生活经验的概括。何谓"立"？常见的解释是"站立""立足"或"自立"，即找到人生的立脚点或者基础。如朱熹在《论语集注》中说："有以自立，则守之固而无所事志矣。"南怀瑾说："立就是不动。"钱穆认为"立"是"成立"，即在学问方面有所建树。他在《论语新解》中解释说："而立：立，成立义。能确有所立，不退不转，则所志有所守。此为孔子进学之第一阶段。"皇侃在《论语义集解疏》中也说："立，谓所学经业成立也。"我们认为，上述说法皆不十分准确，尤其是"第一阶段"之说更欠妥当。要想正确理解"三十而立"，就必须回到孔子的时代，回到《论语》的语境中去。应该说，孔子从十五岁"志于学"开始，经过十五年的时间，经过"学而不厌""学无常师""每事问"等历程，到三十岁时开办了私学，以"有教无类"的精神来教育贵族、平民，具有了一定的社会影响。即是说，他不仅在成就和地位方面已基本可以在社会上立足，其精神世界也臻于自立和稳固，在自己所从事的领域里练就了安身立命的本领，对客观世界具有了相当的适应、驾驭能力，这才是孔子自谓的"而立"境界。至于将"而立"当作"人届三十"的代称，或作"成家立业"解，则纯属后人对"而立"的流俗运用。

"四十而不惑"是说到四十岁之后学会了真正的独立自主、专心致志，不为纷扰诱惑所困，不为物议乱象所惑。朱熹《论语集注》说，这是"于事物之所当然，皆无所疑，则知之明而无所事守矣"。我们认为，这一解释既语焉不详，且文不对题。事实上，这一时期，孔子居齐三年之后，不无遗憾地返回鲁国，重拾教鞭，等待从政之机。孔子的这段经历是不顺畅、不愉快的，他以做学问和教学弥补自己在政治上的失意，并在其中领悟了更多的事理。一个人只有经过一定的社会历练，才能通达做人的道理，深切地懂得什么是"是"与"非"，什么是"荣"和"辱"。这样人才能真正站得住、立得稳。此时的孔子已经有了很强的判断是非的能力，不再为自己力量不足而感到困惑。即是说，在理想和现实的差距中，孔子已能坦然面对，不受一切表象、假象、乱象的蒙蔽，对环境的纷扰已有了足够定力，对客观世界也已具有了足够的分析能力。

"五十而知天命"是孔子对自己的又一重要评价。关于什么是"天命"，古今众说纷纭，有人说是自然之数，有人言称是天道流行，如此等等，皆似是而非。首先应该肯定的是，"天命"并非指"天"，更不是指虚无缥缈的鬼怪神乱，因为孔子对此一直持怀疑和"不语"态度，子贡也曾明确地说过："夫子之言性与天道，不可得而闻也。"（《论语·公冶长》）其次，"天命"也不应当理解为"宿命论"，因为孔子不仅明言"天何言哉？四时行焉，百物生焉。天何言哉"（《论语·阳货》），而且以"知其不可为而为之"的精神积极入世，表现出对于既定条件和外在环境的改造。我们认为，孔子所言的"天命"，既指外在于人的客观必然性，也指人主观道德修养的一种境界，即所谓"不知命，无以为君子也"（《论语·尧曰》）。"君子有三畏：畏天命，畏大人，畏圣人之言。"（《论语·季氏》）孔子认为，人到了一定年龄，既应对客观必然性有所了解，还应通过这种了解来提升修养境。孔子自述"知天命"之时，恰恰是"五十以学《易》，可以无大过矣"（《论语·述而》）之时。这一时期，他已对"天命"即"天行"问题有了深刻的认识，内外打通，心胸开阔。至此，人之死生，大道之行废，《易》之天道、地道、人道，孔子不仅已了然于胸，而且真正从认识上解决了主观与客观的关系问题，从而进入人生的又一境界。

关于"六十而耳顺"，东汉郑玄注："耳顺，耳闻其言，而知其微旨也。"南朝皇侃《论语集解义疏》说："但闻其言，即解微旨，是所闻不逆于耳，故曰耳顺也。"可见，所谓六十"耳顺"，就是到了这一时期，孔子自言对于一切相同或相反的意见、赞扬或批评之声，都已能虚心听取，无遮无碍，心中不起波澜。应该说，入耳之事本来是有顺有不顺的，入耳之言也有温婉与尖刻之别。孔子以"耳顺"自认，一方面确是其修养已达到很高境界；另一方面，恐怕也是他阅尽人间沧桑，无奈于现实的变化而采取的"顺命"态度。至此，孔子已将自己与客观世界完全融通，行所当行，止所当止。至于朱熹所谓"声入心通，无所违逆，知之之至，不思而得也"的注解，则属玄虚有余而精确不足。

孔子自言的"从心所欲，不逾矩"为其修养的最高境界。"从心所欲"是指就人的内心世界而言，已达到思想的完全自由；"不逾矩"是指就人之于外部世界而言，做任何事情都不再违反社会的规矩和规范。这时的孔子，一举一动皆出于自然、本于人心，已经达到了"内""外"统一的"仁人"境界。即是说，外在的规范已转化成了内在的道德自觉，一切行为皆既发于内心，又合于社会常理，成为对于礼的一种提升和超越。

由上可以看出，孔子一生的修养是在不断学习和经历中慢慢形成、成熟起来的。孔子的这段话，是一个大智大勇者晚年为自己一生所做的剖析和观照，也是世上少有的文字简约而内涵丰富的"自传"，值得我们好好学习。

"述而不作"之谜

"述而不作"见于《论语·述而》。这是孔子自述其对古代文献的做法，也反映出他对于自己著述的谦逊态度。孔子说："述而不作，信而好古，窃比于我老彭。"其意是说，"只述旧而不创新，相信而且喜好古代文献，我私下把自己比作老彭。"据说老彭为商代贤人，非常喜爱古代文献，故而孔子以此人相比。孔子一生学而不厌、博闻强记，创立了影响深远的儒家思想，他却把自己的学术思想阐释为"述而不作，信而好古"，其中的意蕴是很值得玩味的。古往今来，人们对于孔子这句话的解释可谓多矣，由此又留下了一个千古之谜。那么，孔子真的是"述而不作"吗？他这样表达的用意是什么？表明自己述而不作，是否还有其他深层原因呢？

朱熹在《论语集注》中解释说："述，传旧而已。作，则创始也。故作，非圣人不

"孔子作《春秋》处"

能；而述，则贤者可及……孔子删《诗》《书》，定《礼》《乐》，赞《周易》，修《春秋》，皆传先王之旧，而未尝有所作也，故其自言如此。"他认为孔子"盖集群圣之大成而折衷之。其事虽述，而功则倍于作矣"。按照朱熹的解释，首先肯定孔子的确是"述而不作"的，但"述"比"作"更重要；其次，他认为孔子之所以如此表达，一方面是要表明自己绝非圣人；另一方面则是为使"先王之旧"能够流传。而当今学界普遍认为，孔子并非"述而不作"，他对古代文献的"删""定""修"，实际上既是述，更有作。

孔子自卫返鲁后已进入垂暮之年，既不为时所用，也无意再求仕途，转而开始整理古代文化典籍。孔子在长期教学工作中，发现"周室微而《礼》《乐》废，《诗》《书》缺"，一则有感于"文王既没，文不在兹"（《论语·子罕》）的社会现实，二则出于教学与传承的需要，深感有编订教材的必要，于是在生活稍稍安定的晚年对古代典籍进行了整理，实际上是对夏、商、周三代以来的文化进行了全面、系统的取舍和修订工作。

大体说来，孔子整理"六经"，依次为删《诗》《书》，修《礼》《乐》，序《周易》，作《春秋》，即对《诗经》《尚书》加以取舍和编辑整理，最后定型；对《礼》《乐》则是搜集修复和编纂，以恢复原貌；对《春秋》是因旧史以明义，是不作而作；对《周易》则是揭示其内涵，窥探其本质。孔子在整理这些典籍时，渗透了大量自己的观点；尤其是作《春秋》时，不但忠于史实、删繁就简，而且寓意褒贬、言简意赅，被后世称为"春秋笔法"，成为后人修史的榜样。孔子从不同的角度和层面来整理传统文献，通过以往的事迹教戒现实，规整未来。杨伯峻在《试论孔子》中说："假若没有《春秋》，就不会有人作《左传》。春秋二百多年的史料，我们就只能靠地下挖掘。总而言之，古代文献和孔子以及孔门弟子是有关系的，至少有《诗》《书》《易》《仪礼》《春秋》五种。"

那么孔子自称"述而不作"有何深意呢？我们认为，面对春秋时代"礼崩乐坏"的严峻现实，一方面，孔子不得不删订"六经"以寄寓思想，又通过标明"述而不作"来推重古代文献的价值，提升礼仪制度在人们心目中的分量，以便为自己理想的政治服务；另一方面，出于自觉明确的文化传承意识，孔子在整理"六经"过程中，尽量保证原文献的文辞和风格，以期引起人们对于古代文化的重视与认可。事实上，晚年的孔子已深知心中的王道理想不能实现，所以寄求于文化教育事业，希望后人接续传统文化，开创新的局面。究其实，"述而不作"乃是孔子为其思想找寻载体而采取的无奈之举。同时，这既是一种自谦，也是一种做学问的严谨态度，比之空发议论、愤世嫉俗的所谓"阐释"要更具体、真实、可信。

虽然孔子明言"述而不作"，但是就对中国文化的贡献而言，孔子无愧于承前启后的一代大师。他极力阐明"祖述尧舜，宪章文武"的主张，表达了他所"述""信""好"的"古"，就是三代完备大观的名物典章，是"郁郁乎文哉"的礼仪制度。他的"述而不作"，曾是遭受墨家诟病的原因之一，可也正因此而奠定了孔子在中国文化发展史上的显赫地位，并且也对后世学者良好学风的形成产生了深远的影响。

"韦编三绝"之谜

"韦编三绝"，是说孔子晚年读《易》爱不释手，竟把编联简策的编绳翻断了多次。此语最早见于《史记·孔子世家》，其他古籍中也有此类说法。后人多用来比喻读书勤奋。但近年来也有人翻出"新意"，说"韦编三绝"是指孔子晚年重新编定了三种即将失传的古代典籍。那么，对于"韦编三绝"究竟应该如何理解？如果"韦编三绝"是指孔子读《易》、研《易》时的情形，那么孔子与《易》又有怎样的关系呢？

春秋时期的书籍主要是以竹为材料制造的；把竹子破成一根根竹签，称为"竹简"，用火烘干（即"杀青"）后在上面写字。一部书要用许多竹简。通过牢固的绳子之类的东西将竹简按次序编连起来，篇幅小者为"卷"，大者为"书"，因而古代的一部"书"，往往要分很多"卷"。而"韦"是一种柔软的皮革，《辞海》的解释是："韦，熟牛皮。古代用竹简写书，用皮绳编缀，故曰'韦编'。"用丝线编连的叫"丝编"，用麻绳编连的叫"绳编"，用牛皮绳编连的叫"韦编"。此即对于古代书籍的通常解释，我们认为这一解释是恰当的。

孔子"晚而喜《易》"，反复研读《易》，为之作了许多新的注解和诠释。由于研读次数过多，竟把皮绳都磨断了，修好后又磨断，前后断了多次。在中国古语习惯中，"三""九"之类的数字往往不是实指，而是指很多，故而"三绝"并非指断了三次，应该是断了多次。所以，"韦编三绝"确切的意思应该是说孔子读《易》到了极其勤奋的程度，以至于皮绳被磨断多次。但即使读书读到了这样的地步，孔子还谦虚地说："假如让我再多活几年，我就可以完全掌握《易》的文与质了。"

孔子为《易》作《传》的说法，源于《史记》与《汉书》。《史记·孔子世家》说："孔子晚而喜《易》，序《彖》《系》《象》《说卦》《文言》。读《易》，韦编三绝。曰：'假我数年，若是，我于《易》则彬彬矣。'"相传孔子晚年不仅喜欢读《易》，而且对《易》进行了研究，并撰写了《彖》上下、《象》上下、《系辞》上下、《文言》《序卦》《说卦》《杂卦》十篇，合称"十翼"，又称《易大传》。后人将其附于《易经》，成为《易经》的一部分。《汉书·儒林传》亦云，孔子"晚而好《易》，读之韦编三绝，而为之传。皆因近圣之事，以立先王之教，故曰：'述而不作，信而好古''下学而上达，

"退修诗书"图

知我者其天乎！'"孔子自述说："加我数年，五十以学《易》，可以无大过矣。"（《论语·述而》）意思是，再给我几年的时间，五十岁来学习《易经》，就不会有大的过失了。可见，孔子晚年对《易》有极为浓厚的兴趣，确实下过大功夫进行钻研。

但是，宋代欧阳修指出《文言》《系辞》《说卦》有相互矛盾之处，认为"十翼""皆非圣人之作"；文中多"子曰"，"亦非一人之言"。清代崔述又从语言措辞、孟子从未提孔子作《易传》等角度分析，认为"《易传》必非孔子所作，而亦未必一人所为"，这些人可能就是"曾子以后之人"。自此，关于《易经》和《易传》的作者，成为学术界持久争论的问题。许多人否定孔子与《易传》的关系，进而否定孔子与《易》的关系。

孔子是否研究过《易》呢？根据《史记》记载，孔子曾传《易》给鲁人商瞿，再一代代传至汉初。1973年，湖南长沙马王堆汉墓出土了一批帛书，其中有《周易》残卷附录《易传》六篇，分别是《二三子问》《系辞》《易之义》《要》《缪和》《昭力》，其中就记载了孔子与子贡等人研究《易》理的问答。考古学家已经证明，这六篇《易传》文献非秦代或秦代以后所成，当为先秦古籍。（李学勤《周易经传溯源》）其中《要》一篇专记孔子与弟子研讨《易》的问答。在《要》中，孔子曾提到《周易》的名字，说明春秋时期已经存有关于解释《易经》的文献，《易大传》非全为孔子所作。这批出土帛书文献为孔子以《易》作教材提供了有力的证据。

关于《易》最后成书的确是很复杂的。可以做这样的推测：在孔子之前，《易》是作为一部纯粹的占卜之书并为少数巫师和贵族所垄断的；孔子在周游列国十四年间，投入了大量精力学习研究《易》，用义理对其进行加工整理和诠释，为《易》赋予了全新的伦理思想和哲学思想，将其转化为一部反映天道变化、专讲修己达人的义理之书。孔子晚年招收了一批学《易》的弟子，传承了《易》的学统，并由孔门弟子流传下来。总之，《易》之成书过程虽比较复杂，但其骨架是由孔子构建的，主要思想是由孔子诠释的。故孔子"韦编三绝"确有其事，"天人之学"盖自孔子始。

"获麟绝笔"之谜

公元前481年（鲁哀公十四年）春，发生了"西狩获麟"一事。这一事件发生在鲁国西境的大野泽地。其有文字记载的历史，首见于我国最早的编年史《春秋》。两千年来不断有人注疏猜测，但仍然无法确定那只死于非命的"麟"到底是什么动物。相传，孔子在编《春秋》时，写至"西狩获麟"时便感伤不已，辍笔煞尾，此即史传的"获麟绝笔"。孔子之后，《左传》《史记》对"获麟"一事都有更为详细的记载。然而后代学者多有怀疑，如杨伯峻先生认为这种说法是"臆说"（《春秋左传注》），蒋伯潜先生也认为"孔子作《春秋》，非绝笔于获麟"（《诸子通考》）。那么，是否有"西狩获麟"这件事呢？如果有，"麟"为何物？孔子为何感伤不已？他是因为"获麟"而"绝笔"吗？

《史记·孔子世家》记载说："鲁哀公十四年春，狩大野。叔孙氏之车子鉏商获兽，以为不祥。仲尼视之曰：'麟也。'取之。曰：'河不出图，雒不出书，吾已矣夫！'"《左传·哀公十四年》也有相似的记载。我们认为，此次哀公等人以举行"大蒐礼"（即通过狩猎进行军事训练）的名义出猎，很可能确实捕获了一头长相奇特、当时很多人未曾见过的怪兽，因此求教于博学多识的孔子。孔子见此怪物，认定是极难见到的"仁兽"麒麟，内心极受触动，伤感地对学生说："天子布德，将至太平，则麟凤龟龙先为之祥。今周宗将灭，天下无主。孰为来哉！孰为来哉！吾道穷矣！"（《公羊传·哀

公十四年》）

那么，孔子真是因为"获麟"才"绝笔"的吗？我们认为不然。此时孔子已七十一岁，回到鲁国也已经三年。这几年间，孔子忍受着妻子亡故、亲子辞世的巨大悲痛，以惊人的毅力完成了"六经"的撰述，并且大量收受弟子，将其毕生所知传给后人。至于记载了鲁国242年历史的《春秋》一书，多记或少记一年都已于大局无碍。所以，"获麟"很可能确有其事，"绝笔"则为误传。不过，由于"麟"是古之"瑞兽"之一，孔子由"麟"之死于非命难免会想到自己的遭际，因而"西狩获麟"一事对风烛残年的孔子的确打击甚大。加之齐国出现违礼弑君之事，孔子力劝鲁国出兵讨伐而未果，这对孔子来说无异于雪上加霜。

孔子去世后，"获麟绝笔"的故事广为流传。李白《古风诗》中就有"希圣如有立，绝笔于获麟"的诗句。此故事之所以产生，大抵为后世儒生为神化孔子所致。孔子是中国传统文化的传承者。他生时虽不得志，甚至遭到隐者的讥讽和反对，死后却被搬上圣坛，受到后人的景仰。作为我国古代灿烂文化的代表，一味"神化"孔子、拜孔子为神明是错误的；但是把孔子"鬼化"，极尽诋毁乃至贬损之能事，也是极其有害的。

"梦奠两楹"之谜

所谓"梦奠两楹"，是关于孔子临终前所述自己梦中情形的记载和传说，"两楹"即"两柱"之意，"梦奠两楹"则是指孔子梦见自己被祭奠于两柱之间。那么，孔子真的做过这样的梦吗？如果推测确有其事，那么此梦怎样解释，又说明了什么呢？

关于"梦奠两楹"一事，前人记载不少。如《史记·孔子世家》云："孔子病，子贡请见。孔子……谓子贡曰：'天下无道久矣，莫能宗予。夏人殡于东阶，周人于西阶，殷人两柱间。昨暮，予梦坐奠两柱之间。予始殷人也。'"《礼记·檀弓上》对"梦奠两楹"之情形也有类似的记载，云："夏后氏殡于东阶之上，则犹在阼也；殷人殡于两楹之间，则与宾主夹之也；周人殡于西阶之上，则犹宾之也。而丘也，殷人也。予畴昔之夜，梦坐奠于两楹之间。夫明王不兴，而天下其孰能宗予？予殆将死也。"《孔子家语·终纪解》篇中也有大同小异的文字。这些记载都说，孔子曾亲口告诉子贡，说自己曾梦见被人们按照殷商丧礼之仪，祭奠于堂上两柱之间，这说明，自己可能大限之日将近了。

自这一传说出现之后，就有不少人怀疑其真实性，理由是孔子向来不语怪力乱神，也常以"未知生，焉知死"的超然态度将死亡问题置之度外，不可能有这类怪诞的梦境；清人崔述甚至坚称，孔子常以"哲人"自谓，不可能欲决其死于梦兆（《洙泗考信录》）。且不说孔子是否真的做了这样的梦，今天早已无从考证；但即便孔子依然健在，如果不加分析，那又何以能确切证实他真有此梦呢？

在我们看来，"梦奠两楹"极有可能真实发生过，实在没有必要非去否认。况且，即使肯定有此事，也既无损于孔子的形象，且与"子不语"也不相悖。其原因是：第一，众所周知，孔子对于三代各种礼仪谙熟于心，又一直都以殷商贵族后裔自居，且一生坎坷困顿、不为世用。在此情形下，孔子自然担心自己去世后人们会违礼僭越而葬之。因此，当越礼行事司空见惯，而孔子又自感大限将至时，他思考最多的恐怕就是去世后的丧葬问题。第二，虽然孔子对于死亡采取"悬而不论"的"悬隔"态度，但既然他一生克己守礼，也就不可能不对自己去世后的葬礼妥当与否萦绕于怀。常言道，日有所思则夜有所梦，尤其当此问题被昼思夜想时，"梦奠两楹"之发生就属人之常情，实在不必大惊小怪。第三，既然这一问题如此重要，孔子必会在临终前向亲人交代后事，而此时，自己的独子及最挚爱的颜回、子路皆已去世，孔子最信赖之人非子贡莫属。所

"梦奠两楹"图

以，上述与子贡的对话就更有可能。第四，人至老境，常感世事苍茫。然而让我们极感钦佩的是，虽然孔子一生都竭力拯救"无道久矣"的乱世，且世道未见其治、反而愈乱，但孔子至死都对王道礼仪坚守不移。"梦奠两楹"就是孔子用自己死后丧葬礼仪之事，向这个世界做出的最后一份贡献。

总之，不语怪力乱神，是孔子注重现实、现时、现世之思想的必然结果，这与孔子晚年的因思成梦显然是截然不同的两回事。以言说梦境的方式交代后事，让我们领悟到了一位圣贤对礼仪坚守到死的境界和德操；将梦境言说给爱徒而非其他人，更让我们感受到了一个真实、可亲的孔子。因此，想当然地美化孔子，以为承认"梦奠两楹"就会损害圣人的形象，不仅是一种有悖常理的短视观念，反而会造成孔子形象的不可敬、不可亲、不可信。说到底，还原真实的孔子，把孔子看成平凡而可亲的思想家，看成一位朴素而可敬的老者，才是今人所应持有的态度。

垂范万世，师表群伦——孔子教师魅力展示

　　孔子是中国历史上伟大的教育家。他本着"有教无类""未尝无诲"的精神，循循善诱，因材施教，造就了颜回、子路、子贡、子夏等众多贤能。他终生好学，博闻强记，对文物礼制谙熟于心，让学生自叹弗如；他知过能改，从谏如流，身体力行，率先垂范，为学生做出了榜样；他待学生如己出，倾囊以授，公开坦言："二三子以我为隐乎？吾无隐乎尔。"对于这样的老师，哪个学生能不敬仰、不佩服呢？

　　孔门师生的故事千古流芳，他们的情谊让人感叹。那么，他们之间究竟有着怎样的尊师情、爱生谊？颜回受责、子路遭批、子贡蒙斥，但他们无一不尊师敬师，其原因何在？宰予被骂、樊迟被拒，冉求甚至被"开除学籍"，但他们都以能够成为孔子的学生而自豪，其缘故又是什么？对这些问题给予解答，不仅能够向读者展示出孔子师表群伦的高尚情怀，而且可以让读者一窥孔门弟子的众生面貌，领略孔子垂范万世的教育魅力。现在，我们搜集各种可信史料，以著名弟子为例，大致按年龄或影响为序，对弟子状况及孔门师生关系做些梳理、分析和阐释。

孔子与子路

　　子路，姓仲，名由，字子路，又字季路。春秋末年鲁国卞人（今山东省泗水县卞桥镇人）。生于公元前542年，卒于公元前480年，少孔子九岁。子路是孔子极其信任的大

弟子，被列在"政事"一科，是孔门弟子"十哲"之一。

子路简说

在孔子的弟子中，有不少是出身卑贱、家境贫寒者，子路即是其中的一位。对于子路的生活状况，史籍有明确记载。如《荀子·大略》说："子贡、季路，故鄙人也。"《尸子》上卷云："子路，卞之野人也。"《说苑·建本》也记录说："家贫亲老者，不择禄而仕。昔者，由（子路）事二亲之时，常食藜藿之实，而为亲负米百里之外。"就是说，不管俸禄多少，子路是只要有机会就去做官的，为的是能够供养父母；平时自己吃粗粮，省下细粮背负百里给父母。可见，子路早期的家庭生活是相当贫苦的；子路也由此留下了"百里负米"的美谈，被誉为中国古代的大孝子，排在"二十四孝"的第二名。

子路果敢直爽，为人勇武，个性极为鲜明。这点在先秦的很多著作中都可见到。如《淮南子·人间训》记载："人或问孔子：'子路何如人也？'曰：'勇人也，丘弗如也。'"《列子·仲尼》也说："由之勇，贤于丘也。"本来，孔子就已经是位有勇气的人了，但还觉得不如子路，可见子路勇武到何等程度。正因如此，每当孔子与弟子谈话

"子路负米"图

时，子路常常率先发言，而且多是谈他自己如何勇敢，如何教别人勇敢等。在卫国内乱中，子路本来可以待在鲁国，是不必参战的，可是他忠于职守，冒死返回卫国，最终奋战至死。这更能看出子路的勇武性格。《史记·仲尼弟子列传》对子路有一小段有趣的描述，说他"性鄙，好勇力，志伉直，冠雄鸡，佩豭豚，陵暴孔子"。性格粗鲁直率，帽子上插着公鸡的羽毛，腰间佩带着公猪的獠牙，对孔子很不客气地粗言相犯。短短几句话，将子路的性格和形象活脱脱地展示在世人面前。

在孔子所有弟子中，子路践履守诺的特色是首屈一指的。《论语·颜渊》载："子

路无宿诺。"意思是，子路对答应要办的事，从来不拖延。正因如此，他也就不轻易承诺事情，恐怕答应后办不到。《论语·公冶长》所载的"子路有闻，未之能行，惟恐有闻"，说的就是这个意思。《左传·哀公十四年》记载的一则故事，更能够说明子路的这一特点。当时，小邾国一位名叫"射"的人，悄悄地带领句绎的人来投奔鲁国，要与鲁国签订盟约，指名道姓叫子路代表鲁国来定盟约，对于其他人则一概不信。可是子路辞而不干，拒不签约。冉求劝说道："人家连千乘之国的盟约都不相信，却相信你的承诺，你还犹豫什么呢？"子路的回答是：他是背着国家干这种私定盟约之事的，是不义行为，所以不能签字。由此事可以看出，当时子路已是一位以守诺著称的人了。

子路不仅诚实守诺，而且忠贞不贰，这方面的例子很多。例如，子路刚与孔子相识时，曾粗鲁地"陵暴孔子"，经过孔子教育后则"儒服委质，因门人请为弟子"（《史记·仲尼弟子列传》）。后人解释说，"委质"就是"委死之质于君""示必死节于其君也""臣委质于君，弟委质于师，其义一也"。就是说，子路愿以死忠于孔子，其后的行为也果然如此。例如，孔子生病时，子路诚心为之祈祷（《论语·述而》）；在陈绝粮时，子路想尽办法为孔子做饭（《墨子·非儒下》）；周游列国途中，子路更是处处为孔子张罗，极尽弟子敬师之谊。孔子对子路的这一特点非常欣赏，曾欣慰地说过："自吾得由，恶言不闻于耳。"（《史记·仲尼弟子列传》）还曾感慨地说："道不行，乘桴浮于海，从我者，其由欤！"（《论语·公冶长》）表现出对于子路忠诚的高度信赖。

除以上介绍外，子路还是位不拘小节的人。孔子曾言："片言可以折狱者，其由也欤！"（《论语·颜渊》）根据几句话就判断案件，一方面说明子路办事干脆、不啰唆，但另一方面，也说明他有粗枝大叶的武断毛病，所以孔子这句话既有欣赏，也包含批评。孔子还说过："衣敝缊袍，与衣狐貉者立而不耻者，其由也欤！"（《论语·子罕》）子路穿着破旧的衣服，与穿着考究的人站在一起，却一点都没有愧色。这说明子路性格豁达，完全不把穿着当回事。孔子对子路这种"不忮不求"的做法既有肯定，同时也批评说："是道也，何足以臧？"意思是，不忮不求只是一条向善的路径，还必须落实到行动上，才能保证真正能够成善。

屡批子路，以礼劝导

在《论语》里记录的29个孔门弟子中，子路出现的频次颇多，共出现了38次，高于颜回。这表明，孔子对子路谈论、关注极多。在所有弟子中，孔子对子路批评的次数最多，远超他人，仅《论语》中记载的就有10次。但这并不表明孔子厌弃子路，恰恰相反，孔子深知子路对自己是忠心耿耿的，因而对子路也就要求更严，对其缺陷随时加以批评，目的是使之能够迅速成长。对于这一点，孔子曾满意地评价说："子路，人告知以有过，则喜。"(《孟子·公孙丑上》)说他敢于承认自己的过错，乐于接受别人的批评。而且，每当孔子进行教育时，子路都能听从指教、认真对待，从未进行过反驳。这与冉求、宰我很不一样，因为他们不仅都反驳过孔子，冉求在有些事情上还硬是违背孔子的意见去办事，致使孔子说出"非吾徒也"的狠话来。

在《孔子家语》的《子路初见》中，记载了一段师生二人刚见面时的有趣对话。孔子问："你喜欢什么？"子路回答说："我喜欢长剑。"孔子说："我问的不是这个。我说的是，凭你现在的能耐，再加上学习，别人哪还能赶上你呢？"子路不以为然地问："学习一定对我有帮助吗？"孔子语重心长地说："没有臣子的劝谏，仁君也会走上邪路；没有益友的提醒，士人也会无知犯错；驯服野马不能少了马鞭，使用弓弩不能离开校正器。有墨绳木料才能变直，人接受意见才能变得明智。好学善问，还会有什么事不能成功吗？但如果诽谤他人、讨厌士人，那样离犯法就不远了。所以，要想成为君子，就不能不学习。"子路不服气地说："南山的竹子天生就是直的，不须矫正；砍下来做成箭，一样可以射穿犀牛的皮。由此来看，哪里用得着学习呢？"孔子微微一笑，说："如果给箭尾加上羽毛，把箭头磨锋利了，不就可以射得更远、更深了吗？"子路思忖之后，对孔子心悦诚服，拜师于孔子，从此穿儒服、行儒礼，虚心向孔子学习。

子路入师门后，孔子因材施教、教导有方，这从《论语·先进》记载的一则著名故事即可看出。有一次，子路问孔子："听到一个好主张，就行动起来吗？"孔子说："父兄健在，哪能立刻执行呢？应回去询问父兄。"冉有也走过来，问道："听到好主张就行动起来吗？"孔子说："应该听到后就去实行。"公西华不解地问："子路问是否闻而后行，先生说有父兄在；冉有问是否闻而后行，先生却说应该闻而即行。我弄不明白，想请教先生一下。"孔子说："冉有为人懦弱，所以要激励他；子路武勇过人，所以我让他谦退。"

子路率直粗犷，做事考虑不够周详，还常常流露出轻学的倾向。针对这些缺陷，孔子经常对症下药地对子路给予教导。如子路曾经有言:"有民人焉,有社稷焉。何必读书然后为学?"(《论语·先进》)孔子则郑重地告诫他:"居,吾语女。好仁不好学,其弊也愚;好知不好学,其弊也荡;好信不好学,其弊也贼;好直不好学,其弊也绞;好勇不好学,其弊也乱;好刚不好学,其弊也狂。"(《论语·阳货》)在这里,孔子不是对仁、知、信、直、勇、刚的否定,而是用来对比强调学习的重要性,学习的内容则是"诗""礼"等内容。孔子认为,道德修养是人不可或缺的一部分,"不学诗,无以言""不学礼,无以立""勇而无礼则乱",希望能以读书、学礼来打磨子路过分耿直的脾性。

让孔子非常担忧的是,以子路耿直的性子恐怕会惹祸上身,甚至会死于非命,所以孔子曾对学生们说过:"像仲由这样的人,恐怕得不到善终啊。"老师深感忧虑,子路自己却浑然不知,还为此自负不已,这让孔子更加担心。有一次,子路问孔子:"老师如果统帅三军,您会与谁同行呢?"(《论语·述而》)子路此处虽然是以问句开头,但其实他的潜台词已经很明确,就是认为孔子肯定会回答"必由也",但孔子给的答案让子路很意外。孔子说:"暴虎冯河,死而无悔,吾不与也。必也临事而惧,好谋而成者也。"孔子告诉子路说,那种只知拼杀、不用智慧的人,我是不会与他同行的;行军打仗要小心谨慎、有勇有谋,不能光用蛮劲,告诫子路应善用计谋。

除此之外,孔子还充分利用子路擅长政事的优点,因势利导,着意培养,这些为他在官场上施展手脚奠定了坚实的基础。当时,士阶层活跃在社会上,已成为官僚阶层的一支重要力量。一次,子路问孔子为士的途径,孔子回答:"切切、偲偲,怡怡如也,可谓士也。"(《论语·子路》)既能批评别人,也能接受别人的批评,这是针对子路性格回答的,可见孔子教育过程用心之深之细。在孔子的教导下,子路在政事上迅速地成长起来,并担任了一些重要职务。如孔子主持"堕三都"时,子路就利用担任"季氏宰"的便利,帮助孔子"堕费"成功。子路在卫国担任蒲大夫时,管理政绩更可圈可点,受到孔子"三称其善"的赞扬。《韩诗外传·卷六》记载:"子路治蒲三年,孔子过之。入境而善之,曰:'由恭敬以信矣!'入邑,曰:'善哉!由忠信以宽矣!'至庭,曰:'善哉!由明察以断矣!'"孔子还进一步肯定地说:"恭敬以信,故民尽力。""忠信以宽,其民不偷。""明察以断,故民不扰。"所以,当后来有人问子路的才能时,孔子骄傲地说:"由也,千乘之国,可使治其赋也。"(《论语·公冶长》)认为子路已具备治理大国的能臣之才。

对于孔子的谆谆教导，子路不只是听听而已，而是牢记在心，时时鞭策自己。《论语·宪问》记载，子路曾向孔子询问"成人"的问题，孔子回答说："像臧孙纥一样聪明，像孟公绰一样廉洁，像卞庄子一样勇敢，像冉求一样多才多艺，再用礼乐武装他，就可以算是成人了。"子路还曾问"君子"的问题，孔子回答说："修己以敬。"子路追问："仅此而已吗？"孔子继续说："修己以安人。"子路继续追问："仅此而已吗？"孔子回答："修己以安百姓。修己以安百姓，恐怕连尧舜都担心做不到吧？"就是说，要想成为君子，首先就要修身。孔子的这些教导，子路都努力地践行。最突出的例子莫

泗水子路塑像

过于卫国内乱时，当时子路被敌人击断帽缨，但他死前还牢记"君子死而冠不免"的训诫，在重结帽带时被敌军乱戟刺死，展示了至死亦须守礼的君子风范。

此外，在孔子教导下，子路还践行着一个孝敬父母的孝子、接济穷人的义士、见义勇为的大丈夫的责任。在孝敬父母方面，子路虽不如曾子那样出名，在德行方面也不如颜子那样出色，但也是出类拔萃的人才。《孔子家语·致思》记载说："由也事亲，可谓生事尽力，死事尽思者也。"《韩非子·外储说右上》也记载说："鲁以五月起众为长沟。当此之为，子路以私秩粟为浆饭，要（邀请）作沟者于五父之衢而飨之。"子路主动拿出自己的禄米周济穷人，足以看出子路救贫济穷、关心民生的情怀。

孔子"瑕疵"的清除者

在孔子的弟子中，有不少人给孔子提出过意见，或对孔子言行表示过不同意的态度，如宰我曾有一次，冉求有两次，子路竟然有六次之多，而且最直接也最不客气。最能体现这一点的莫过于"子见南子"事件了。

还有一件事也能看出子路的刚烈正直。《说苑·臣术》记载："子路为蒲令，被水

灾，与民春修沟渎。为民烦苦，故予人与一箪食，一壶浆。"孔子听说后"忿然不悦"，让子贡前往制止。子路理直气壮地和孔子辩论："我这样是按老师所教导的'仁'做事啊，老师要子贡阻止我，为什么？老师教我仁而又阻止我行仁，我不能接受。""不受"二字直白地表达出子路的不满和不解，等于把问题又扔给了孔子。孔子只好解释说："你私自发粮食给百姓而不告知君主，是你不明白君主的恩惠，想要显示你的德行。赶紧停止还来得及，否则你将大难临头！"经过这一番解释，子路才默不作声了。

子路跟随孔子多年，在他心目中，老师是崇高、伟大、圣洁的，所以，只要老师言行哪怕有一丁点儿不妥的地方，子路也要马上指出来。有两件事最能说明这一点。

其一是孔子在鲁国时，曾动了到公山不狃之处"从政"的心思。子路得知孔子的决定后很不高兴，毫不客气地说："没有地方可去也就算了，又何必去公山氏那里，自毁身份呢？"孔子辩解说："那个召我去的人岂是白召我的？那是要让我去干一番事业的！不要小看费邑这个地方，当年周文王、周武王建立基业的丰和镐都不大。倘若真能用我，我就能造出一个像东周一样的礼仪之邦来！"（《史记·孔子世家》）话虽说得如此振振有词，但经子路一搅和，去费邑"参政"的事也就没有下文了。

其二是孔子在卫国时，曾一度想到佛肸之处"从政"。当时，趁赵简子与中行氏拼斗之机，佛肸宣布与主人中行氏脱离关系，并派人来与孔子联系，希望他能到中牟共商大计。走投无路之际，孔子决定到中牟去投奔佛肸。子路马上站出来反对，不满地说："我听老师说过：'本人亲身做坏事的，君子不去他那里。'佛肸以中牟背叛主人，老师却要去那里，这是什么道理呢？"孔子回答："对！我是说过这话。可是你是否听说过，有的东西很硬，磨也磨不薄；有的东西很白，染也染不黑？我难道只是个葫芦吗？挂在墙上，只能看不能吃吗？"（《论语·阳货》）可以看出，孔子的从政之心是极其迫切的。不过，经子路这么一掺和，孔子去中牟的打算又泡了汤。

由此可见，子路对孔子也是屡有批评的，但这是子路对孔子言行"瑕疵"的清除，是为了让孔子的形象更圣洁、更崇高。因此，子路的批评非但不是对孔子的责难和背叛，反而是其忠心耿耿、敬师爱师的表现。这一点孔子非常清楚也非常欣慰，所以曾感慨地说："君子之过也，如日月之食焉。过也，人皆见之；更也，人皆仰之。"（《论语·子张》）因而对子路等人的批评坦然接受，对子路的直率也予以肯定。

互批互爱，亲如父子

子路是孔子最亲近的学生之一。二人年龄相差不多，实际上，二人是亦师亦友的关系。数十年间，虽然子路对孔子提过不少意见，孔子对子路也进行过多次批评教育，但这是相互关怀所致，体现出的是非比寻常的关系。这从子路去世时孔子所表现出的态度就可以看出来。《公羊传·哀公十五年》记载："颜渊死，子曰：'噫！天丧予！'子路死，子曰：'噫！天祝（断）予！'西狩获麟，孔子曰：'吾道穷矣！'"孔子把颜回、子路之死看成是失去了左膀右臂，失去了志同道合的朋友。由此可见，他们之间的关系是多么密切，情感又是多么深厚。

如果说，以"文"见长的颜回被孔子视为最理想的衣钵传人，那么以"武"见长的子路则被视为最忠心耿耿的人，是孔子晚年的重要依靠。这样一位勇武坚强、义薄云天的人，以"食其食者，不避其难"（《史记·仲尼弟子列传》）的忠贞态度护卫执政大夫孔悝，最后因寡不敌众而惨死于卫国内乱之中，死于那样一个政治混乱、内乱频发、正误难辨的特殊时期，死得虽忠贞壮烈却意义不大。消息传来，孔子立时痛哭于庭院之中，很久才止住悲声。当得知子路是在重结帽带时被人剁成肉酱的，孔子更是痛彻心扉，当即命弟子们将所有的肉酱统统倒掉。（《礼记·檀弓上》）须知，孔子是极注意饮食品位的，有"食不厌精，脍不厌细。食饐而餲，鱼馁而肉败，不食"（《论语·乡党》）的讲究，特别喜食肉酱。孔子"覆醢"之举，足以显示出子路惨死给老人带来的创痛之巨。

总之，孔子与子路亲如父子又不失平等，相互批评又相互爱护。孔子身为老师，没有一点以势压人的家长作风，更没有高高在上的师尊气派；子路身为弟子，既对老师的教导虚心接受，对学问德行孜孜以求，更对老师有疑必问，对老师的"错误"毫不留情。孔子对子路，既有"三称其善"的父亲般的骄傲，也有担心他会死于非命的亲友般的担忧；子路对孔子，则是时时跟随、处处维护，极尽弟子之职责。二人之间的情谊，绝非一般意义的师生之情可以企及，实可视为相互砥砺、教学相长的千古楷模。

孔子与宰予

宰予，姓宰，名予，字子我，亦称宰我，春秋末年鲁国人。其生卒年代古籍皆无记载，据清代《大成通志·先贤列传上》记录，宰予"小孔子二十九岁"。由此算来，其生年当为公元前522年。宰予是孔门著名弟子，被列在"言语"一科，是孔门弟子"十哲"之一。

宰予画像

宰予简说

关于宰予的家庭情况，史籍缺载，今已无从得知。其生平状况也不甚清楚，不过，既然宰予小孔子二十九岁，由此推知，宰予应该是孔子中年所收的弟子。从《史记·孔子世家》《吕氏春秋·慎人》《孔丛子·嘉言》等记载来看，宰予是跟从孔子周游了列国的，期间还被孔子派遣出使于齐、楚等地。关于宰予是否担任过官职，只有一点记载，就是《史记·仲尼弟子列传》所云："宰我为临淄大夫，与田常作乱，以夷其族。孔子耻之。"《吕氏春秋·慎势》中也有相似的表述。但学界业已辨明，这是把齐国的另一位名叫阚止（亦字子我）的人当成了宰予。据《左传·哀公十四年》记载，齐简公在位时，齐国大夫阚止确实与田成子有过矛盾，最后被田成子所杀。因此，宰予一生应该是没有担任过任何官职的。

在孔子弟子中，宰予与子贡很相似，也能言善辩，思维活跃，因而孔子将二人并列于"言语"一科。孟子后来也曾对学生说过："宰我、子贡，善为说辞。"（《孟子·公孙丑上》）值得注意的是，孔子和孟子都把宰予排在善于言辞的子贡之前，可见宰予在此方面是有突出才干的。《史记·孔子世家》记载，楚昭王打算把七百里的书社之地封给孔子，想聘用孔子到楚国从政。大臣子西劝阻说："大王派往各国的使臣有子贡这样的么？辅佐的大臣有颜回这样的么？将帅中有子路这样的么？管理人才中有宰予这样的么？都没有。更何况，楚国始祖原本是只能有权拥有五十里之地的'子男'，孔丘现在大谈礼仪治国，那么靠扩张起家的楚国还能拥有数千里之地吗？"昭王考虑再三，最后封地之事只好作罢。由此可见，宰予被列入孔子著名弟子之中，并且具有突出的管理才能。

此外，宰予对孔子也高度颂扬，这与子贡也很相似。但与子贡有所不同的是，宰予学习有主见，不盲从，思想活跃，有变革精神，虽然对孔子非常尊重，但却不是一味地赞颂，而是敢于正面提出异议。宰予学习很认真，有执着的探究精神。只要有机会，他都敢于提出自己的见解，不管老师愿不愿意回答还是与老师的思想相抵触，弄得孔子有时也很无奈。

虽然孔子对宰予批评甚多，但总体上说对他还是非常看重的。最能说明这种关系的是记载于《孔丛子·记义》中的一则故事。当时，宰予奉孔子之命出使楚国郢都，去考察楚昭王的继任者楚惠王能否为孔子师徒提供从政之机。宰予到达郢都后，马上就受到了楚惠王的召见。但是惠王权衡利弊后，只是打算送一辆象牙车子给孔子。宰予对楚惠王说，孔子"言不离道，动不违仁……道行则乐其治，不行则乐其身。此所以为夫子也。若夫观目之丽靡，窈窕之淫音，夫子过之弗之视，遇之弗之听也。故臣知，夫子之无用此车也。"于是代表孔子拒绝了这份礼物，并星夜赶回向孔子汇报。孔子听后，对宰予的回答极为满意，并称赞了他的做法。这段故事充分说明，孔子和宰予之间是了解甚深、相当默契的。

挑战频频，不失尊敬

在孔门弟子之中，宰予是以"利口辩辞"、思维敏锐而著称的。他常常挑战老师的思想，提一些刁钻古怪的问题。有一次，宰予不顾"子不语怪、力、乱、神"的禁忌，偏要闯入禁区，向孔子请教说："吾闻鬼神之名，而不知所谓，敢问焉。"面对求知欲旺盛的宰予，孔子只好耐心地解释说："人生有气有魄。气者，人之盛也；魄者，鬼之盛也，夫生必死，死必归土，此谓鬼。魂气归天，此谓神。合鬼与神而享之，教之至也。骨肉弊于下，化为野土，其气发扬于上者，此神之著也。圣人因物之精，制为之极，明命鬼神，以为民之则，而犹以是为未足也。故筑为宫室，设为宗祧，春秋祭祀，以别亲疏，教民反古复始，不敢忘其所由生也……"（《孔子家语·哀公问政》）。在这里，孔子从人之生死出发，给宰予解释了一番古人如何对待先祖、如何进行祭祀的礼制礼节。

再如，宰予翻看古史时，对三皇五帝的神话起了怀疑之心，他问孔子：以前听有人说"黄帝三百年"，请问黄帝是人还是非人？怎么可能活三百年呢？孔子不愿回答这样无谓的问题，宰予却执意问个究竟。孔子不得不对他说：不要听云是雨、望文生义，"黄帝三百年"并非指黄帝活了三百岁，而是"民赖其利，百年而死；民畏其神，百年而亡；民用其教，百年而移"，是其影响延续了三百年的意思。不料这进一步勾起了宰予的好奇之心，又接连向孔子询问颛顼、帝喾、帝尧、帝舜和大禹的生平事迹，创下了一次请教老师问题最多的记录。孔子对这些问题各自作了一番解释后，感叹地说："予也，非其人也！"意思是，以宰予的修养，根本不配讨论这样的问题！孔子还对子贡说："吾欲以言辞取人也，则于宰我改之矣。"意思是，我常常以言辞来判断人，但在宰予这里，我改变了这样的做法。宰予听了孔子这番话，惭愧得一连几天不敢再见孔子。（《孔子家语·五帝德》）

以上两段事例，当今有学者认为，从文辞上看不同于《论语》的风格，从内容上看则属于后世想象的东西，因而用以论说孔门师生关系是需要慎重的。（李启谦《孔门弟子研究》）司马迁也说："学者多称五帝，尚矣。然《尚书》独载尧以来，而百家言黄帝，其文不雅驯，荐绅先生难言之。孔子所传《宰予问五帝德》及《帝系姓》，儒者或不传。"（《史记·五帝本纪·太史公曰》）也就是说，以上两段材料的可靠性颇可怀疑。尽管如此，通过上述事例也可充分说明，宰予具有旺盛的求知欲和好奇心，宰予的这一特点已为学界所公认。

亦为学界所公认的是，在孔门弟子中，宰予是唯一对孔子仁学提出异议的人，有些时候甚至设置"逻辑陷阱"来考验老师。有一次，宰予向孔子发问说："仁者，虽告之曰：'井有仁焉。'其从之也？"意思是，假如有一位仁德之人，听人告诉他有人掉井里去了，那他是不是也跳下去救人呢？其言外之意是，如跳下去救人倒是做到仁了，但仁者肯定也会死；不跳下去就是见死不救，亦有违仁者之名。孔子听罢，慢慢地说："何为其然也？君子可逝也，不可陷也；可欺也，不可罔也。"（《论语·雍也》）意思是，为什么一定要跳下去呢？君子可以去设法救人，但不可以被误陷阱中；君子有可能被欺骗，但不能被无理愚弄。孔子的回答，从表面看似乎使这一挑战性问题得到了解决。但事实上，宰予此问绝非只是为逞口舌之利，而是颇有深意的。众所周知，春秋末期是一个尔虞我诈、混乱无道的时代，芸芸众生无异于都深陷"井"中。那么儒家作为"仁者"，是与大家一起掉落井里不能自拔呢，还是洁身自好作壁上观？这的确是个尖锐而深刻的现实问题，难怪这一次孔子没有直接批评宰予，而是谆谆告诫说，真正的君子既要有献身精神又要讲求策略，使救人者和被救者都能得以生存。

　　让孔子感到不悦的是，宰予有一次竟然把"改革的触角"伸向了儒家"守丧三年"的礼制，这件事在《史记·仲尼弟子列传》和《论语·阳货》中都有记载。宰予认为，儒家坚持的为父母守丧三年的时间太长，所以直言不讳地说："三年之丧，期限太长了吧？君子三年不为礼，礼必坏；三年不为乐，乐必崩。旧谷既没，新谷既升，钻燧改火，服丧一年就可以了。"孔子闻言，问道："三年之间，吃父母的饭，穿父母的衣，缩短服丧之期你安心吗？"宰予干脆利索地说："安心。"孔子听罢，生气地说："安心你就去做吧！君子为父母服丧时，吃美味不香，听音乐不乐，住着也觉得不安。现在你既然觉得安心，那你就去做吧！"宰予出去后，孔子指着他批评说："宰予真是不仁啊！儿女生下三年之后，才能脱离父母的怀抱。三年之丧，是天下通行的丧制。宰予这个人，有没有从父母那里得到过三年之爱呢？"在孔子看来，三年之丧不仅是报答父母养育之恩的人伦之举，而且是自古以来的通行丧制。孔子推崇西周、向往三代，怎能忍受宰予把改革的矛头指向他所坚守的古代礼制呢？所以，缩短丧期的改革让孔子很不高兴。

　　一次次刁钻古怪的提问，一个个奇谈怪论的念头，让孔子既应接不暇，也颇为头疼。但这是宰予思想活跃、善于思索的特点使然，并非意味着他对孔子学问、修养与人格有什么怀疑。恰恰相反，尽管孔子对宰予批评得很严厉，但宰予对孔子还是极其推崇的。最典型的莫过于在跟子贡的一次谈话中，宰予明言："以予观于夫子，贤于尧、舜远矣！"（《孟子·公孙丑上》）意思是，在他看来，老师比尧舜强多了。宰予的这一评价，堪与子贡"造圣运动"中的言辞相媲美。

责之也切，爱之也深

　　宰予的利口辩辞和大胆直率，尤其是在公开场合的"不悦"，有时让孔子也感到十分难堪。最有代表性的一次是，孔子在鲁推行"堕三都"之举遭受重大挫折后，仍心有不甘地去见季康子，结果几次都被冷冷地拒于门外。宰予觉得老师此举实在有失尊严，就不悦地说："以前我听老师说过：'王公不诚意邀请我，我就不轻举妄动。'今天您当司寇时间还不长，就数次屈节拜访，这事儿还不该停下来吗？"孔子辩解说："是该这样。但是鲁国以众相凌、以兵相暴的日子太久了，如果不加以治理，社会将更加混乱。与这等大事相比，我们受点委屈算什么？难道我们还要等着人家诚意邀请吗？"如此一番话，既明白道出了孔子心中的焦急和无奈，也表明宰予对老师行为底蕴的不理解。

宰予思想的活跃与怪诞，遭到了孔子的多次批评，仅《论语》中就记载有四次。虽然次数尚低于子路，但严厉程度却远远超过。上文所述的关于"三年之丧"的那段对话，可视为孔子对宰予的一次严厉批评。再一次批评是《论语·八佾》所记载的："哀公问社于宰我。宰我对曰：'夏后氏以松，殷人以柏，周人以栗，曰：使民战栗。'子闻之，曰：'成事不说，遂事不谏，既往不咎。'"当时，哀公向宰予请教神主牌位用什么木料来做。宰予回答说：夏代用松木，商代用柏木，周代用栗木，是取"使民战栗"的意思。孔子是一向坚持"郁郁乎文哉，吾从周"的，并曾明言："如有用我者，吾其为东周乎！"（《论语·阳货》）所以，当听到宰予由牌位所用木料居然得出西周意在"使民战栗"的荒诞结论时，孔子十分生气，因为这不但等于教唆、诱惑统治者以威权去恫吓人民，而且不啻颠覆自己对西周制度"郁郁乎文哉"的评价。所以孔子颇含深意地说：已经做成的事就不要再评论了，做过的事情就不要再劝阻了，过去的事情也不要去追究了。

众所周知，孔子对宰予最严厉的批评无过于斥责他为"朽木"和"粪土之墙"了。《论语·公冶长》记载："宰予昼寝。子曰：'朽木不可雕也，粪土之墙不可圬也。于予与，何诛？'子曰：'始吾于人也，听其言而信其行；今吾于人也，听其言而观其行。于予与，改是。'"自古以来，人们对于这一记载释义颇多，如有人将"昼"解释为"画"之形讹，"寝"释为"室"，"昼寝"就成了"描绘住处"而不爱学习的行为了，因而遭到孔子的批评；有人的解释则是宰予原本身体状况不好，如同"朽木"或"粪土之墙"，需要通过睡觉来恢复体力，所以孔子看到宰予白天睡觉，对别人说："不要批评他了，让他好好睡吧。"我们认为，这些解释都是胡乱穿凿、不可置信的。通常的解释是，孔子见宰予大白天也睡觉，就生气地说："朽烂的木头雕刻不出东西，粪土似的墙壁无法粉刷。对于宰予，还有什么好责备的呢？"又说："以前我对于人，听其言就信其行；现在我对于人，听其言还要观其行。我从宰予这里改变了看人的方法。"

那么，孔子为什么斥责宰予为"朽木"，将他批得如此之重呢？我们认为，孔子的这一批评，可能是因为宰予常有自恃聪明、轻忽学习的现象，现在孔子见其"昼寝"，继而联想到其平时所为，故有感而发地说了上述"狠话"；可能是古代照明条件不足，学习需要多靠白天，此时睡觉会令大好时光白白流失，故孔子有此批评；也可能是宰予对学习常自食其言，"昼寝"当然也是自食其言的一种表现，所以遭到孔子的批评，并说自己由此改变了衡量人的标准和方法。不管怎样，孔子的这一"名批"已经传为成语、格言，以至于今天很多孩子都能顺口说出"朽木不可雕"的话来。

师生之情，堪称范例

有人从上述"名批"得出结论，认为宰予在孔子眼中是不可救药的学生。但考诸事实并非如此。如若不然，孔子也就不会不厌其烦地回答宰予的问题，不会对宰予屡加批评，不会派他出使齐、楚等地，更不会把他许为"言语"科之首了。实际上，宰予还是可造之才，只是头脑虽然好用，思维也很敏捷，学习却不甚用功，所以孔子才说出上述气话。这是"恨铁不成钢"的气愤表达，绝不是对宰予的全盘否定。东汉时的王充就已看出了这一问题，他说："昼寝之恶也，小恶也；朽木粪土，败毁不可复成之物，大恶也。责小过以大恶，安能服人？"（《论衡·问孔》）即是说，昼寝并不是有违大伦的行为，不能成为断定一个人有无出息的标准。因此，"朽木不可雕"之论，乃是孔子责之切、爱之深的表现，是一时之间的口不择言所致。

事实上，后来孔子曾自我批评说："吾以言取人，失之宰予；以貌取人，失之子羽。"（《史记·仲尼弟子列传》）意思是，我以言辞来判断人，差点失掉了宰予；以相貌来判断人，差点失掉了澹台灭明。澹台灭明是春秋末期武城（今山东省平邑县南）人，字子羽，长得"状貌甚恶"，曾"欲事孔子，孔子以为材薄"。拜师入门后，澹台灭明学习勤奋，进步极快。孔子将宰予与澹台灭明相提并论，说明宰予也是孔子因判断错误而险些失去的一位人才。

任何人都不是完美的，孔子、宰予也不例外。老师有时说些口气过重的话，学生惹老师生气，都是再常见不过的事情了。尤其是因好奇心而提出一些另类的问题，从而惹得老师生气，更是应该谅解的。亚里士多德云："吾爱吾师，吾更爱真理。"那种对老师唯唯诺诺、言听计从的人，是最老实却也可能是最无能的人。正是因为宰予明白老师是责之切、爱之深，自己也确实有不少缺陷，所以宰予非但没有对老师的批评有何微词，还在很多场合公开颂扬孔子，颂扬程度仅次于子贡，表现出对老师的高度爱戴。即便在陈蔡绝粮的艰困时刻，宰予也一直不离左右地紧紧跟随。这种在言论交锋的"战火"中结成的情谊，实可视为真正师生关系的又一千古范例。

孔子与冉求

冉求，姓冉，名求，字子有，亦称冉有。春秋末年鲁国人。生于公元前522年，少孔子二十九岁，卒于何年不详。冉求出身于微贱的平民家庭；师从孔子后，对为政甚感兴趣，学到了多方面的才干，逐渐为当权者注意。冉求是孔门著名弟子，被列在"政事"一科，为孔门弟子"十哲"之一。

冉求简说

与子贡相似，冉求性格也活泼开朗，并且喜欢管理财物。这在《论语》中有明确记载。《论语·先进》说："闵子骞侍侧，誾誾如也；子路，行行如也；冉求、子贡，侃侃如也。子乐。"这是说，在孔子身旁时，闵子骞恭敬严肃，子路直率急切，冉求、子贡则温和快乐。这说明，与其他弟子或恭谨肃，或忧世伤时不同，冉求与子贡都是不忧不愁的乐天派。《论语·先进》篇还记载，冉求、子路、公西华、曾点等侍坐于孔子旁，孔子向他们询问各自的志向。子路说，让我管理一个国家，"比及三年，可使有勇"；冉求则回答说，"比及三年，可使足民"。这表明，冉求所擅长的"政事"不是教人勇武好战，而是努力让人们生活富足。

记载于《论语·雍也》中的另一则故事更能表明冉求与财物管理的关系。当时，公西华要出使齐国，冉求为公西华的母亲请求粟米补助。孔子说："给一釜（鬴）吧。"冉求觉得太少，请求孔子增加。孔子又加了"一庾"。冉求还觉得少，最后增加到"五秉"。不听孔子的意见，而是按照自己的设想进行资助，这说明冉求是有管理财物之权的。另外，冉求担任季氏家臣时，重要职责之一也是管理财物，以至于当"季氏富于周公"，而冉求还为他聚敛财富时，遭到了孔子的严厉批评。由此可见，喜欢与财物打交道确是冉求的一大特点。

除以上特点外，冉求还是位多才多艺的人。《论语·雍也》记载，季康子曾问孔子，冉有是否可以从事政治，孔子回答说："求也艺，于从政乎何有？"说冉求有非常突出的才艺之能，从政是不成问题的。又一次，子路问孔子怎样做才是个完备的人（"成人"），孔子回答说："要有臧武仲的智慧，孟公绰的克制，及卞庄子的勇敢，再加上冉求的才能、技艺和礼乐的修养，也就可以算是人格完备的人了。"（《论语·宪问》）孔子把冉求的"艺"当作众弟子学习的榜样，可见冉求的才艺是非常出色的。

冉求画像

冉求不仅长于政事、理财和才艺，对军事也并非外行。公元前484年（鲁哀公十一年）春天，齐国入侵鲁国。鲁国三家贵族矛盾重重，多亏冉求居间策划，三家才联合起来抗齐，并派出左右两军迎敌。结果右军被齐国打得大败，而冉求亲率的左军将自己对面的敌军打得落花流水。在战斗中，冉求不仅指挥有方，还身先士卒地杀向敌人，最终凯旋。由此可见，冉求也是颇具军事才能的。正因如此，当文子请教孔门弟子的言行状况时，子贡回答说："强乎，武哉！文不胜质，恭老恤幼，不忘宾旅，好学博艺，省物（记事、记账）而勤也，是冉求之行也。"（《孔子家语·弟子行》）

在仕途方面，由于冉求长于"政事"，所以曾长期充任鲁国季氏家臣之职，甚至担任季氏家族的总管之职，与鲁国当权者保持着非常密切的关系。借助这种关系，冉求不仅引荐自己的许多同门担任了官职，而且最终说服季康子，厚币迎回了流亡在外十余年的孔子，圆了老师"落叶归根"的夙愿。

我行我素，特立独行

冉求擅长政事，多才多艺，但对修养和礼乐之类的问题不感兴趣。在有关冉求的所有记载中，从未发现他向孔子提出过"仁""礼""乐"或"文学"方面的问题，表明他对此类问题是不在意的。而且，他还明确地表示过对于儒家修养之道"心有余而力不足"的态度。《论语·雍也》记载："冉求曰：'非不说子之道，力不足也。'子曰：'力不足者，中道而废。今女画。'"冉求自我表白说，不是我不喜欢老师的学说，是我感到自己能力不够。孔子则毫不留情地批评说，不是你能力不够，是你画地为牢、裹足不前，根本就不想去努力。正因如此，当有人问弟子们状况如何时，孔子回答说："求也，千室之邑，百乘之家，可使为之宰也，不知其仁也。"（《论语·公冶长》）将冉求与子路、公西赤归为一类，把他们都视为"政事"有余而"仁德"不足的人。

冉求不但对仁德修养不感兴趣，还是孔子弟子中为数不多的最"不听话"的学生之一。我行我素，特立独行，违背老师意愿而行事，可以说是冉求最突出的行为特点了。载于《论语·雍也》中的为公西华母亲请求补助一事，就是一个明显的例证。另一例记载于《论语·八佾》中，当时季康子要祭祀泰山，孔子责问身为季氏宰的冉求为何不阻止，冉求干脆地答曰"不能"。众所周知，只有周天子和诸侯才能祭泰山，季康子祭泰山是明显"僭礼"。冉求明知于礼不符却不出面劝阻，这令孔子失望至极。再一例记载于《论语·季氏》中，季氏准备讨伐邻近小国颛臾，冉求和子路也打算参加这次军事行动。孔子听说后，把冉求狠狠地批了一顿，冉求却振振有词地与孔子展开了论辩。

爱恨交加，屡屡批评

因为冉求屡屡违背自己的意愿而行事，孔子对他也就批评得很不客气。应该说，孔子对于子路是批评次数最多的，但那多是在对话之中进行的，是对子路观点而非从政行为的匡正与点拨，而且语气并不是最严厉的，并且每次子路还都能够听从指教，从未进行过反驳。冉求则不然，他不但在语言上对孔子时有顶撞，而且在实际行动上也常常一意孤行。这在孔子弟子中是绝无仅有的。所以孔子对冉求不仅批评次数多，语气也最重。

孔子虽然对冉求时有批评，但并非全然没有肯定。因为冉求既然是孔门"十哲"之一，也就必然有其过人之处，孔子自然不会视而不见。例如，孔子见于《论语》的肯定性评价就有两次，一次是把"冉求之艺"作为"成人"必备条件之一，另一次是把冉求许为"政事"科之首。还有两次是肯定中也含否定的。一是载于《论语·公冶长》中的评价，说冉求虽能为千室之"宰"，但德行未必见佳；二是载于《论语·先进》中的评价，将冉求与子路一同视为聊充其数、尚有良知的"具臣"，而不是"以道事君，不可则止"的"大臣"。这些肯定性评价，包括肯定中的否定，既可看出冉求在孔子心目中的定位，也暗含着孔子对冉求的期望，可谓肯定中有失望，失望中有期许。

与上述略有肯定的评价相比，孔子对冉求的批评就可谓"雷霆万钧"了。尤其是怒斥冉求"非吾徒也，小子鸣鼓而攻之，可也"的话语，简直有要跟冉求一刀两断的决心，直可与批驳宰予"朽木不可雕"的话语相"媲美"，可称为孔子责备弟子的两大"名批"！除此之外，对于冉求的其他"不听话"行为，孔子也要么批得惊心动魄，要么批得意味深长。如当听说季氏将伐颛臾时，孔子就斥责冉求说："求！无乃尔是过欤？""求！君子疾夫舍曰欲之，而必为之辞！……吾恐季孙之忧，不在颛臾，而在萧墙之内也！"在这里，孔子针对冉求的辩解驳斥说：在其位而不劝阻，这难道不是你的过错吗？君子憎恨那种不说自己想要却又一定要为自身行为找借口的人！冉求啊，你振振有词地替主人辩解，我担心季氏的祸患不是在颛臾，而是在鲁国内部了！又如，当冉求不听孔子的意见，将补助增加到"五秉"时，孔子就意味深长地批评说："君子周济穷迫的人，而不使富有者更富有"，暗讽冉求之举绝非君子所当为。再如，当季康子要僭礼祭祀泰山、冉求直截了当地回答"不能劝阻"时，孔子更是颇含深意地说："难道泰山神还不如林放吗？"林放是孔子的普通学生。孔子以此为例，一方面是斥责当权者此举无异于亵渎神灵；另一方面，则是反讽冉求这位堂堂的"高才生"，还不如默默无闻的师弟林放知礼守礼。

由此可见，对于冉求的种种特立独行，孔子批评得是不留情面的。那么，这是否意味着二人关系交恶、势同水火呢？绝非如此。事实上，孔子既为冉求屡屡违礼而怨怼，又为其出众才华而骄傲，责之深只因爱之切，爱之切源于望之厚。因而，孔子虽然放出要将冉求逐出门墙的狠话，但过后还是将他许为孔门"十哲"之一；虽然孔子对冉求的违礼之事看不惯，但对冉求"用矛于齐师，故能入其军"还是赞为"义也"（《左传·哀公十一年》）之举。反过来，冉求对于孔子也是忠心耿耿的：周游列国一开始他就给孔子赶车（《论语·子路》），孔子想"落叶归根"时他为之铺路（《史记·孔子世家》），从政后还屡屡向孔子请教问题、汇报工作。凡此种种，都能折射出孔子的伟大之处，也可看出冉求对孔子的尊敬之情。

从性格、处事与特长上说，冉求与子路、子贡大致属于一类，都头脑灵活，善于变通，喜欢理财、从政等实际事务，对于学问、修养不感兴趣。也许是看到老师一生奔波而不为世用的残酷现实，冉求不免对孔子思想有所变通，所以"事君"的工作常常背老师之道。但是，对于孔子"岁寒，然后知松柏之后凋也"（《论语·子罕》）的傲岸精神以及博大高远的思想与追求，冉求是极为钦佩的。不然，他就不可能将自己的成就屡屡归功于老师身上，也不可能当孔子去世后，与其他同学一起守墓三年、追缅师恩。

孔子与子贡

子贡姓端木，名赐，字子贡，一字子赣，亦称卫赐。春秋末年卫国人。生于公元前520年，卒于公元前456年，少孔子三十一岁。子贡是孔子的得意门生，被列在"言语"

一科，是孔门弟子"十哲"之一。

子贡简说

在孔子弟子中，子贡头脑灵活，反应敏捷。这使得子贡在经商和外交中如鱼得水、表现突出。《尸子》上卷云："子路，卞之野人也。子贡，卫之贾人也。皆学于孔子，遂为天下显士。"这说明，在成为孔子弟子之前，子贡可能已开始经商，而且已

曲阜"子贡手植楷"碑

有所成。因为经商有术、头脑灵活，所以《论衡·讲瑞》记载说："子贡事孔子一年，自谓过孔子；二年，自谓与孔子同；三年，自知不及孔子。当一年二年之时，未知孔子圣也；三年之后，然乃知之。"在《史记·货殖列传》记载的十七个成功商人中，子贡排行第二，被司马迁评为"最为饶益""家累千金"（《史记·仲尼弟子列传》）的经商天才。《论衡·知实》记载："子贡善居积，意（揣测）贵贱之期，数得其时，故货殖多，富比陶朱。"《论语·先进》亦载，孔子曾以颜回作比，感慨颜回常常是家徒四壁，子贡却每每能够猜中市场行情，经商发得大财。

子贡不仅善于经商，还能言善辩。《论衡·书解》记载，有人问孔子子贡是什么样的人，孔子曾明言："赐之敏，贤于丘也。"（《说苑·杂言》）就是说，在善辩与反应灵敏方面，孔子自叹不如。正因如此，孔子充分发掘子贡的这一特长，积极鼓励他从事外交活动。子贡外交成功的事例甚多。如鲁哀公七年（前488年），吴国兴师北上，向鲁国征百牢，还命哀公和季康子到鄫地（今山东省枣庄市附近）会见。季康子怕吴人加害，一时进退两难。身在鲁国的子贡劝阻了季康子，只身前去会见吴人，还说出一番季康子不能来的理由，从而化解了这次外交危机。再如鲁哀公十一年（前484年），吴国军队伐齐得胜后，赐给鲁国叔孙氏甲、剑等物，叔孙氏一时不知如何答谢，幸亏随行的子贡出来多方应酬，才化解了一场外交危机。《左传·哀公十五年》还记载，在齐鲁媾和之会上，由于子贡的周旋，鲁国不费一兵一卒，就从齐国手里收回了已失的"成"地。《史记·仲

尼弟子列传》还记载了一场由子贡主演的多边外交活动。司马迁在详述了活动的过程之后，不无感慨地总结说："故子贡一出，存鲁、乱齐、破吴、强晋而霸越。子贡一使，使势相破，十年之中，五国各有变。"关于这场"外交大戏"之真实性目前学界还有异议，其中也许有纵横家夸张编造的影子，但是子贡杰出的外交才能却是世人公认的。

子贡善于经商，但又不是一个纯粹的商人，对从政怀有极大兴趣。与子路从政的具体务实作风相比，子贡的奋斗目标和从政理想是很高远的。例如，子贡有一次问孔子，假如有这么一个人，能够广泛地施恩于人，又能拯救大众，这样可以说是"仁"了吧？孔子回答说：那岂止是仁道，那一定是圣德了！那是连尧舜恐怕也未曾实现的境界。（《论语·雍也》）这样大的志向和口气，是其他弟子从未有过的。

"瑚琏之器"

虽然颜回可称孔门弟子之首，但子贡也深为孔子所赞许，被老师比作祭神时贵重华美、盛装粮食的"瑚琏之器"，暗喻子贡是有廊庙之能的大才。事实也的确如此。《史记·货殖列传》记载说："子贡结驷连骑，束帛之币以聘享诸侯。所至，国君无不分庭与之抗礼。"连国君都要与之平起平坐，可见子贡的能量和地位。众所周知，颜回为孔子所最爱，但在《论语》中关于颜回的只有二十章，有关子贡的共三十五章；子贡的名字出现五十七次，颜回的名字只出现三十二次。这足以表明，孔子对子贡是谈论极多也极为关注的。

子贡性格活泼、办事通达，适合从事政治和外交。据说，子贡曾对孔子自述其志向云："得素衣缟冠，使于两国之间，不持尺寸之兵、升斗之粮，使两国相亲如兄弟。"（《韩诗外传·卷九》）孔子也充分利用子贡的这一自我认知，着重培养其治世才能。师生二人经常一起讨论政治、社会、人格修养和其他学术问题，如子贡曾多次询问"政""友""君子""事君""治民"等问题，孔子都不厌其烦地逐一给予回答。在《论语》的所有记载中，以记载孔子答子贡的问话为最多。由于《诗》有助于提高人的言语表达能力，因而孔子特别注意用此类内容教子贡，由此使得子贡的言语能力更加出色。

正是这些针对性很强的教诲，让子贡一天天成长起来。子贡从学多年，既学到了为政处世的思想，也体悟到了立身为人的深刻道理。《论语·学而》载，子贡曾问孔子："贫而无谄，富而不骄，何如？"孔子说："可也。未若贫而乐，富而好礼者也。"子贡问："诗云：'如切如磋，如琢如磨'，其斯之谓与？"孔子回答说："赐也，始可与言诗已矣，告诸往而知来者。"这是孔子对子贡学习成果的肯定和鼓励。可以想象，长于经商却不善学术的子贡能有如此领悟，孔子应该是很为此而骄傲的。对于子贡的才能，孔子是看在眼里、喜在心头的。季康子曾经问孔子，说子贡可以治理政事吗？孔子骄傲地回答说："赐也达，于从政乎何有？"从这自信的口气中，完全可以听出老师对学生的那种信任和骄傲。正因如此，孔子才对子贡以"瑚琏之器"相嘉许。

虽然孔子激赏子贡的才能，但对其缺点也批评得很不留情。子贡最大的缺陷就是喜欢对他人评头论足。《史记·仲尼弟子列传》说子贡"喜扬人之美，不能匿人之过"。《论语》对子贡的这一缺陷也多有记载，如子贡曾当着孔子的面发问："孔文子何也谓之'文'也？"（《论语·公冶长》）"师与商孰贤？"（《论语·先进》）"管仲非人者乎？"（《论语·宪问》）还曾评论古人说："纣之不善，不如是之甚也。是以君子恶居下流，天下之恶皆归焉。"（《论语·子张》）针对这一缺点，孔子直白地批评说："赐也贤乎哉？夫我则不暇。"意思是，你端木赐就很好吗？我就没有闲空评论别人。在孔子看来，品评他人可以促思考、求进步，但是一定要掌握好分寸，否则就会让人生厌。

义与利是多年来人们讨论不休的话题，孔子和子贡也曾就此发生过争论。据说，子贡曾在外国出钱赎回被卖为奴婢的同胞，回国后并未按相关规定拿回赔偿和奖励，还自认为这是替国家分忧的高尚之举。孔子听后大为斥责，一针见血地指出："这样做固然赢得了更高赞誉，但也拔高了大家对'义'的要求。以后那些赎人之后去向国家要钱的人，不但可能再也得不到赞许，甚至可能会被国人嘲笑，责问他们为什么不能像子贡一样为国分忧。子贡此举是把'义'和'利'对立起来了，所以不但不是善事，反倒是最可恶的行为。"（《吕氏春秋·察微》）结果正如孔子所预料的，许多人见到遇难同胞不再过问了。

倦于学业并且喜欢和不及自己的人交往（"好说不如己者"）是子贡又一大缺点，孔子对此担心不已。子贡曾婉转地对孔子说："学生跟随老师好些年了，才思已经枯竭，学问方面也不能进步了。"（《韩诗外传·卷八》）表现出对于学习和修养安于现状、止步不前的心态。当孔子问他想在哪些方面"休"时，子贡说希望能"休于事君""休于事父母""休于事兄弟"。这些毛病使孔子十分担忧，所以直言不讳地说："我死了以后，子夏在学业上会蒸蒸日上，而你的学业会每况愈下。"（《说苑·杂言》）希望能以此唤起子贡的进取之心，激励他不断进步。

屡称"圣人"

孔子对子贡教诲有加，得到的结果则是子贡对孔子的崇敬和爱戴。子贡是众弟子中赞颂孔子次数最多、程度最高的。但是，子贡的这种敬重不是一步到位而是逐渐形成的。从师之初，子贡并不以孔子为然；经过长时间的跟随，子贡被彻底折服了，深深认识到孔子的深刻和伟大，进而屡屡高度颂扬老师，不容许任何人贬低他最敬仰的人。子贡屡称老师为"圣人"，虽使孔子有所不悦，但确是言出由衷、辞真意切的。

子贡对老师的敬仰，首先表现在对其为人和道德修养的高度赞赏上。有人曾问，孔子每到一国必得其政事实况，是求来的还是别人告知的？子贡说："老师温良恭俭让，所以才得到这样的资格，但求法与他人不同。"（《史记·仲尼弟子列传》）"温良恭俭让"，寥寥数字，勾画出孔子在子贡心目中的鲜活形象。在子贡的心目中，老师学识高深，高到常人不能企及的程度。有人说，子贡的才能超过了孔子，子贡立刻反驳说："以宫墙作比，我的才学就到肩部，能看到房屋的美好。老师的才学之墙高数仞，没有办法进去，更看不到宗庙的美丽和房屋的富丽。"（《论语·子张》）子贡用这种形象的比喻，把对老师的敬仰量化成了具体而可视的高度，由此留下了尊师敬师的千古美谈。子贡还在各种公开场合屡赞孔子。如《韩诗外传》卷八记载，齐景公问子贡孔子是不是贤者，子贡马上回答说，孔子不仅仅是"贤者"，更是"圣人"。当有人问子贡，孔子是否水平真有那么高时，子贡马上回答说："夫子之不可及也，犹天之不可阶而升也。"就是说，想达到孔子的水平是绝不可能的。子贡还对人公开赞颂说："他人之贤者，丘陵也，犹可逾也；仲尼，日月也，无得而逾焉。"（《论语·子张》）把老师抬升到无可比拟的程度。当有人问子贡，孔子的才能怎么那样多时，子贡不假思索地响亮回答："固天纵之将圣，又多能也。"（《论语·子罕》）认为老师的才能是上天给予的，既难以超越，也不容置疑。

子贡虽然极为尊敬孔子，但不像颜回一样"终日无违"。"礼"是孔子极力维护的，但子贡却主张"礼"应该随时而变，不能拘泥恪守。《论语·八佾》记述："子贡欲去告朔之饩羊。子曰：'赐也！尔爱其羊，我爱其礼。'"子贡要废除那种每月杀羊祭庙的名存实亡的"周礼"，孔子以"你爱那只羊，我却爱那种礼"相答复。春秋时代，杀羊祭庙的礼制已很难实现。孔子对这种"礼"照遵不违，而子贡比较务实，并且敢于说出来，可见子贡不是亦步亦趋的，而是对老师的思想有所变革的。

曲阜明故城之"万仞宫墙"

师生之情，感天动地

孔子与子贡亲密无间的师生情，来源于孔子对子贡的教诲和期待，也深含于子贡对老师的敬爱之中。孔子对子贡的教育是全方位的，既有嘉许和鼓励，更有批评与期待；子贡则对老师推崇备至、照拂有加，忠心耿耿地誓死相随。尤其在陈蔡绝粮的危难之际，子贡不仅千方百计地给老师弄些米粮，还将孔子托付的"解围"重任牢记心头，施展自己杰出的外交才能，将孔子一行带出了险恶之地。

最令人感动的一幕应该是孔子去世之前。当时，孔子拖着病体，曾"负杖逍遥于门"，焦急地盼望亲如儿子的子贡回来。当子贡终于到来时，孔子不无抱怨地说："赐，汝来何其晚也！"（《史记·孔子世家》）这是孔子对子贡的批评，但更多包含着对亲人的思念之情。在所有弟子中，孔子只有对子贡是如此表达情感的。不仅如此，在生命的最后时刻，孔子还以"梦奠两楹"的形式，没有向其他弟子而是唯独向子贡交代后事，将葬礼之事托付给子贡。这更充分说明，孔子对子贡是极其信赖的。

正因为孔子视子贡如同亲生，子贡也对孔子极为敬佩，因而孔子的去世对子贡的打击和影响是深重的，留给他无限的内疚和悔恨。俗话说："一日为师，终身为父。"更何况，在老师最需要照顾的病重时刻，自己却因琐事而姗姗来迟，仅七日就与老师阴阳两隔。试想，当看着垂垂老矣的恩师，听着老师的叹惋之辞，感受着回天乏术的痛苦，对老师推崇备至的子贡，此时的心情将是怎样地悲伤而无奈！所以安葬孔子后，其他弟子皆守墓三年以报师恩，唯有子贡"庐于冢上凡六年"。六年，这对常人而言都是一段不短的时间，更何况是鼎鼎大才的子贡。如果时间能够穿越，我们将会见到怎样一番感人的场景。可以想象，此时的子贡，恐怕会念及昔日从游的快乐而泪下，会抱怨上天的不公而哀惋，会因再也见不到孔子这位旷古圣人、这座高耸入云的山峰而心碎！由此不难体会，子贡是何等至真至情，孔子之德又是何等感人胸怀、云高水长！

孔子与颜回

颜回，亦称颜渊，姓颜，名回，字渊，又字子渊。春秋末年鲁国人。生于公元前521年，死于公元前481年，少孔子三十岁，享年四十一岁。颜回是孔子最器重、最得意的弟子，被列在"德行"一科，位列孔门弟子"十哲"之首，被后世尊称为"复圣"。

颜回简说

颜回出生在鲁国都城曲阜，家境贫寒，一生没有任官。《论语·雍也》记载，孔子曾称赞说："贤哉，回也！一箪食，一瓢饮，在陋巷。人不堪其忧，回也不改其乐。贤哉，回也！"可见，颜回的家庭状况确是比较贫寒的。不过，《孔子家语·七十二弟子解》有云，颜回与其父颜路（即颜由，字路，亦字季路）皆为孔子弟子，颜路在孔子刚开始设教时即入学。《史记·仲尼弟子列传》也载，颜路与颜回"尝各异时事孔子"。从父子二人都能拜孔子为师的情况看，颜回的家庭状况最初还不至于一贫如洗，应该是有点资财的；只是由于二人一直追随孔子，都未曾出仕，家道才日益衰落，以至于颜路给儿子办丧事时，不得不去打孔子车的主意。

在孔子弟子中，颜回以聪明努力、勤奋好学而著称。《论语·为政》载："子曰：'吾与回言终日，不违，如愚。退而省其私，亦足以发，回也，不愚。'"意思是说，孔子曾一整天地给颜回讲学，颜回只是仔细聆听，不谈任何反对意见，很像个愚蠢木讷的人；但是私底下发现，颜回不仅掌握了所讲的内容，而且还有自己的见解，所以并非愚

曲阜颜庙陋巷故址碑

蠢之人。《论语·公冶长》则记述说:"子谓子贡曰:'女(汝)与回也孰愈?'对曰:'赐也何敢望回?回也,闻一以知十;赐也,闻一以知二。'子曰:'弗如也!吾与女弗如也!'"其意是说,有一次,孔子问子贡,你与颜回谁更聪明?子贡是位能言善辩、反应机敏的外交家,却坦承自己不敢和颜回比,自己闻一仅知其二,人家却能闻一知十。孔子也认为,子贡确实比不过颜回,连自己也比不过他。由此可见,颜回的聪明是师生公认的。

颜回不仅才智出众,而且特别勤奋,终生好学不已,这在《论语》中也有很多记载。《论语·雍也》载:"哀公问:'弟子孰为好学?'孔子对曰:'有颜回者好学,不迁怒,不贰过,不幸短命死矣!今也则亡,未闻好学者也。'"《论语·先进》也载:"季康子问:'弟子孰为好学?'孔子对曰:'有颜回者好学,不幸短命死矣!今也则亡。'"两篇意思大同小异,都表明在孔子看来,除颜回之外,其他弟子没有谁能够荣膺"好学"的称号。《论语·子罕》则记载说:"子曰:'语之而不惰者,其回也欤!'"意思是说,在孔子看来,只有颜回是整日听讲而不倦怠的学生。同篇还记载:"子谓颜渊,曰:'惜乎!吾见其进也,未见其止也。'"这是颜回去世后孔子谈及他时发出的惋惜之语,意思是,我看到的都是颜回学业的精进,却从未看到他止步不前。《孔子家语·弟子行》中也记载,卫国将军文子曾认真地请教子贡,询问孔门弟子的言行状况。子贡回答说:"夫能夙兴夜寐,讽诗崇礼,行不贰过,称言不苟,是颜回之行也。"意思是,就学习最勤奋者而言非颜回莫属,他不仅从早到晚地用功,而且将诗礼落实到了行动上。可见,颜回的勤奋与好学确是众人难以企及的。

此外,在德行操守、时事眼界等方面,颜回与孔门众弟子也有不同。如《史记·孔子世家》记载,在"厄于陈蔡"的艰困时刻,孔子曾向子路、子贡、颜回问过同样的问题,开展过一番"逆境思想大讨论"的活动。

在志向抱负和社会理想方面,颜回比之众弟子更是不同。如他曾坦言:"舜是什么样的人?我是什么样的人?有作为的人都会像他那样!"(《孟子·滕文公上》)很有与舜一比高下的抱负。当孔子问颜回将来有何志向时，颜回的答复是：不夸耀自己的优点，不表白自己的功劳。(《论语·公冶长》)这种不夸夸其谈的品质和志向，与别人很是不同，很有"敏于事而慎于言"的修为。而能够充分表明颜回志向的，莫过于"农山论志"的典型事例了。

寄予厚望，偶有批评

据学者推算，颜回入师门时间较晚，约在孔子中年之后才成为其弟子。虽然拜师较晚，但他才智出众、勤奋好学，对师说认真领会、细心揣摩，因而进步极快。孔子对于这位聪明好学、领悟力极强的年轻人是寄予厚望的，认为颜回是能够完整、全面、准确地掌握和传承自己学说的唯一人选，因而对他的教诲不遗余力。如《论语·颜渊》记载，颜回曾问孔子，人怎样才能达到"仁"的境界，孔子回答说："克己复礼为仁。一日克己复礼，天下归仁焉。为仁由己，而由人乎哉？"颜回继续追问具体条目，孔子再次回答："非礼勿视，非礼勿听，非礼勿言，非礼勿动。"颜回听后，若有所思地回答："我虽然不够聪慧，也会按照您的教导去做。"再如，《论语·卫灵公》记载，颜回请教治理国家的问题，孔子耐心地回答说："行夏之时，乘殷之辂，服周之冕，乐则《韶》《武》。放郑声，远佞人。"对如何治国进行了认真的回答。此外，《孔子家语·颜回》中还集中记载了颜回询问孔子的很多问题，如"成人之行""臧文仲、武仲执贤""朋友之际"以及"君子""小人""小人之言"等问题，孔子都给予耐心的解答。

在老师的教导和自身努力之下，颜回的学业、修养都突飞猛进，这些表现得到了孔子的高度肯定。他不仅屡屡在众弟子参加的活动中盛赞颜回，还曾颇为满意地说过："自从我有了颜回之后，学生们彼此更为亲近了。"(《史记·孔子世家》)并且公开对众人说：其他人坚持"仁"最多也只是一两天的事，只有颜回坚持的时间长，能做到连续三个月都不违仁。(《论语·雍也》)而且，孔子还以非常赞赏的口吻谈及颜回，说他具有"不迁怒，不贰过"的德行，就是说，颜回既不怨天尤人地把问题归咎在别人身上，也不重犯同样性质的错误，总是谦和待人、善于反思。孔子一向认为，身为君子，就一定要有追求真理的志向，对衣食住行的好坏、物质生活的丰俭不必放在心上。(《论语·里仁》)颜回在实践中真正做到了这一点，在别人看来很难忍受的艰苦生活，颜回完全不驻于心，总是以快乐的心态来提升精神境界，这也让孔子大为赞赏。(《论语·雍也》)

不仅如此，孔子还把颜回与自己相类比，曾对颜回说过："用之则行，舍之则藏，唯我与尔有是夫！"（《论语·述而》）意思是，有人赏识就把主张施行起来，不赏识就把它隐藏起来，这样的事只有我和你才能做到！在所有弟子中，孔子只对颜回说过这样高度认同的话，可见对颜回期许之高。晚年返回鲁国后，孔子曾深情地回忆说："从我于陈蔡者，皆不及门也。德行：颜渊、闵子骞、冉伯牛、仲弓；言语：宰我、子贡；政事：冉有、季路；文学：子游、子夏。"（《论语·先进》）将颜回赫然排在十大弟子之首。这些都足以表明孔子对颜回的欣赏与期待。

纪念颜回的建筑：曲阜复圣庙

由此可见，孔子是把颜回引为同道的；但另一方面，对颜回也偶有批评，尤其不赞同他"终日不违"、过于拘泥师说的态度。在所有学生中，唯有颜回对孔子是百依百顺的，不仅从未说过半句违背老师言论的话，未跟老师有过一丝争论，更未做过任何违反老师旨意的事。这种不敢对老师的学说有任何批评，把尊师当成了绝对服从，甚至"夫子步亦步也，夫子言亦言也，夫子趋亦趋也"（《庄子·田子方》）的态度，乃是颜回的一大特点，也是他的一大缺点。正因如此，孔子曾不无抱怨地说："回也，非助我者也，于吾言无所不说（悦）。"（《论语·先进》）直白地批评颜回对自己的思想没有什么帮助；换言之，就是寄望颜回能改变"惟命是从"的态度，对儒家学说有所创新和发展。

亦步亦趋，终日不违

尊师敬师是孔门弟子都有的品德，是他们共有的行为。相比之下，子路、子贡和颜回的尊师程度更高、敬师情结更甚，但是细究起来，他们在尊师方面并不完全相同。性情直率的子路尊敬孔子，更多表现在清除老师言行的瑕疵，是寓尊敬于批评之中的。子贡是位经商有术、擅长外交的干才，并不长于思想和学问。因此，子贡对孔子固然极为尊敬、屡称"圣人"，但这不是源于思想和追求的认同，而是感叹于孔子的行为与品格，是实干家对于思想家的绝对折服和由衷赞扬。子贡的这种不分场合、不分青红皂白的"圣人"之论，让孔子听了很不舒服。颜回则与他们不同，他性情温顺，善于思考，长于学问，不善言辞，不专实务。因而颜回的尊师是深深体认并膺服于孔子的思想，是由心灵深处生发出的对老师德行与追求的高度认同，既不是寓敬于责的批评性清理，也不是无原则的一味拔高。

颜回在历史上以德行出众而著称，被视为历代尊师之楷模。颜回尊师敬师，首先表现为他完全听从孔子的教导。在孔子弟子中，不乏给孔子提意见、谈问题、搞辩论的人，如子路曾说孔子"有是哉？子之迂也"，子贡对孔子的毁约行为曾有"盟可负耶"之问，宰我在谈及"三年之丧"时，更和孔子辩论起来，气得孔子批评宰我缺乏仁德（"予之不仁也"），等等。但是颜回不仅未对孔子提过任何意见，而且往往是听了教导之后，就回去认真领会，以至达到"闻一以知十"的程度，可见对于孔子的教诲是何等虔诚。其次，表现为高度颂扬孔子。颜回对孔子的学说曾"喟然叹曰"："仰之弥高，钻之弥坚。瞻之在前，忽焉在后。夫子循循然善诱人，博我以文，约我以礼，欲罢不能。既竭吾才，如有所立卓尔。虽欲从之，末由也已。"意思是，老师的学说，抬头想看越看越高，仔细钻研越钻越深；远看时它在前面，忽然又到了身后。老师循序教诲，善于诱导，用文献来丰富我，用礼仪来约束我，使我想停都停不下，完全竭尽了我的才智。老师脚下好像有站立的东西，卓然高超；即使想跟上老师，也是无路可通的。这是众所

复圣庙建筑之一：乐亭

周知的记载于《论语·子罕》中的赞颂之辞。应该指出，颜回是在认真钻研之后才发出"弥高""弥坚"之论的，与子贡动辄"圣人"的一味赞颂很不相同，因而更让人感叹孔子学说的博大精深。再次，表现为完全按照孔子的意见办事。孔门弟子从情感上是尊师的，但在行动上却并非与孔子保持完全一致，有些人甚至做出些违背孔子意愿的事，如"季氏富于周公，而求也为之聚敛"，气得孔子怒斥冉求"非吾徒也"；冉求和子路想帮着季氏伐颛臾，也违背了孔子的政治思想；孔子认为高柴入门较晚、学业不精，其才能尚不足以担任实际官职，子路却不听师见，设法"使子羔为费宰"，而且明言"有民人焉，有社稷焉，何必读书然后为学"；如此等等。总之，与孔子对于礼制的固执与坚守不同，弟子们多有能够变通乃至灵活处事者。颜回则不然，他不仅完全信服孔子的教导，而且不折不扣地落到实处，如向孔子问仁后，颜回马上就表示"回虽不敏，请事斯语矣"，甚至到了"夫子言亦言也，夫子趋亦趋也，夫子辩亦辩也，夫子驰亦驰也"的地步。

亲逾父子，情谊深厚

如前所述，在所有学生中，颜回最为孔子所钟爱，孔子也最为颜回所敬重。他们之间虽然不是父子，却远比父子还亲。孔子曾亲口对别人说过："回也，视予犹父也。"

（《论语·先进》）后人也曾评价说："颜回之于孔子也，犹曾参之事父也。古之贤者，与其尊师若此。"（《吕氏春秋·观师》）事实也的确如此。颜回一生跟随孔子，忠心耿耿，侍奉左右，几乎形影不离。例如，少正卯与孔子以讲学争弟子时，有"孔子之门，三盈三虚，唯颜渊不去"（《论衡·讲瑞》）的状况。此说虽未必完全真实，但颜回肯定是"不去"者之一，由此可见颜回之忠心。而最能表现二人亲密关系的例子，无过于被困匡地时师生的一番对话。当时颜回曾一度走散，与众人失去联系。当他历尽艰辛回到孔子身边时，孔子不无抱怨地说："你这孩子，我还以为你死了呢。"颜回马上脱口而出地回答道："先生尚在，学生哪敢死啊！"（《史记·孔子世家》）可以说，只有生死相随、亲密无间的人，才能如此不择言辞、不拘礼节，才能有这种毫无掩饰的真情对话、内心剖白。

孔子与颜回之所以如此亲密，根由不在血缘，而在思想和学缘。众所周知，亲子血缘传递的主要是生物、伦理意义上的"DNA"，乃是常人期冀的家世恒昌；师徒学缘传承的则是学术意义上的"DNA"，是为学者期盼的思想常驻、道统永传。对真正的学者而言，更看重的乃是后者。在孔子看来，子路虽然也能接受批评并躬身实践，但他的学问始终没有达到弟子中的最高水平，只是"升堂矣"而"未入于室也"（《论语·先进》）；子贡倒是非常聪明，但他忙碌于经商、外交和实际政务，学业方面也难再有大的指望；只有颜回能够沉心于学问和修养，是最有可能全面继承自己思想衣钵的人。

正因如此，颜回的英年早逝不仅大出孔子意料，而且对晚年的孔子打击极大，等于断送了其学说能够完整传承的最大希望。所以，当得知颜回去世时，孔子悲怆得痛彻心扉。他一边痛哭不止，一边忍不住喃喃自语道："这是上天要我的命啊！是上天要我的命啊！"弟子们怕孔子哭坏了病弱的身子，劝他不要太伤心。孔子很久才止住悲声，痛心地说："我不为这样的人悲痛，我还为什么样的人悲痛呢？"（《论语·先进》）这种悲伤已远远超出常人的丧子之痛，最能反映出孔子与颜回之间的深厚情谊。

尤令孔子伤心的是，在如何安葬颜回的问题上，孔子与学生们产生了严重冲突。学生们认为，颜回在世时箪食、瓢饮、居陋巷，生活太过困苦了，死后葬礼应该丰厚些。于是大家公推颜回之父颜路主持丧礼，并商议将孔子外出所乘的车辆卖掉，以做成"内棺外椁"的丧葬之仪。大家认为孔子如此钟爱颜回，一定会同意这样做的。不料，此议却遭到孔子的坚决反对，反对的理由主要有三：一是颜回本就家道贫寒，死后却要搞厚葬、撑门面，不仅有违常理，而且不符合孔子丧事从简的一贯主张；二是"内棺外椁"的丧葬之仪，与颜回的社会身份和地位不符，有违礼制；三是孔子认为以自己的身份地位，出外必须有车，否则亦有悖礼仪。总之孔子坚信，如果颜回泉下有知，是一定不会同意大家这样做的。然而最后，学生们还是违拗了孔子的意愿，由颜路主持厚葬了颜回。

耐人寻味的是，对于这样既成事实的安排，孔子最终选择了默认；对于大家慰藉死者的常人之情，他也没有再去责备。然而他知道，这样肯定是违背了颜回一生守礼的理念，因而不无幽怨地说："颜回视我为父，我却不能以他为子，更无权为他做主！不是我要这样做啊，做这事的是那几个学生！"（《论语·先进》）这番话，可以说既饱含无奈，又意味深长，流露出对颜回早逝的怅惘与失落，表现出师者对爱徒远去的无尽哀思。

孔子与子夏

子夏，姓卜，名商，字子夏。春秋末年晋国温地（今河南省温县西南）人，也有卫人、魏人之说。生于公元前507年，少孔子四十四岁，卒于何年不详。子夏是孔子中年以后所收的得意弟子，被列在"文学"一科，是孔门弟子"十哲"之一。

子夏简说

与子路、颜回等相似，子夏也出身贫苦，家境贫寒。相比之下，子夏的家庭状况似乎更加糟糕。《荀子·大略》记载："子夏家贫，衣若县（悬）鹑。人曰：'子何不仕？'曰：'诸侯之骄我者，吾不为臣；大夫之骄我者，吾不复见。'"就是说，子夏直到学有所成、有可能入仕为官时，还穿着破烂不堪的衣服，就像悬在空中的鹑毛一样。即便如此，当有人问他为何不去做官时，他还坚持说，官是可以做的，但绝不能委身于那些态度不恭敬的人。《说苑·杂言》记载的一则故事更能说明子夏的经济状况。"孔子将行，无盖。弟子曰：'子夏有盖，可以行。'孔子曰：'商之为人也，甚短于财。吾闻与人交者，推其长者，违其短者，故能久长矣。'"孔子与弟子们要外出，没有遮雨的用具。弟子说子夏有，可以借来用。孔子说，子夏财物不多，就不要借他的了，因为要想与人相处得长久，就应该尊重人家的特点，不能强人所难。这些记载虽然不能排除后人夸张的成分，但从中也可看出，子夏的家境是相当贫寒的。

正因为家境贫寒，又无背景势力可援，所以子夏长大后就拜孔子为师，以求能为世所用。子夏何时拜师，史无明载。根据其年龄及籍贯推断，应该是在孔子周游列国之时。拜师后，子夏的学问、才干都迅速得到提升，并很快在政治舞台上崭露头角。《论语·子路》记载，在孔子去世之前，子夏已出任莒父（今山东省高密市东南）宰一职，曾向孔子问政，令孔子说出"欲速则不达"的道理来；据《韩诗外传·卷六》所述，子

子夏塑像

夏还曾回到卫国，担任"行人"之类的职务，为卫君做过一些事情。更为可信的事迹是，孔子去世后，子夏退居魏国西河（济水、黄河之间）地区，专以教授弟子为业，以其学问和业绩昭于四方。由于他学问渊博，魏文侯曾拜他为老师（《史记·仲尼弟子列传》《孔子家语·七十二弟子解》《先秦诸子系年》等）；而像田子方、段干木、吴起、禽滑釐之类的社会活动家，"皆受业于子夏之伦，为王者师"（《史记·儒林列传》）。由此，子夏成为战国初期儒家学派最重要的代表人物之一，名声传遍魏国。《礼记·檀弓上》记载，曾参曾生气地斥责子夏说："吾与汝事夫子于洙泗之间，退而老于西河之上，使西河之民，疑汝于夫子。"这就是说，西河地区的民众，已俨然将名声显赫的子夏视为孔子一般。可见子夏在魏国的影响之大。

在孔子众弟子中，子夏个性鲜明，为人也颇有特色。首先，与子路颇为相似，子夏的性格也是率直勇武的。如《晏子春秋·内篇问上》中记述，当齐景公问"吾欲善治齐国之政"的问题时，晏婴答复说："臣闻仲尼居处惰倦，廉隅不正，则季次、原宪侍；气郁而疾，志意不通，则仲由、卜商侍；德不盛，行不厚，则颜回、骞、雍侍。"晏婴的回答是，齐国现在称霸诸侯还不到时候，因为所需的官员还不完备（"官未具也"）。此处晏婴以孔子为例，意思是说，人家孔子周围就弟子甚多，当他郁结成疾、心情不畅时，就由子路和子夏在旁服侍。将子路和子夏并提，说明子夏之勇堪比子路。

不过细究起来，子夏之勇与子路多少还是有些不同的。《尸子下》记载："子夏曰：'君子渐于饥寒，而志不僻；倍于五兵，而不辞慑；临大事，不忘昔席之言。'"可见，子夏之勇中具有大丈夫那种贫贱不移、威武不屈的气概。不仅如此，当司马牛因为没有兄弟而忧愁时，子夏爽朗地劝慰说："四海之内，皆兄弟也。君子何患乎无兄弟也！"（《论语·颜渊》）表现出一种宽广的豪情。《孟子·公孙丑上》记载，孟子和公孙丑在谈论"勇"时曾说过："北宫黝似子夏。"那么北宫黝有怎样的勇呢？孟子说："北宫黝之养勇也，不肤挠，不目逃……不受于褐宽博，亦不受于万乘之君。视刺万乘之君，若刺褐夫。无严诸侯，恶声至，必反之。"意思是，北宫黝是这样培养勇气的：肌肤被刺毫不退缩，眼睛被扎眨也不眨……既不能忍受卑贱者的侮辱，也不能忍受大国君主的欺凌。把刺杀大国君主看得跟刺杀卑贱者一样。对于诸侯绝不畏惧，如果受到诸侯斥责，就马上予以还击。既然北宫黝培养的是这等勇气，那么子夏性格中也必定包含蔑视权贵、不受其辱的成分。

其次，子夏为人"好与贤己者处"，就是善于跟比自己优秀的人交朋友，这与子贡"好说不如己者"恰成鲜明的对照。《论语·子张》记载，子夏的弟子曾向子张请教交友的方法。子张问弟子：你们的老师子夏是什么见解？弟子说，子夏主张只与可交之人交往，对不可交的人则避而远之。子张说，我听人讲，作为君子，应该尊敬贤者而包容大众，赞美好的而同情差的。我们自己如果是贤者，那对别人有什么不能宽容的？如果不是贤者，那别人会拒绝我们，我们又如何能拒绝他人呢？可见，与子张不同，子夏是将交友主动权掌握在自己手里的，目的是通过交往向别人学习，不断提高自己。正因为子夏与子张存在这种差异，孔子才说出"师（子张）也过，商（子夏）也不及"（《论语·先进》）的话；也因为子夏与"好说不如己者"的子贡不同，所以孔子才直言不讳地说："我死了以后，子夏在学业上会蒸蒸日上，而子贡的学业会每况愈下。"（《孔子家语·六本》）

事实也的确如此。子夏拜师入门后，勤奋学习，好问不止，学业进展极为迅速，成为孔门弟子中的佼佼者。孔子去世后，子夏守墓三年毕就西行入魏，在西河地区开宗立派，讲授古代典籍，被后世学者誉为儒家传经之鼻祖。晚年，子夏双目失明，又经历了丧子之痛，但他发扬孔子坚忍不拔的精神，大量收徒授学，以"章句"注解经典，通古鉴今，经世致用。他所创立的"西河学派"，培育出大批经国治世的良材，开了战国时代变法运动的先河。可以说，魏国能在战国初期一跃成为"七雄"之首，与子夏的贡献有着重要而直接的关系。

耐心指点，诲人不倦

子夏在孔门弟子中是年龄较小的，拜师时间也较晚，但他求知欲旺盛，记忆力很强，而且善于思考，长于领悟，因而后来居上，成为孔子最属意的弟子。子夏对古代文献（"文学"）有着异常浓厚的兴趣，尤其喜爱《诗》和《春秋》，经常向孔子求教里面的问题，孔子都耐心地给予回答。例如，子夏读《诗》时，曾不解地问孔子："关雎为什么作为《国风》的开始之篇？"当孔子讲解了一番之后，子夏喟然叹曰："大哉关雎，乃天地之基也！"（《韩诗外传·卷五》）再如，当孔子读《易》时，曾若有所思地发出一声叹息。子夏见此情形，马上请教孔子为何叹息。孔子说："自损者必有益之，自益者必有决之，所以叹息。"子夏随之又问起损益的问题，孔子作了一段阐释后，子夏恭敬地回答："商请志之，而终身奉行焉。"（《孔子家语·六本》）《孔子家语·论礼》中还记载了如下一段长长的对话，这段对话在《礼记·孔子闲居》中也有相似的记载，从中更能看出孔子的教诲和子夏的好学。

有一次，子夏坐在孔子身边，问："《诗》曰：'恺悌君子，民之父母。'请问老师，怎样做才可称民之父母？"孔子回答说："民之父母，必达于礼乐之源，以致五至而行三无，以横于天下。四方有败，必先知之，这才可称民之父母。"子夏问："请问老师，什么叫作'五至'？"孔子说："志之所至，诗亦至焉；诗之所至，礼亦至焉；礼之所至，乐亦至焉；乐之所至，哀亦至焉。诗礼相成，哀乐相生，是以正明目而视之，不可得而见；倾耳以听，不可得而闻。志气塞于天地，行之充于四海，这就叫'五至'。"子夏又问："那什么叫'三无'呢？"孔子回答说："无声之乐，无体之礼，无服之丧，就叫作'三无'。"子夏再问："请问《诗》中的哪些内容近于'三无'？"孔子说："'夙夜基，命宥密'，是无声之乐；'威仪逮逮，不可选也'，是无体之礼；'凡民有丧，扶伏救之'，是无服之丧。"子夏听罢，感慨地说："这些言辞虽然美妙至大，也就是说说而已。"孔子说："你怎么能这么说呢？我告诉你，这不只是说说，里面还含有五大行为。"子夏听后，惭愧地问道："是什么？请老师垂示。"孔子说："无声之乐，志气不违；无体之礼，威仪迟迟；无服之丧，内恕孔悲。无声之乐，所愿必从；无体之礼，上下和同；无服之丧，施及万邦。做到这些，再奉之以三无私而劳天下，就叫作五大行为。"子夏接着问："什么叫'三无私'呢？"孔子回答："天无私覆，地无私载，日月无私照。《诗》曰:'帝命不违,至于汤齐。汤降不迟,圣敬日跻。昭假迟迟,上帝是祗,帝命式于九围。'这就是商汤之德。"子夏听罢,突然站起身来,靠墙肃穆站立,恭敬地说:"弟子敢不志之!"

由此可以看出,孔子对子夏的教诲是不厌其烦的,子夏也勤问善思、好学不倦。关于子夏的这一品质,还有一则众所周知的事例可以证明,就是载于《论语·八佾》中的如下一段谈话:"子夏问曰:'"巧笑倩兮,美目盼兮,素以为绚兮。"何谓也?'子曰:'绘事后素。'曰:'礼后乎?'子曰:'起予者,商也!始可与言《诗》已矣。'"这是说,当子夏问"巧笑倩兮"等诗句是什么意思时,孔子回答说是先有洁白的底子,然后才能绘画。子夏又进一步加以引申问,是不是说礼也是后起的事呢?孔子高兴地说:"启发我的人就是你卜商啊!现在可以开始和你讨论《诗经》了。"比孔子小四十多岁的子夏竟能启发孔子,可见子夏不仅对《诗经》很熟悉,而且很善于思考。子夏的理解已经远远超出了诗句原有的意义,从单纯的绘画美学引申到为人修养,这让孔子极为欣赏。

正因为孔子认为子夏是可造之才,对他也就格外留意和费心。《礼记·檀弓上》《孔子家语·曲礼子夏问》中记载了子夏提出的有关礼制的大量问题,孔子都耐心地给予了解释。相比之下,子夏对《春秋》更感兴趣,孔子在此方面也着意培养。唐代孔颖达明确说过:"孔子授《春秋》于卜商。"(朱彝尊《孔子门人考》)意即孔子将《春秋》之学传给了子夏一派。《史记·孔子世家》也记载说:"至于为《春秋》,笔则笔,削则削,子夏之徒不能赞一辞。"这里只说子夏对《春秋》如何如何,而没有提到别人,可见子夏与《春秋》的关系确是极为密切的。《吕氏春秋·察传》记载:"子夏之晋,过卫。有读史记者曰:晋师三豕涉河。子夏曰:'非也,是己亥也。夫己与三相近,豕与亥相似。'至于晋而问之,则曰:'晋师己亥涉河也。'"由此可见,子夏对过往史实是颇为熟悉的,这无疑是擅长《春秋》所致。《韩非子·外储说右上》云:"患之可除,在子夏之说《春秋》也。"意思是,祸患之所以可以减除,是因为子夏对《春秋》的理解颇为深刻。这些足可看出孔子的教诲之功。

孔子对子夏的教导不仅仅限于"文学",其他方面也不乏循循善诱的教诲。如孔子曾云:"女(汝)为君子儒,无为小人儒。"(《论语·雍也》)告诫他不仅要熟悉各种礼制,而且还应有高远的修养和追求。在孔子的悉心培育下,子夏进步很快,这在《论语》中有大量记载,仅在《子张》一篇中,就留下了子夏一连串的名句格言,如"虽小道，必有可观者焉；致远恐泥，是以君子不为也""日知其所亡，月无忘其所能，可谓好学也已矣""博学而笃志，切问而近思，仁在其中矣""百工居肆以成其事，君子学以致其道""小人之过也，必文""君子有三变：望之俨然，即之也温，听其言也厉""君子信，而后劳其民；未信，则以为厉己也。信，而后谏；未信，则以为谤己也""大德不逾闲，小德出入可也"，等等。这些格言和名句，乃是子夏不断进步的结晶与表现。

深情厚谊，化为实践

对于孔子的教诲之恩，子夏时时牢记在心；对于孔子的学说，子夏则既注意继承，更敢于突破和创新。就继承而言，如在天命观方面，孔子曾说："君子有三畏：畏天命，畏大人，畏圣人之言。"（《论语·季氏》）子夏则说："商闻之矣，死生有命，富贵在天。"（《论语·颜渊》）在交往观方面，孔子主张孝、慈、忠、信；子夏则说："贤贤，易色；事父母，能竭其力；事君，能致其身；与朋友交，言而有信。虽曰未学，吾必谓之学矣。"（《论语·学而》）在对待民众的态度方面，孔子主张"敬事而信，节用而爱人，使民以时"（《论语·学而》）；子夏则认为"君子信，而后劳其民；未信，则以为厉己也"（《论语·子张》）。在教育目的和社会功用方面，孔子主张"修己以安百姓""修己以安人"（《论语·宪问》）；子夏则进一步明确说出"仕而优则学，学而优则仕"（《论语·子张》）的名言。所有这些，都可视为子夏对孔子思想的一脉相承。

学界公认，子夏思想中具有前期法家的因素，蕴含着法家敢于改革的精神，这可视为子夏对孔子思想的变革和发展。这不仅表现在子夏通过对《春秋》的研究，主张国君要"善持势""早绝奸之萌"（《韩非子·外储说右上》），还表现在他对于旧制度的崩溃持豁达、乐观的态度，以及他不固守死礼、乐于接受新事物的思想特质。此外，子夏长于丧礼和丧服研究，著有《丧服传》一书，详细记述天子以下的人死后的礼节和服饰，这也可视为对孔子"礼"思想的延续和拓展。

孔子与弟子之间都有着深厚的情谊。弟子们对孔子都视若慈父、衷心爱戴，这是他们的共同之处；但表现和报答方式是不尽相同的，这又是他们的不同之处。孔子去世后，子夏没有像子贡那样守墓六年，但他对孔子的教诲之恩也是铭记于心的；他没有像子贡那样利用经商和出使各国的机会到处宣传孔子，而是稳居一地，开宗立派地传播孔子的思想；他也没有像子贡那样无上赞扬孔子，而是接续老师未竟的事业，传道授业，教书育人，用实实在在的行动报答孔子的教诲之恩。

在解释和传授古籍经典方面，子夏的成就也很高。后人称："孔子弟子，惟子夏于诸经独有书。"据考证，在《春秋》的传承方面，《春秋公羊传》的作者公羊高是子夏的弟子，《春秋谷梁传》的作者谷梁赤也是子夏的高徒（朱彝尊《孔门弟子考》）；在《诗经》的传承方面，据《汉书·艺文志》载，《诗经》传到汉代已有不少流派，除列入官学的《鲁诗》《齐诗》和《韩诗》外，还有《毛诗》即毛公之学，而《毛诗》"自谓子夏所传，而河间献王好之，未得立"；出任魏文侯相的李克，著书七篇，也自称是子夏的学生。可见，子夏在儒家经典传承方面的贡献的确是很大的。《后汉书·邓张徐张胡列传》所载的徐防之言，更能说明子夏在此方面的成就。他说："臣闻：诗书礼乐，定自孔子；发明章句，始于子夏。""章句"就是对经典加以解说注释的文字。如果没有"章句"，后人对经典就很难读懂，更难把握和体会。子夏的这一功绩很了不起，贡献仅次于孔子，对后世产生了深远的影响。

总之，在孔门弟子中，子夏是位文武双全、学问造诣颇深的人。他一方面继承儒家传统，大力提倡研究古代文化和文献；另一方面，更注重对古代文化的挖掘和阐释，为变法运动找寻思想素材和理论依据。子夏由于在社会实践方面建树颇丰，在当时的影响超过了孔门弟子中的其他任何人。可以说，孔子去世之后，儒家之所以在社会上声誉日隆，很大程度上就是子夏的卓越成就所带来的。概言之，子夏把对孔子的深深怀念及感激之情，化作了扩大学派影响的教育实践。

孔子与曾参

曾参，姓曾，名参，字子舆，后学尊称曾子。春秋末战国初鲁国南武城人。生于公元前505年，卒于公元前434年，少孔子四十六岁，享年七十二岁。曾参是孔子晚年所收的弟子，学习勤奋，谨言慎行，以孝义著称，颇得孔子"孝道"真传，是孔门七十二贤之一，被后世尊称为"宗圣"。

曾参简说

要对曾参的状况做些简要交代，首先就要回答曾参家在何处的问题。对于这一点，

《史记·仲尼弟子列传》说得很明白："曾参，南武城人，字子舆。"南武城是鲁国的属地，所以曾参是鲁国人，这没有异议。问题是春秋时期的鲁国面积很大，如此一来，"南武城"究竟在哪里也就产生了两种说法：一说在费地，即季孙氏采邑之所，此地原属山东省费县，今属平邑县；一说在今山东省嘉祥县，有曾参故居、墓葬可以作证。两地一东一西，相隔数百里，地理位置相距甚远。目前，费地之说的历史旁证材料似乎更多一些。尤其是孔子的不少弟子都与一个名叫"武城"的地方有关系，而武城位于今山东省平邑县南，所以，"南武城"也应该距平邑不远。

曾参画像

其次，曾参的家庭状况究竟如何，也是个需要略加解释的问题。据《宗圣志·世系》记载，曾参的先祖是夏朝少康子曲烈的后代，受封于鄫地。春秋时代，鄫被莒国灭亡，世子巫公携家逃至鲁国境内。到曾参之父曾点（姓曾，名点，字皙，亦名曾皙）时，曾家已经衰落，但还未到一贫如洗的境地。如《说苑·立本》载："曾子衣弊衣以耕。""弊衣"即质量低劣的衣服。《孔子家语·六本》也有"曾子耘瓜，误斩其根"的记载。这说明，曾参的家庭应该是个有地可耕的平民之家。另外，《韩非子·外储说左上》记载，曾参之妻有一次赶集时不想让儿子跟随，就哄他说回家给他杀猪吃，回来后又有所不舍，最后在曾参劝说下还是杀了猪。这也说明，曾参家境虽不算富，却也能够勉强维持。

正因为家世曾为贵族，与孔子的出身状况甚是相似；又因为自己家境不算太贫苦，还有能力外出求学，所以曾点曾拜孔子为师，立志学习儒家礼仪，重振家世家风。《孔子家语·七十二弟子解》云，曾点"疾时礼教不行，欲修之，孔子善焉"。这是说，曾点有感于当时礼制甚衰，想就此做些努力，受到孔子的称赞（《论语》中的"吾与点也"，可谓孔子对曾点的高度赞扬了）。但是，曾点究竟何时拜师学艺，现已无法确定了。据其年龄、阅历、与孔子思想相近的程度以及身为曾参之父等情况推断，曾点应该是孔子早年的弟子之一。

若干年后，曾参也拜孔子为师，学习儒家思想。这样，父子同入孔子之门者就有

"风乎舞雩"：曲阜舞雩坛

两对：一是颜回及其父颜路，二是曾参与其父曾点。在家为父子，出门却成了同学，可谓孔门之中的有趣景观。由此也可看出，孔子收徒的确不论年龄大小，是真正贯彻了"有教无类"方针的。更有意思的是，颜路与曾点虽然都是孔子早年的学生，但在学术造诣上都不如其子，在名声和影响方面更是望"子"莫及：颜回被后世尊为"复圣"，曾参被尊为"宗圣"。在孔门弟子中，只有这两人被后代官府封为常人难以企及的"圣人"。

与曾点、颜回、颜路、子夏等人相似，曾参究竟于何时拜师也无从确定。不过，据《孔丛子·居卫》记载，曾参是跟随孔子"游于诸侯"的。众所周知，孔子是五十四岁时开始周游列国的，前后凡十四年。孔子五十四岁时，曾参才八九岁，是不可能拜师的。由此推算，曾参应该是在孔子周游列国的后期，即居于卫国、老而返乡的前夕拜师的，即是说，曾参是孔子晚年所收的弟子之一。

在孔子弟子中，曾参的性格是较为独特的。他性情沉静内向，做事小心谨慎、沉稳持重。这有很多事例能够证明。例如，他曾对学生说："吾日三省吾身：为人谋而不忠乎？与朋友交而不信乎？传不习乎？"（《论语·学而》）他还曾自语："十目所视，十手所指，其严乎！"意思是，十只眼睛都看着，十个手指都指着，不严谨怎么行呢？由此可见，曾参做事是很稳重的，对自己要求很严。最典型的例子莫过于他临终之前，还召集弟子说："启予足！启予手！《诗》云：'战战兢兢，如临深渊，如履薄冰。'而今而后，吾知免夫！小子！"（《论语·泰伯》）就是说，在生命即将走到尽头时，曾参还谆谆教育弟子说，做人做事只有战战兢兢、小心谨慎，才能免受刑罚之苦。孔子曾说"不在其位，不谋其政"，曾参则主张"君子思不出其位"，更反映出他是个小心谨慎、不好多事的人。

此外，曾参还为人质朴、谦逊忠厚、诚实不欺。他曾说："以能问于不能，以多问于寡。有若无，实若虚，犯而不校。"（《论语·泰伯》）谆谆告诫学生要谦虚好学、不骄不躁，不要计较生活中的小事、朋友之间的小过节。他还说："可以托六尺之孤，可以寄百里之命，临大节而不可夺也——君子人欤？君子人也。"意思是，只有守诺践行、忠于职守、面临生死关头而无所动摇的人，才可称得上真正的君子。当听说妻子是为哄骗儿子（"特与婴儿戏耳"）而轻许诺言时，曾参严肃地批评说："是教子欺也！母欺子，子而不信其母，非以成教也。"（《韩非子·外储说左上》）然后以杀猪兑现了前诺。《大戴礼记·曾子制言上》还引曾参的话说："良贾深藏如虚，君子有盛教如无。"意思是，高明的商人深藏不露，修养深的人则虚怀若谷。

正因为曾参具有上述个性品质，所以，当卫文子向子贡请教孔门弟子的言行状况时，子贡不无钦佩地回答说："满而不盈，实而如虚，过之如不及，先王难之；博无不学，其貌恭，其德敦；其言于人也，无所不信；其骄大人也，常以浩浩，是曾参之行也。"（《孔子家语·弟子行》）在这里，子贡从为人、学问、相貌、言行等方面，对曾参给予高度评价。子贡还引用孔子的话说："孔子曰：'孝，德之始也；悌，德之序也；信，德之厚也；忠，德之正也。参，中夫四德者也。'以此称之。"（《孔子家语·弟子行》）可见，在孔子看来，曾参"四德"皆备，修养是十分全面的。

也正是因为曾参具有上述优秀品质，加之学问博洽、孝行突出，所以很快就受到当权者的注意。父母活着的时候，曾参就应邀到莒国做了个"得粟三秉"（《韩诗外传·卷一》）的官职，以官俸供养父母；父母去世后，曾参率徒"南游于楚，得尊官焉"（《韩诗外传·卷七》）。由于政绩颇佳，楚国一度还有任其为令尹的想法，齐国欲迎以为相，晋欲封之为上卿，鲁国还多次要封城给他，都被曾参婉言谢绝。（《韩诗外传·卷

一》）他曾明言："吾父母老。食人之禄，则忧人之事，故吾不忍远亲而为人役。"（《孔子家语·七十二弟子解》）

虽然屡有从政之机，但曾参最大的兴趣还是在教育。所以中年以后，曾参专心于教育事业，弟子日众，名声日隆。其弟子沈犹行曾言，昔日"从先生者七十人"（《孟子·离娄下》）。这说明，曾参的教育事业也是成效显著的。其中，最著名者当属孔子之孙子思（姓孔名伋，字子思）。子思虽为孔子嫡孙，但至孔子去世时，子思年仅五岁，未能亲随祖父受业。子思能够成为战国时期著名的思想家，全凭曾参的悉心教诲。之后，孟子又"受业子思之门人"（《史记·孟子荀卿列传》）。这样，曾参虽然没有被孔子列为"十哲"之一，但他以上承孔子、下启思孟的功绩，在儒家思想传承中实际上起到了承上启下的作用，他也因此被视为"思孟学派"之鼻祖，并且成为中国历史上儒家五大"圣人"之一。

因材施教，不厌其细

曾参之所以能有上述成绩，当然离不开孔子的悉心教导。《论语·先进》记载说："柴也愚，参也鲁，师也辟，由也喭。"意思是，高柴愚直，曾参迟钝，子张偏激，子路鲁莽。但这并不等于说曾参是脑子愚笨的人，而只是做事不太灵活而已。事实上，与颜回非常相似，曾参只是表面上显得愚笨木讷，内心却十分细致，思维也非常丰富；并且对于孔子的教导，曾参也常常细加琢磨、认真领会。他不像子路那样口无遮拦地批评孔子，不像宰予那样常常与孔子辩论，也不像子张那样常常说了却做不到，而是时时听从孔子的教导，样样照着去做，这些都与颜回很相似。但与颜回有些不同的是，曾参不仅继承师说，还能有所发展，故深为孔子所青睐，也深得孔子之真传。

再一点与颜回相似的是，曾参虽然性格内向、处事谨慎，但也好学善思、勤奋不已。正因如此，颜回不幸去世后，孔子将学派传承的最大希望寄托在曾参身上。正如朱熹《孟子集注·孟子序说》中引程颐之语所说的："孔子言参也鲁；然颜子没后，终得圣人之道者，曾子也。"曾参入门时间较晚，所以孔子以最大的耐心和热情，知无不言、言无不尽地进行教导。经常的情况是，只要孔子在身旁、有闲暇，曾参就有疑必问，甚至是无疑亦问，并且以问带学，问学并重，用曾参自己的话说就是"请因所闻而学"。这方面的事例很多。例如，根据《孔子家语·王言解》记载，曾参与孔子曾有过一番长长的对话。在这大段对话中，针对"明王之道""不劳不费""明王之守""内修

"七教""外行三至"等问题，师徒二人主要以曾参问、孔子答的形式展开讨论。通过讨论，孔子详细阐明了"明王之道"的内涵与做法，"七教""三至"的意义与作用，"明王之守"的道理与影响以及官爵、禄、征、爱人、知贤、官能等治国之策，曾参从中则学到了古代"明王"为政安邦的很多道理。

最能表现曾参好问的例子无过于记载于《礼记》中的《曾子问》了。在这篇长长的文献中，除记载了子游与子夏各向孔子提出了一两个问题外，其他的都是曾参所提的问题以及孔子的详细答复。举凡丧葬、婚姻、军旅、嫁女、拜会、祭祀、朝见、外出等礼仪、礼制与礼节以及常规和权变的方法，曾参可谓无所不问。其问题数量达四十次之多，创下了有据可查的孔门弟子提问数量之最。由此不难看出，曾参对于儒家所推重的礼仪制度具有何等的兴趣，也能看出孔子对曾参的教诲是不厌其烦的。

孔子既对曾参耐心教导，又对其言行中的不妥之处批评得不遗余力。众所周知，曾参是以孝行著称的，这既让孔子十分欣赏，有时也很看不惯，因为曾参之"孝"是毫无条件的"愚孝"。例如，据《孔子家语·六本》记载，有一次，曾参耘瓜时不留神斩断了瓜苗的根。父亲曾点怪罪儿子做事不谨慎，举杖就打，一直打得曾参晕倒在地，不省人事。曾参苏醒后，竟欢欢喜喜地爬起来，恭敬地问父亲："刚才儿子犯了大错，父亲费了这么大的力气来教育我，不知您的身体有没有劳累啊？"说毕退回房中，还操琴唱歌，以向父亲表现自己并没有因挨打而影响身体。这样的"孝"行，真是达到了匪夷所思的呆傻程度。所以孔子"闻之而怒"，很不高兴地对弟子们说："如果曾参来了，不要让他进来！"曾参不知缘由，央求别人向孔子请教。孔子说："你曾参没听说过这样的事吗？以前，瞽叟有个儿子名舜，舜就很孝顺其父。瞽叟如果有事，舜总在身边；但瞽叟要想伤害舜，却也不能如愿。舜受罚时，如果是小棍也就承受了，要是大棍惩罚就赶快逃避开，以免父亲犯下不慈的罪过。这样既保全了父亲的名声，也尽了自己孝的本分。如今，你眼看就要被父亲打死却不回避。如此的侍父之道很可能陷父于不义，哪有比这更不孝的呢？你难道不是天子的子民吗？要是杀了天子的子民，罪又该如何呢？"曾子听罢恍若醍醐灌顶，说："我犯的错真是太大了！"于是诚恳地向老师拜谢悔过。

由此可见，孔子对曾参也是有所批评的。不过总体而言，孔子对曾参的仁、孝、礼、义之言行还是颇为满意的。正因如此，孔子不仅将礼制思想尽数授予曾参，还为其作《孝经》、陈孝道。《史记·仲尼弟子列传》说："孔子以为（曾参）能通孝道，故授之业，作《孝经》。"《孔子家语·七十二弟子解》云，曾参"志存孝道，故孔子因之以作《孝经》。《汉书·艺文志》亦载："《孝经》者，孔子为曾子陈孝道也。"曾参牢记老师教诲，在孔子去世后的数十年间，不仅时时、事事以仁孝律己，而且集成撰著了《孝经》，对后世产生了广泛的影响。《新语》云："曾子孝于父母……德美重于后世。"皮日休《宗圣志·卷七》亦云："曾参之孝道，感天地，动鬼神。"

总之，在孔子的教育批评下，曾参进步迅速，很快成为孔门弟子中的又一佼佼者。如果说，子夏是孔门中最擅长研究古代文献的人，那么曾参则是深谙礼制与孝道的翘楚，二人从孔子那里各自学到了安身立命的一大法宝。如果说，子夏以其"西河学派"的教育实践扩大了儒家学派的社会影响力，那么曾参则是以传承儒家道统的功绩而青史留名。如果说，子夏以其对古代文献的研究开启了战国变法运动的先声，那么曾参则以其对儒家经典的忠实继承、深度阐发以及对儒家行为标准的躬身践行，为儒家思想的传承做出了多方面的贡献。韩愈曾说："孔子之道大而能博，门弟子不能遍观而尽识也，故学焉皆得其性所近。其后离散分处诸侯之国，又各以其所能授弟子，源远而末益分。惟孟轲师子思，而子思之学盖出曾子。"（《送王埙序》）曾参能有这些贡献，自然离不开孔子的教诲之功。

敬师爱师，光大师说

孔门弟子对老师都是崇敬有加的。曾参对孔子的敬仰程度，与子贡、宰予、颜回等人相比都毫不逊色。如他曾深有感慨地对学生说："江汉以濯之，秋阳以暴之。皜皜乎，不可尚矣！"说孔子的形象就像用江汉的水洗涤过，经秋天的太阳暴晒过一样，是洁白晶莹得不可比拟和超越的。《孝经》中有一则著名的故事——曾子避席，亦可看出曾参对孔子的敬重程度。有一次，孔子问他："以前的圣贤之王有至高无上的德行，用精要奥妙的理论教导天下之人，人们相处和睦，君臣间也无不满，你知道是什么吗？"曾参不明其道理，立刻站起来走到席子外面，恭恭敬敬地回答："我不够聪明，请老师教我。"古人谈话常常跌坐席上，"避席"乃是非常礼貌之举，就是学生站起身来，走到席子之外请教老师，用以表示对老师的尊重。由此，"曾子避席"也就被后人广为传诵，成为古代学生尊师敬师的经典礼节。

曾参不仅从行为上敬师，从思想上对孔子学说也既有继承，又有发展。例如，曾参曾明确说过："父母爱之，喜而不忘；父母恶之，惧而无怨。"（《尸子》）"父母生之，子弗敢杀；父母置之，子弗敢废；父母全之，子弗敢阙。"（《吕氏春秋·孝行》）就是说，子女的一切言行都必须以父母的好恶标准为标准，这比孔子"敬而不违""能竭其力""事父母几谏"的思想更进了一步。又如，孔子要求父亲死后子女应"三年无改于父之道"（《论语·里仁》），曾参更具体地说要"不改父之臣与父之政"（《论语·子张》）；孔子明言"不饮'盗泉'之水"，曾参则主张"不入'胜母'之闾"（《盐铁论·晁错》），以此表明对母亲的敬重。又如，孔子明言"不在其位，不谋其政"（《论语·泰伯》），即居官者必须尽职于政事，在下者则不能越位谋政；曾参进一步阐发说："君子思不出其位"（《论语·宪问》），就是君子思考问题都不能超越其位分职责。再如，孔子主张"父母在，不远游；游，必有方"（《论语·里仁》），就是说，孔子虽然认为父母健在时子女不应游历在外，但也并非绝对地反对子女"游"的行为；曾参则又进一步，主张"义不离亲一夕宿于外"（《战国策·燕策一》），认为倘若父母健在，儿女就应连一夜也不能宿于别处。

由上可见，曾参对孔子思想是一脉相承并有所拓展的。不仅如此，曾参对儒家思想还有许多新的概括和阐发。例如，他曾对学生说："夫子之道，忠恕而已矣。"（《论语·里仁》）这是对孔子思想的高度浓缩，是深谙儒家"仁道"之内涵的经典概括。曾参还曾明言："慎终、追远，民德归厚矣。"（《论语·学而》）认为只要慎重地对待父母的丧礼，追念远代的祖先，百姓的道德就能趋于敦厚，这是对儒家教化思想的新阐发。他还颇有感触地说："士不可以不弘毅，任重而道远。仁以为己任，不亦重乎？死而后已，不亦远乎？"（《论语·泰伯》）这种敢把"仁"之重任担在肩上，终生为之奋斗，甚至不惜牺牲生命的志士情怀，是对儒家"铁肩担道义"之气魄的深度阐发，比孔子"三军可夺帅也，匹夫不可夺志也"（《论语·子罕》）的思想内涵更深、眼界更远，直接启迪了孟子的"大丈夫"思想。面对不可一世的当权者，曾参还豪情满怀地说："晋楚之富，不可及也。彼以其富，我以吾仁；彼以其爵，我以吾义。吾何慊乎哉？"（《孟子·公孙丑下》）这种不要把权势熏天的统治者看得高不可攀的思想，与孟子"说大人，则藐之，勿视其巍巍然"的主张如出一辙，是对于人之自立、自信、自尊的高度赞扬。

值得一提的是，儒家经典著作《中庸》的撰成也与曾参有着直接的关系。学界基本认定，《中庸》的作者是孔子之孙、曾参之徒子思。子思之所以能成为一代思想家，全凭曾参的细心教导。子思倾其一生心血，"述父师之意，穷性命之原，极天人之奥，作《中庸》一书，以昭来世。"（冯云鹓《圣门十六子书》）孔子对于中庸思想是非常

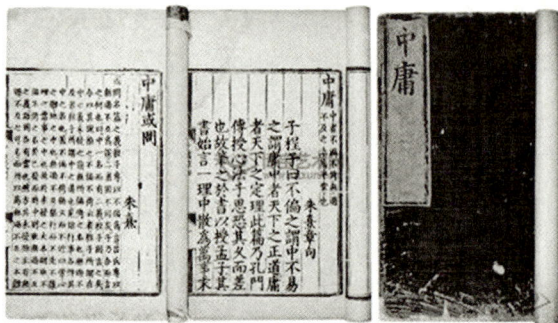

儒家经典著作:《中庸》

推崇的,曾明言:"中庸之为德也,其至矣乎!民鲜久矣。"(《论语·雍也》)。不过在孔子那里,这主要是一种处事方法和修养准则。如《论语·先进》记载:"子贡问曰:'师与商也孰贤?'子曰:'师也过,商也不及。'曰:'然则师愈欤?'子曰:'过犹不及。'"

这是说,在孔子看来,过与不及一样,都是偏离中庸之道的行为。孔子还曾自我评价说:"吾有知乎哉?无知也。有鄙夫问于我,空空如也,我叩其两端而竭焉。"此处所说的"两端",就是事物的终始、上下、进止、损益,以及博约、辩讷、勇怯、张弛等;"叩其两端"则是考察事物的不同方面,分析矛盾,辨明是非。这既是孔子思考问题的一种方法,也是其"执两用中"的一种处事方式。

《中庸》继承和发展了这一思想,把"中庸"视为最高的自然法则和道德准则,并且建构了一个较为完整的思想体系。简言之,中庸既被推重为一种修养境界,也被看成是一种处事准则;既被强调为一种方法论,也被理解为一种世界观;既被看作事物之本源,也被视为君子之当行。即是说,它既论述了从认识世界到认识人自身(由外而内)的问题,还阐明了何以修身、何以处事(由内而外)的问题;既蕴含伦理学、政治学、教育学等多种学科的意义,也具有方法论、认识论、"宇宙运行论"等多方面的内涵。

《中庸》一书不仅全面阐述和发展了孔子"执两用中"的思想,从天、人、物等方面深刻论述了"中""和""诚"的意义与作用,而且提出了学、问、思、辨、行的为学次序,极大地丰富了我国古代的教育教学理论。《中庸》所阐述的"尊德性""道问学"思想,直接促进了宋明理学的发展;而以"自我"为中心的"天人合一"思想,对后世有着更加深远的影响。

总之,曾参把对恩师孔子的思念之情,化作光大师说的实际行动。对于孔子的思想,曾参不仅照着说,也接着说;对于孔子的教导,曾参不仅时时揣摩,还传给后学、启迪来者;对于孔子的敬重,曾参不仅牢记于心,还躬身实践,《孝经》中的"曾子避席",《礼记·檀弓下》中的"曾子寝疾"皆是明证。凡此种种,不仅可视为孔门师生间感人关系的又一经典例证，还折射出孔子化育弟子的高超教育才能。

孔子与其他著名弟子

孔子倾数十年之力，培养了一大批杰出的人才。这些人或具有突出的治世才干，或长于理财外交，或热衷学术研究，或喜欢军旅生活，"大者为师傅卿相，小者友教士大夫"（《汉书·儒林传》），对当时社会产生了重要影响。由于篇幅所限，除以上七位出类拔萃者以及随文叙述的若干弟子外，以下将其他著名弟子及其与孔子的关系一并介绍，不再分别阐述。

孔子与闵子骞

闵子骞，姓闵，名损，字子骞。春秋末年鲁国人。生于公元前536年，少孔子十五岁，卒于何年不详。闵子骞出身于平民家庭，生活较为贫寒，少年时即以仁孝著称；成人后对仕途亦屡推不就，"不仕大夫，不食汙君之禄"（《史记·仲尼弟子列传》），

济南闵子骞墓

保持了高洁的德操。正因如此，闵子骞被列入"德行"一科，成为孔门弟子"十哲"之一。

关于闵子骞的生平事迹，史料记载很少。就现有资料看，闵子骞是位性格稳重、少言寡语的人。《论语·先进》中这样描述说："闵子骞侍侧，訚訚如也；子路，行行如也；冉有、子贡，侃侃如也。"訚訚是恭敬严肃的样子，是老成持重，不轻狂、不浮躁的意思。这是说，闵子骞不同于子路、冉求、子贡等性格活泼的人，而与颜回、曾参很相似，都是个性稳重的人。不仅个性稳重，闵子骞还是位少言寡语、言辞谨慎的人。有一次，鲁国要扩充库府，须动用大量民力，闵子骞批评说："仍旧贯，如之何？何必改作？"意思是，对旧库略加修理也就行了，何必要改建重修呢？孔子听说以后，称赞说："夫人不言，言必有中。"（《论语·先进》）意即闵子骞不讲话则已，一说话就直击要害。这说明，闵子骞平时很少说话，是位谨言慎行的人。

闵子骞一生最大的亮点是"德行"突出，尤以孝义著称，因而孔子将其列入"德行"一科，排序仅次于颜回。关于其"德行"突出的事例，有不少资料可以证明。如《论语·雍也》记载："季氏使闵子骞为费宰。闵子骞曰：'善为我辞焉！如有复我者，则吾必在汶上矣。'"意思是，季氏想聘请闵子骞担任费宰一职，闵子骞设法加以推辞，并且说："要是还坚持让我去任职，我就逃到齐国去。"闵子骞这种不为富贵折腰的精神，受到了孔子的称赞。

相比之下，最能表现闵子骞"德行"的是记载于《太平御览》卷三十四的如下一则故事："闵子骞事后母，絮骞衣以芦花，御车，寒，失靷。父怒，笞之。后抚背，知衣单。父乃去其妻，骞启父曰：'母在一子寒，母去三子单，愿大人思之。'"《说苑·佚文》中也有相似的记载。故事说，闵子骞少年丧母，继母给他用芦花絮棉衣，外表厚实却不敌严寒。闵子骞驾车时，不小心弄掉了拉车的绳子，气得父亲用鞭子抽打他。芦花飘落，父亲方知儿子受了委屈，决定休妻，但闵子骞却为继母求情，为的是能让父亲和两个弟弟都有人照料。如此屈己待人的孝悌之举实属难得，故而孔子称赞说："孝哉，闵子骞！人不间于其父母昆弟之言。"（《论语·先进》）意思是，闵子骞真孝顺啊！人们对于他父母兄弟称许他的话是毫不怀疑的。

通观《论语》全书，向孔子问过"孝"的人很多，如子游、子贡、孟武伯等，都曾请教过孔子何以为"孝"。论"孝"之途径与作用的人也不少，如曾参主张"慎终追远，民德归厚"，子夏认为"事父母能竭其力"即为尽孝，有若则认为提倡孝悌可以减少犯上作乱。但是在《论语》一书中，孔子唯独将"孝哉"的评价授予闵子骞，可见闵子骞的孝行的确是非常突出的。

由于孔子的高度称赞，后世也多将闵子骞视为孔子弟子中仁、孝的典型，与曾参并称。如果说，曾参主要从思想上阐发了孔子的"孝道"，从学派上传承了孔子的思想，那么闵子骞则将其具体落实到了行动中。"鞭打芦花闵子骞"由此也成为人们熟知的孝义典故，流传至今。

孔子与仲弓

仲弓，姓冉，名雍，字仲弓。春秋末年鲁国人。生于公元前522年，少孔子二十九岁，卒年不详。与冉求相似，仲弓也出身于微贱的平民家族。仲弓师从孔子后勤奋好学，注意锻炼、提升自己，最终以熟谙政事而出名。人们评价他是"仁而不佞"，孔子则认为他不仅堪任一邑之宰，还足以治理一个国家，即"雍也，可使南面"（《论语·雍也》）。如此高的评价，孔子是从未许给其他任何弟子的。因为仲弓才高德美，故被孔子列入"德行"一科，成为孔门弟子"十哲"之一。

因为才能颇高、为人所重，所以，尽管仲弓未曾"南面"，但的确做过重要的地方官职，这在《论语》中有明确记载。如《论语·子路》云："仲弓为季氏宰，问政。子曰：'先有司，赦小过，举贤才。'曰：'焉知贤才而举之？'子曰：'举尔所知；尔所不知，人其舍诸？'"从孔子对仲弓问政的答复来看，他在季氏那里是很有地位的，掌握着不小的权力，因为孔子建议仲弓"先有司"，这就表明仲弓手中管理着一些职能部门，是有下属官员的；叫他"赦小过"，则说明仲弓有惩罚人"大过"的权力；希望"举贤才"，更说明仲弓有推荐和任用人的权力。所以孔子进一步教育说：要说举贤才，把你知道的那些推荐出来就行了；你所不知道的，人们也不会埋没他们的。由此可见，仲弓所担任的"季氏宰"和一般家臣是很不一样的，应该是个重要的职务。

不仅如此，仲弓还善于观察他人为政的问题，并常与孔子交流。《论语·雍也》记载："仲弓问子桑伯子。子曰：'可也，简。'仲弓曰：'居敬而行简，以临其民，不亦可乎？居简而行简，无乃太简乎？'子曰：'雍之言，然。'"在这里，仲弓针对孔子对子桑伯子为政"尚可"的评价进一步分析说，如果内心恭敬而行事简约，还算说得过去的；但如果存心草率，并以简单的方式行事，那就会有麻烦，甚至可能造成大的失误。孔子马上修正自己的说法，肯定了仲弓的观点。这充分说明，仲弓不仅善于从政，对别人的为政问题也洞若观火，无怪乎季氏要授予他重要职位了。

仲弓不但长于政事，而且品德亦佳。首先，与宰予、子贡等人的能言善辩不同，仲弓不喜欢与别人论辩，更不愿争口舌之短长。《论语·公冶长》记载，人们曾评价仲弓是位"仁而不佞"的人，即虽有仁德但口才欠佳。孔子听到后马上回答说："何必一定要口才好呢？口齿伶俐地与别人争辩，常常会惹人讨厌憎恶，反而会掩盖其仁德。"可见，孔子对于仲弓"不佞"的做法甚为欣赏。事实上，这一做法与孔子的主张是高度一致的。孔子曾屡屡告诫弟子说："巧言令色，鲜矣仁"（《论语·学而》），"君子食无求饱，居无求安，敏于事而慎于言，就有道而正焉"（《论语·学而》），"君子欲讷于言而敏于行"（《论语·里仁》），"仁者，其言也讱（谨慎）"（《论语·颜渊》）。就是说，在孔子看来，德行高尚的人是不应该逞口舌之利的，所以孔子对仲弓"不佞"的做法给予充分肯定。

其次，仲弓不仅"仁而不佞"，而且为人宽宏大量。《论语·颜渊》记载："仲弓问仁。子曰：'出门如见大宾，使民如承大祭。己所不欲，勿施于人。在邦无怨，在家无怨。'仲弓曰：'雍虽不敏，请事斯语矣。'"孔子教育仲弓说，要提升仁德修养，出门时就应该像去会见贵宾一样庄重谦敬，使用民力时要像承当重大祭典一样严肃不苟，自己不喜欢的不要加给别人，在朝廷和卿大夫之家做事都要无怨无悔。仲弓马上回答说："我即使再不聪敏，也要照您的这些话去做。"正因为仲弓能够依照孔子的标准要求自己，所以《孔子家语·弟子行》评价他说："在贫如客，使其臣如借，不迁怒，不深怨，不录旧罪，是冉雍之行也。"意思是说，把贫穷看成临时的过客，把下属作为暂时的借用，不拿别人出气，不使怨恨加深，不计较人们以往的过错，这是仲弓的品行。可见，仲弓为人确是心胸宽广的。

仲弓祠遗址碑

孔子还有段名言："犁牛之子骍且角，虽欲勿用，山川其舍诸？"（《论语·雍也》）这是孔子对仲弓勉励的话语，意思是，耕牛产下的牛犊长得那般漂亮，即使不想让它来祭祀山川，山川之神又怎能舍得呢？众所周知，仲弓出身微贱，且因其父"贱而行恶"而一度自卑，因而孔子劝勉仲弓说，即便父辈只是用来耕田的犁牛，但怎知其子不能长成"祭牛"，用于神圣事业呢？虽然由于史料所限，我们无法知晓孔子教育仲弓的更多情形，但仅此而言，就可看出孔子对仲弓的教诲之切，也能窥见孔子因材施教的风采所在。

孔子与有若

有若，姓有，名若，字子有，后学尊称其为"有子"。春秋末年鲁国人。生于公元前518年（一说生于公元前508年），少孔子三十三岁，卒于何年不详。有若是孔子中年之后所收的弟子，勤奋好学，勤问善思，注重孝悌修养，主张礼义兼修，是孔子的著名弟子，"七十二贤"之一。

一提及有若，人们首先会想到《史记·仲尼弟子列传》所记载的"状似孔子"，意即有若的外貌与孔子极其相似，所以孔子去世后，孔门弟子把有若"共立为师"，以慰藉大家的追念恩师之情。此说一出，影响深远，似乎有若只是外貌酷似乃师，才被同门当作"替身"来参拜的。这其实是个绝大的误会。事实上，有若无论从思想还是行为方面都最接近孔子，对儒家思想还有许多创造性阐发，实为孔子之后儒家的重要人物。《孔子家语·七十二弟子解》说，有若"为人强记，好古道也"，准确地道出了有若与孔子思想上的关系。

有若对孔子思想不仅理解深刻，还阐发出了许多新观点。只要翻开《论语》一书即可发现，有若的言论在书中占据了很大分量。如有若曾云："礼之用，和为贵。先王之道，斯为美。小大由之。有所不行，知和而和，不以礼节之，亦不可行也。"（《学而》）意思是在推行礼制时，既要贯彻"和"的精神，还要以"礼"为准绳，不能只是为"和"而"和"。这一思想与孔子"中庸之为德也，其至矣乎"和"非礼勿视，非礼勿听，非礼勿言，非礼勿动"的主张是完全一致的。又如，他还说过："其为人也孝弟，而好犯上者，鲜矣；而好作乱者，未之有也。君子务本，本立而道生。孝弟也者，其为人之本欤？"（《学而》）就是说，君子要提升自己的修养，就应该抓住孝悌这一根本，由此就既不会犯上，亦不会作乱。这和孔子"君子笃于亲，则民兴于仁"（《泰伯》）的思想亦是一脉相承的。又如，有若还曾明言："信近于义，言可复也。恭近于礼，远耻辱也。因不失其亲，亦可宗也。"（《学而》）这是对儒家信、义、恭、礼、亲等问题的再阐释，与孔子"与朋友交，言而有信""道千乘之国，敬事而信""人而无信，不知其可也"等思想是高度接近的。再如，针对哀公要额外收税的动议，有若明

215

确主张恢复什一税，并且明言："百姓足，君孰与不足？百姓不足，君孰与足？"(《颜渊》)有若的这种"藏富于民"的思想，与孔子的"博施于民而能济众"(《雍也》)以及反对季氏改革"田税"制度以肥己的思想也是完全一致的。

由此可见，有若思想是最接近于孔子的。有人可能会说，今本《论语》是由曾参、有若之门人最终编成的，其中载有许多有若的言论不足为奇。但是，如果其思想与孔子相悖，如果不是对孔子思想的接续性阐发，是不可能借助《论语》而流传至今的。事实上，有若不仅在很多问题上与孔子观点一脉相承，而且有深刻而准确的理解。如《礼记·檀弓上》记载，曾参认为，孔子对于丧葬的主张是"丧欲速贫，死欲速朽"。有若听罢却说：老师的主张绝不会是这样，君子不会如此不仁义、不厚道。曾参说：这是我亲耳听老师说的。有若说：你肯定是听错了，老师不会说出这样的话。后来子游出来说，老师的确这样说过，但那是有特定对象的，是针对司马桓魋之类奢靡的当权者而说出的气话，绝不是希望所有人都如此，并且明言："有子之言，似夫子也。"可见，有若对于孔子思想把握得非常准确。

有若之所以能有如此的理解，源于他对孔子的时时追随，也源于他对孔子的高度尊敬。有若曾言："麒麟之于走兽，凤凰之于飞鸟，太山之于丘垤，河海之于行潦，类

有若画像

也。圣人之于民，亦类也。出于其类，拔乎其萃，自生民以来，未有盛于孔子也。"(《孟子·公孙丑上》)这是有若以慷慨之词对孔子表达的感念之情，是发自内心的颂扬。正因如此崇拜，有若也就处处以孔子为榜样，时时揣摩孔子的思想。例如，孔子终生好学、学而不厌，有若就"恶卧而焠掌，可谓能自忍矣"(《荀子·解蔽》)。意思是，为了能够刻苦学习，有若就准备了火堆来烫手("焠掌")，以驱赶睡意、珍惜光阴。"恶卧焠掌"由此也传为佳话，堪与"悬梁刺股""凿壁偷光"相媲美，成为古人好学的经典故事。

总之，对于孔子的思想，有若既能准确理解又有精彩阐发，尤其是"礼之用，和为贵""君子务本，本立而道生"等阐释性表达，对后世影响

极为深远，成为人们认识和理解儒家思想的重要命题；而对孔子"出于其类，拔乎其萃"的赞颂，不仅能折射出孔子"万世师表"的无上风采，而且此语业已化作人们耳熟能详的名言，经典隽永，流芳至今。

孔子与子游

子游，姓言，名偃，字子游，亦称言游。春秋末年吴国人。生于公元前506年，少孔子四十五岁，卒年不详。子游与子夏、子张等并为孔子晚年的著名弟子，以"文学"著称，是孔门弟子"十哲"之一。

与颜回、子夏相似，子游虽然拜师时间也较晚，但他也求知欲旺盛，记忆力很强，而且对古代文献颇感兴趣，时常向孔子请教，因而学问进步很快，成为孔子的得意弟子。有人评价说："礼不习，子游侍；辞不辨，宰我侍。"（《尸子》）意思是，当演习古礼出现难题时，就有子游在旁做助手；当言辞表达出现难度时，则有宰我在旁协助。此处将子游与宰我并提，可见子游已成为孔子的得力助手，也可看出子游热爱古代文献并擅长各种礼仪。

前已有述，孔门弟子在性格和处事方面都各有特色，如子路直率勇武、冉求多才多艺、曾参谨慎小心、颜回守礼好学等。子游也有自己的特色，那

子游画像

就是做事简洁明了，说话不啰唆。《论语·里仁》记载："子游曰：'事君数，斯辱矣；朋友数，斯疏矣。'""数"音"硕"，意为多次频繁，此处指琐细。就是说，在子游看来，侍奉君主、交往朋友都应有分寸，不应过于琐细，否则结果会适得其反。这是子游人际交往中的经验之谈。《孔子家语·弟子行》评价说："先成其虑，及事而用之，故动而不妄，是言偃之行也。"意思是，做事之前先考虑得仔细清楚，做事时就能简洁明了，不会顾此失彼，这是子游行为的一大特色。

此外，子游在生活中还有处事灵活、不拘小节的特点。《孔子家语·弟子行》引孔子的话说："欲能则学，欲知则问，欲善则详，欲给则豫，当是而行，偃也得之矣。"可

217

见，子游在日常处事时都能按照环境和条件的不同而灵活处理。《论语·子张》记载，子游对子夏一派的某些做法曾颇有微词，他说："子夏之门人小子，当洒扫、应对、进退则可矣，抑末也。本之则无，如之何？"这是说，子游认为子夏教育学生时太注重细节了，使学生们只能做些打扫卫生、回答应对、迎宾送宾之类的事情；为人处事时不应只注意这些细枝末节的琐事，而应该抓住仁、礼等根本问题，而子夏之徒恰恰缺乏这一点。子游的这番话虽然是针对子夏一派的批评之语，但也能反映出子游"抓大放小""重本轻末"的处事特色。

由于子游在学问上颇有特长，为人处世方面也有特色，因而年纪轻轻时就被当权者注意。史载，子游二十多岁时就出任了鲁国的"武城宰"。《论语·阳货》记载："子之武城，闻弦歌之声。夫子莞尔一笑，曰：'割鸡焉用牛刀？'子游对曰：'昔者，偃也闻诸夫子曰：君子学道则爱人，小人学道易使也。'子曰：'二三子，偃之言是也！前言戏之耳。'"这是说，孔子率徒到武城游历时，见到子游以弦歌来教化百姓。孔子笑了笑说，在武城这个小地方，还用得着以弦歌之类高级的形式进行教化吗？子游回答说，我以前听老师说过，君子学了礼乐就懂得爱惜百姓，百姓学了礼乐则易于接受管理。孔子听罢，马上肯定了子游的观点和做法，并且立刻改口说，自己前面所说的只是开开玩笑而已。可见，子游做事是非常认真的，只要有机会就会用礼乐来教化民众，这非常符合孔子一贯的政治思想。

子游不仅在地方实际治理方面贯彻了孔子的思想，而且以对话的形式阐发了孔子的政治理想。这在《礼记·礼运》中有详细的记载。该篇全文是以子游问、孔子答的形式写成的，据称由子游的后学记录整理而成。在这篇长文中，师徒二人就礼、乐、义、利、政、天、人、人情、"四灵"等问题展开了详细的问对，特别是对儒家"大道之行也，天下为公"的社会政治理想做出了精彩阐述，还提出了"小康""大同"等经典性概念。其影响所及，可称纵贯千古，福佑当今。

由于史料记载不多，我们无法对子游与孔子的交往情形再做细述。但仅从上述分析就不难看出，子游对其师的思想是深谙于心的。由此可以断言，子游与孔子必然过从甚密。《孟子·公孙丑上》云："昔者窃闻之：子夏、子游、子张，皆有圣人之一体。"就是说，子夏等三人都从孔子那里学习到一种思想、继承了一套学说。就子游而言，他对古代文献的热爱、对地方治理的举措以及对儒家政治理想的准确把握，都可谓深得孔子思想之精髓。由此，子游不仅以"文学"而著称，还成为孔子弟子中从政的一把好手。

孔子与樊迟

樊迟，姓樊，名须，字子迟，亦称樊须。春秋末年鲁国人（一说齐国人）。生于公元前505年，少孔子四十六岁（一说生于公元前515年，少孔子三十六岁），卒年不详。在孔门弟子中，樊迟也以勤奋好学而知名，入门虽晚却进步迅速，很快便跻身著名弟子行列，成为孔门"七十二贤"之一。

关于樊迟的家世及家境情况，古籍没有记载；至于其生平履历，也只知道他曾参加了公元前484年抗击"齐师伐鲁"的战争。在这场战争中，樊迟担任"车右"一职。当时，鲁军不敢越沟迎战齐师。樊迟对冉求说，鲁军"非不能也，不信子也，请三刻而逾之"（《左传·哀公十一年》），督促冉求统帅大军冲过去，最后鲁军大胜。樊迟以其勇武精神为鲁国立下了战功，也为礼迎孔子回国做出了贡献。

樊迟大约是在孔子周游列国末期才拜师的。像

樊迟画像

其他弟子一样，樊迟亦勤学好问。勤奋好学乃是孔门弟子尤其是孔子晚年所收弟子的共同特征，这大约是因为孔子晚年名声大震，而弟子担心老师来日无多的缘故吧。所以弟子们都想从孔子那里尽量多学一些东西。在孔子弟子中，樊迟既不像颜回那样"闻一知十"，也不如子贡那样反应灵敏，更比不了子夏的勤问善思、温故知新，至多只能算是智商一般的人，甚至可以说，理解能力不佳乃是樊迟智力水平的基本状况。但是，只要有机会与孔子见面，樊迟就不管不顾地张口即问。这种"饥不择食"式的发问，招致了孔子"小人哉！"的痛批。由此可见，求知心切、急于求成，乃是樊迟思想行为的突出特色。

一提起樊迟，就不能不谈起他"请学稼"和"请学为圃"的问题，也因此导致后人对樊迟众说纷纭。对于樊迟的这些问题，孔子除答以"吾不如老农""吾不如老圃"外，还指着他的后背斥责说："小人哉！樊须也。上好礼，则民莫敢不敬；上好义，则

民莫敢不服；上好信，则民莫敢不用情。夫如是，则四方之民襁负其子而至矣，焉用稼？"（《论语·子路》）大意是说，樊迟啊，他真是个眼界短浅的下层人物！只要在上者以礼、义、信教化民众，四方百姓就会汇集过来，甚至会抱着孩子赶来，哪里还用自己种庄稼呢？可见，孔子对于"学稼""学圃"问题是持否定态度的。那么，孔子为什么如此生气地斥责樊迟？其背后的深意又是什么呢？

　　人们一般认为，《论语》中的"小人"有两种解释：一是行为低劣、品德下流的人；一是地位低微、从事农耕的大众百姓。不难看出，孔子这里取的是后者，即朱熹《四书集注》中所说的"小人，谓细民，孟子所谓小人之事者也"，而不是今天道德意义上的"小人"。我们认为，这些问题既表明樊迟的兴趣不够专一，又透露出其政治追求不够高远的毛病，所以孔子对樊迟加以斥责，望其能够幡然悔悟。因此，"小人"之论是对樊迟追求不高、眼界不远的批评，属于"望子成龙"之类的责备之语。其实，这一解读前人早已有之。如朱熹在《四书集注》中就引杨氏的话说："樊须游圣人之门而问稼圃，志则陋矣，辞而辟之可也。"元代儒者陈天祥也在《四书辨疑》中评论此事，说："盖樊迟在夫子之门，不问其所当问，而以农圃之事问于夫子。夫子以是责之耳，非以农为不当为也。"可见，孔子并不是鄙视农民、鄙薄农业，而是不希望弟子们在此方面投入精力，寄望他们在政治上有所建树；樊迟却背道而驰，关心起农耕之事来，因而让孔子颇为失望。社会有分工，人之精力亦自有限，每个人都应考虑自己最该干什么、最擅长干什么。事实上，在春秋末期的乱世背景下，士人最需考虑的是如何才能建立起一个政治清明的社会，使人民过上平稳和安定的生活；而士人作为当时有知识、有素养、有担当的"准管理阶层"，是最有能力也最有希望帮助当权者建立这样一个社会的。这才是士人应有的政治追求、使命担当和人生价值。试想，如果士人倾心于农业生产，岂非"扬短避长""不务正业"之举？谁还有足够的精力去思考社会改造问题？所以樊迟的"学稼""学圃"问题，遭到了孔子的严厉批评。

　　由此可见，孔子对樊迟的斥责并非没有道理，其中包含着对这位年轻弟子的良苦用心和责任期待。但是，这番斥责对后世影响很大，让人们误以为樊迟真是个不堪造就之才。事实上，求知欲极强的樊迟还问了其他问题，如问"知"、问"仁"、问"孝"等，问"学稼"无非是樊迟想从孔子那里多学一些东西而已。《论语·颜渊》记载，孟懿子曾问孔子如何为"孝"，孔子回答说："无违。"之后，孔子对着驾车的樊迟说："孟孙问孝于我，我对曰：无违。"樊迟问："何谓也？"孔子说："生，事之以礼；死，葬之以礼，祭之以礼。"这是告诉樊迟，"孝"应该是因人而异的，对于不同条件的家庭来说，"孝"的要求和标准也应该有所区别。可见，孔子对于樊迟是很用心的，不放过任何机会来教育他。

尤其需要一提的是，樊迟曾数次问"仁"，每次孔子都耐心地给予了回答。根据《论语》的记载，关于"仁"的问题，颜回、仲弓、司马牛、子张、子夏都各问了一次，唯独樊迟问了三次。对这三次问仁略作分析就可发现，孔子不仅从不同层面进行了阐述，其中还有明显的递进关系。第一次问仁记载于《论语·雍也》中，孔子回答说："仁者，先难而后获，可谓仁矣。"孔子明言，先受磨难而后获取，才能算是仁。这可视为孔子对樊迟的初步启迪，是鼓励他要有直面困难的勇气。第二次问仁记载于《论语·颜渊》，孔子的回答是："爱人。"这一回答比"先难而后获"高了一层，是对樊迟修养与胸怀的教导。但这样的答案对于不能举一反三的樊迟来讲未免过于笼统了，所以樊迟接着问"知"，孔子回答："知人。"樊迟的反应是"未达"，就是还没弄明白，所以孔子接着说："举直错诸枉，能使枉者直。"意思是说，把正直的人提拔到不正直的人之上，就能使不正直的人也正直起来。这种不用惩戒杀戮就能使"枉者直"的建议，可视为对"爱人"思想的补充与展开。第三次问仁是在《论语·子路》中，孔子答曰："居处恭，执事敬，与人忠。虽之夷狄，不可弃也。"意思是说，在家规规矩矩，办事严肃认真，待人忠心诚意，即使到了夷狄之地，这些要求也是不能背弃的。这是孔子对"仁"之具体方法的阐述，也是对"仁"最高境界的表达。质言之，就是希望樊迟无论何地都须心存"仁"念，无论何事都应"行仁践义"，这是对樊迟的高度期许。

从对于樊迟三次问仁的不同回答中，我们既可窥见孔子循序渐进的教育风采，也可看出孔子诲人不倦的师德及耐心。《论语·颜渊》记载，有一次，樊迟陪伴孔子从游于舞雩台之下。樊迟问孔子："敢问崇德、修慝、辨惑？"意思是，如何才能提高品德修养，改掉邪念，辨别迷惑？这些问题已问得像模像样、很有深度了，所以孔子赞许说："善哉问！先事后得，非崇德欤？攻其恶，无攻人之恶，非修慝欤？一朝之忿，忘其身，以及其亲，非惑欤？"理解能力不佳的樊迟居然也能提出"崇德、修慝、辨惑"之类的问题，足以看出孔子的耐心在学生身上得到的回报。

总之，孔子对于樊迟既有严厉批评，更有谆谆教导。古籍中没有记载樊迟对孔子的赞颂之辞，但是，未见赞辞不等于樊迟心中未存敬意，因为从"焉用稼"的反问中不难体会出孔子的语重心长，"善哉问"的评价更能显示出孔子的欣喜与鼓励。事实上，自觉自愿地为孔子守墓三年，就足以看出孔子在樊迟心中的地位；很快成为"七十二贤"之一，更能证明孔子辛勤汗水在樊迟身上结出的硕果。

孔子与子张

子张，姓颛孙，名师，字子张。春秋末陈国人（一说鲁国人）。生于公元前503年，少孔子四十八岁，卒年不详。子张与子游、子夏等并为孔子晚年的著名弟子，虽未能列入"十哲"之中，但亦成为孔门"七十二贤"之一。

与其他许多弟子相似，子张也出身低微。《吕氏春秋·尊师》云："子张，鲁之鄙家也；颜涿聚，梁父之大盗也，学于孔子。"《尸子》则说："子贡，卫贾人；颜涿聚，盗也；颛孙师，驵也。孔子教之，皆为显士。""鄙家"即家世卑贱之意；"驵"即驵侩，意为马匹交易的经纪人。由此可见，子张原为不被人所重视的社会底层之人。

虽然出身低微，但经孔子的悉心教育后，子张进步迅速，最终成了显于天下的名士，并且设学授徒，自成一派。据《韩非子·显学》所说，孔子去世后，儒家分为八派，而"子张氏之儒"列在最前面，可见子张一派在当时是影响极大的。《史记·儒林列传》说："自孔子卒后，七十子之徒散游诸侯……子张居陈，澹台子羽居楚，子夏居西河，子贡终于齐。"由此看来，子张最后回到陈国，并以此为基地发展势力，名声显于一时。

子张浮雕像

在孔门弟子中，子张的个性颇有特点，就是既偏激好胜，又博爱容众，交友甚广。《论语·先进》云："柴也愚，参也鲁，师也辟，由也喭。"这是众所周知的对孔门弟子性格的描述。该篇还记载："子贡问曰：'师与商也孰贤？'子曰：'师也过，商也不及。'曰：'然则师愈欤？'子曰：'过犹不及。'"即是说，在孔子看来，子张交友太广与子夏交友过窄一样，都是偏离中道的行为。《论语·子张》记载，子夏的弟子曾向子张请教交友的方法。子张回答说："君子尊贤而容众，嘉善而矜不能。我之大贤欤？于人何所不容？我之不贤欤？人将拒我，如之何其拒人也？"意思是，君子应该尊敬贤者而包容大众，赞美好的而同情差的。我们自己如果是贤者，那对别人有什么不能宽容的？如果不是贤者，那别人会拒绝我们，我们又如何能拒绝他人呢？这与子夏的交友观恰成鲜明的对照。正因如此，《孔子家语·弟子行》评价子张说："美功不伐，贵位不善，不侮不佚，不傲无告，是颛孙师之行也。"

此外，子张还有为人豪爽勇武、做事不拘小节的特点。《论语·子张》记载："子张曰：'士，见危致命，见得思义，祭思敬，丧思哀，其可也矣。'"就是说，士遇到危险时应该敢于献身舍命，有利可得时须考虑一下该不该得，祭祀时要庄重恭敬，居丧时须哀痛悲伤，能做到这些就可以了。不难看出，这些主张一方面表明子张与子路、子夏、冉求等相似，也具有勇武豪壮、舍生取义的气概；另一方面也说明，他评价人是重大端不重小节的。正因为子张具有大大咧咧、不重生活细节的特点，所以同门对他既有赞也有责。子游说："吾友张也，为难能也，然而未仁。"（《论语·子张》）曾参也批评他："堂堂乎，张也！难与并为仁矣。"（《论语·子张》）

翻开《论语》一书即可发现，子张的勤学好问在弟子中也是很出名的。例如，仅就"问学"而言，他就向孔子屡屡请教，数量达20次之多。除"问学"创了弟子提问之纪录外，子张还向孔子问"政"、问"行"、问"仁"、问"明"、问"达"、问"干禄"、问"崇德"、问"辨惑"、问"十世可知欤"……可以说，子张问题之多、种类之杂，完全可以跻身弟子之最的行列。由此可见，子张是很想从孔子那里尽可能地多学一些东西的。因此，以如饥似渴、有疑即问来评价子张，亦是十分恰当的。

对于这些五花八门的问题，孔子多给予详细的回答。如《论语·为政》记载，子张请教谋求仕禄之道，孔子就耐心地教导说："多闻阙疑，慎言其余，则寡尤；多见阙殆，慎行其余，则寡悔。言寡尤，行寡悔，禄在其中矣。"这是孔子对闻、疑、言、行等关系的重要阐述。他谆谆教导子张说，要多听各种不同意见，有疑问的地方先保留下来，把无疑问的内容谨慎地说出来，如此就能减少过失；要多看不同情形，有危险的事情先不予办理，对其余的事情慎重地实行，这样就能减少悔恨。言语上减少过失，行为上减少悔恨，官职俸禄就在里边了。由此不难看出孔子语重心长、寄望之殷。再如，《论语·颜渊》记载，子张有一次问孔子："士应该怎样做才可称为显达？"孔子问："你所说的显达是什么意思？"子张答道："在朝廷做事须有名声，在卿大夫家中做事也须有名声。"孔子回答说："你所说的叫名声而不叫显达。所谓显达，就是既要天性质直，心志好义，又能察人言语、观人容色，对别人存心退让、甘为人下。这样的人，无论在朝廷还是卿大夫之家做事，都必定能有所显达。那些一味追求名声的人，只在外貌上假装仁者，实际行为却不如此，却以仁人自居而毫不心疑。这种人在朝廷做官时能有名望，在卿大夫之家做官时也能有名望，但都是骗取而已。"

可见，孔子对于子张的问题多是给予了耐心回答。子张是孔子年龄最小的弟子之一。好奇心重，兴趣不专，无所不想知晓，是这类弟子的共同特点，孔子对此心知肚明。但相比樊迟，子张问得还不太出格，因此，对于子张多而杂的问题，孔子虽然也有所批评，例如说"师也辟""师也，能庄而不能同"（《说苑·杂言》），但总体来说，还是尽其所能地给予答复。对子张而言，老师不避年迈、不厌其烦地答复，他也心存感激。如《论语·卫灵公》记载，子张曾问孔子"行"的问题，孔子回答说："言忠信，行笃敬，虽蛮貊之地，行矣。言不忠信，行不笃敬，虽州里，行乎哉？"子张听罢，马上将这些话"书诸绅"，就是写在系衣服的带子上，以示永不再忘。以后，子张在忠信、笃敬方面的修养果然十分了得，甚至也发表了类似的言论来教育弟子、评判他人。例如他曾明言："执德不弘，信道不笃，焉能为有？焉能为亡？"（《论语·子张》）意思是，那些对美德不弘扬、对道义不忠实的人，有他和没他都是无关紧要的。可见，孔子的苦心教育在子张身上确是见了成效的。虽然子张最终也没有去"干禄"，但他却以自创一派的骄人业绩，既报答了孔子的教诲之恩，也超越了"在邦必闻，在家必闻"的局限，实现了自己"显达"于世的愿望。

孔子师表魅力综论

千百年来，孔门师徒的事迹屡屡展现在后人笔下，鲜活生动，令人感佩。纵观孔子与其弟子的活动，既有融洽的教学相长，亦有激烈的辩驳诘难；既有同游的心仪场景，更有患难的感人事迹；既有师对生的循循善诱，更有生对师的多次启迪。孔子有"育天下英才"的人生快乐，诸弟子也有畅游学海的自在逍遥。诚然，如果没有孔子，就不会有优秀的七十二贤；然而，如果没有七十二贤，后人又何尝知道有一位教亦有术、硕果累累的孔子？孔子又何尝能展示出高明善化、师表群伦的无尽光辉呢？

曲阜孔庙"金声玉振"石坊

一个特殊的"家庭"

透过孔门师徒的感人事迹，我们不仅看到一个布衣"素王"的孔子，还见识了一群伟大的贤能人士。这些人性格各异、兴趣不一，但都有各自的处事风格和为人特色，都是有追求、有能力、有操守的人。他们出身于条件不同的家庭，来自不同的地域，却都紧紧地团结在孔子的周围，不离不弃，风雨同舟。他们与其说是一个学派，倒不如说是一个家庭，一个有长有幼、有兄有弟、互帮互学、共同成长的"大家庭"。

这是一个有别于千万个普通之家的特殊家庭，是一个靠情感为纽带、以修养为根基、用志向相砥砺的家庭。这个家庭有许多引以为荣的"奇观"：家庭成员间的志趣并不相同，观点也不尽一致，但彼此都能开诚布公、坦诚以待；成员间常有龃龉、争论或冲突，常有一较高下的言行，但过后都能握手言和、携手并肩；成员间年龄不一、资历有别，智力、学识和修养也有差异，但都能相互支持、相互帮助……总之，这个家庭的许多特质，都使之与普通家庭迥然有异。这个家庭的另一特殊之处，就是成员虽然有的激进，有的温和，有的勇武，有的怯懦，有的善于言辞，有的长于思想，有的乐于从政，有的酷爱学术，但彼此都能团结、凝聚在一起。其凝聚力不是来自血缘，也不是来自"家规""家诫""家范"之类的强制性纪律，而是来自共同的学缘，共同的信念和理想，更来自一位共同拥戴的"家长"——孔子。

225

一位特殊的"家长"

与"家庭"之特殊性相似，孔子这位"家长"也很特殊。首先，他没有家长做派，没有长者威严，不搞"一言堂""一刀切"，不摆"学霸"的架子，不耍"国老"的威风。他襟怀坦荡，学识渊博。他之所以能把大家团结在周围，不是靠地位和权力，而是靠人格、信念和理想；他一生历尽坎坷，却始终坚信自己思想的正确性，始终以乐观的精神鼓舞人，以高尚的情操感染人，以高远的目标激励人；他具有不屈不挠、愈挫愈奋的精神品质，具有卓越的品格、坚韧的毅力。正是这些迷人的风采、超凡的魅力，使众多弟子众星拱月般地紧紧追随。

不仅日常生活中与他人有别，这位"家长"还以学而不厌、诲人不倦者自认。在教育过程中，他注重启发、尊重自觉，主张"不愤不启，不悱不发"，培养学生举一反三、独立思考的能力；他重视因材施教，以"退而省其私""听其言而观其行""视其所以，观其所由，察其所安"等方式，对学生的性格、志向、言行、态度等加以分析，据此进行有的放矢的教育；他推崇学、思、行三者的结合，力行"叩其两端""攻乎异端"，主张"学而时习之""学而不思则罔，思而不学则殆"；他主张人应该树立远大志向，要求学生树立"敏而好学，不耻下问"的态度，要"笃信好学，守死善道"；他希望学生"毋意，毋必，毋固，毋我"，主张在破除"四毋"的基础上真实地存疑；他强调为师者要以身作则，"不能正其身，如正人何"，要求教师必须做到言行一致、表里如一，以模范行动做学生的表率。正是这些深邃的思想、模范的言行，像磁石般吸引着弟子们随侍左右，虽九死而不悔。

无论为人还是处事方面，这位"家长"都可敬可佩、令人膺服。他虽然也发脾气，也说狠话，但这些或是出于对年轻弟子的良苦用心，或是属于促人进步的激励之语，或是类于"恨铁不成钢"的气愤表达，背后折射出的是师辈长者的殷殷厚望、语重心长，是爱之深责之切的表现。对此，弟子们都是心领神会的，从而更增加了他们对"家长"的尊敬。再者，尽管这位"家长"屡屡被人称颂，或被颂为"夫子之道至大"，或被感慨"贤于尧、舜远矣"，他却非但不以圣人自居，反而坦承自己也犯错误，明言"丘有幸，苟有过，人必知之"，还认为"君子之过也，如日月之食焉。过也，人皆见；更也，人皆仰之"，坦言只要有"过勿惮改"的态度，有"择善从之，见恶戒之"的精神，能够公开改正错误，就会受到大家的尊敬。可以想象，一位被膜拜为"圣人"甚至被视为警世"木铎"的人，心胸还能如此坦荡，为人还能如此谦和，又怎能不受到弟子的衷心爱戴呢？

一名特殊的"师者"

另外，这位"家长"还是一位爱生如子的师者。面对求知若渴的弟子，他曾深有感触地说："爱之，能勿劳乎？忠焉，能勿诲乎？"（《论语·宪问》）热爱学生、忠于事业，是所有为师者成功的秘诀，这位师者则有过之而无不及，足称"万世师表"。例如，当学生因其父"贱而行恶"而一度自卑时，他则以"虽欲勿用，山川其舍诸"相勉励，还给予"可使南面"的高度评价；当学生非因其罪被关进监狱时，他不仅毫无歧视，反而以亲情的方式对其大加肯定；当爱徒惨死的消息传来时，他失声于庭院之中，痛呼"天祝予"，还命弟子们"覆醢"，从此再也不食肉酱；当学生因贫病交加而撒手人寰时，他痛彻心扉地连声痛呼"天丧予！天丧予！"凡此种种都可以看出，这位师者是何等的宽厚仁慈、悲天悯人。

值得一提的是，这位师者还是一位胸怀博大、平等待人的长者。说到平等待人，人们想到的常常只是教师允许学生发表不同意见，容许师生间的自由论辩。然而这位师者面对的情形却大为不同：在他面前，学生们有的粗鲁直率，几度让他十分难堪；有的争强好胜，常常与他争论不休；有的古灵精怪，不时弄些逻辑陷阱；有的固执己见，胆敢与他言辞顶撞；有的过于好奇，屡屡提些另类问题；有的则桀骜不驯，时常做出些出格的事情。可以说，这位师者当得殊为不易，做得也太过辛苦。面对这帮极难伺候的学生，这位师者情急之中也曾口不择言，盛怒之下也曾言辞过重，但是过后，却还是春风化雨般地给以教诲。比如他曾谆谆告诫说："法语之言，能无从乎？改之为贵。巽与之言，能无说（悦）乎？绎之为贵。说而不绎，从而不改，吾未如之何也已矣。"（《论语·子罕》）寄望学生能够迷途知返、改过迁善、承认错误、从谏如流。由此可见，这位师者平等待人之内涵，实与一般为师者大有不同，其胸怀之博大、容人之器量，古今可谓绝无仅有、无人能及。正因如此，孔子去世后，弟子们纷纷怀念他，相约守墓三年，有的守墓六年还不愿离去。

总之，孔子这位"温而厉，威而不猛，恭而安"的"家长"和师者，以其渊博的学识、宽广的胸襟、谦柔的态度和高超的教育技巧，不仅树起了一个师表群伦的光辉榜样，还打造了一支学问、修养、为人、处世都堪称经典的"精锐团队"，由此奠定了中

子贡庐墓处

华民族的文化基调和文化情结。"天不生仲尼，万古如长夜！"后儒的这一由衷感慨，道出了古人对于孔子之于中国文化贡献的无上钦敬；而今人所说的"孔子不仅仅培养学者，而是训练治世能人；他不是教书，而是教人"，则是当今一切有识之士对于孔子最朴实、最平白、最中肯的评价。可以说，对孔门师生事迹的梳理和阐释，既让我们重温了历史，也让我们体验到了今已罕有的弥足珍贵的东西。

众说纷纭，历久弥新——孔子地位影响论析

　　孔子当然是我国古代最伟大的教育家和思想家，却也是被后世评判得最多和最乱的历史人物。纵观历代对孔子思想的评判与绪说，"画蛇添足"者有之，"移花接木"者有之，"六经注我"者有之，"偷梁换柱"者亦有之。形形色色的各类人等，抱着不同的目的、本着不同的态度、基于不同的利益对孔子加以品评。可以说，从古至今，恐怕还没有谁像孔子这样，其思想被后人阐发得那么多，评说得又那么乱。

　　两千多年后的今天，我们已无须为孔子"辩诬"，也无须拿孔子"说事"，更不必为孔子"造圣"。由此，也就有可能以较为客观的眼光、平和的心态对孔子思想给予剖析，对其贡献与影响做些判断。

代不乏人说孔子

　　成型于齐鲁大地的儒家学派，犹如川流不息的江河之水，流遍了整个中国，也流遍了整个世界。一代代儒者薪火相传，才有了蔚成奇观的思想接续，才有了儒学的博大精深。同时，其他派别的批评也纷至沓来，这既给儒家思想带来了挑战，也为这一思想的不断发展提供了压力和动力。

儒者的接续

儒家教育思想是由周公发其轫、孔子定其型的。孔子之后，如曾参、子夏、子思、孟子、荀子等，对于儒家思想都做出了很大贡献。秦以后，历经西汉神学改造、东汉批判扬弃、魏晋玄学冲击、中唐时期回归道统，程朱理学的汇通佛道和陆王心学的哲学转变，以及清代的朴学挖掘和实学阐发，历代儒家学者的不断阐释与发展使得儒家思想内涵愈加丰富，体系日益严整，特色更为鲜明，成为我国历史上历久弥新、生生不息的主流思想。

虽然儒家学派言称"祖述尧舜，宪章文武"，但是毫无疑问，儒家学说的真正创立者乃是孔子。孔子之后，历代学者由于出身不同、阅历不同、资质不同，导致理解孔子思想时各执己见。《韩非子·显学》说："自孔子之死也，有子张之儒，有子思之儒，有颜氏之儒，有孟氏之儒，有漆雕氏之儒，有仲良氏之儒，有孙氏之儒，有乐正氏之儒。"这就是所谓"儒分八派"。在这些派别中，孟子和荀子对孔子思想贡献最多，前者主要致力于继承与阐发，后者则着意于创新和发展。同时，他们也对儒家学派的兴旺发达贡献颇大。

曲阜孔庙一景：圣时门

　　孟子是战国中期儒家学派最重要的代表人物。他对孔子极其崇拜，认为"自生民以来，未有盛于孔子也"，将孔子视为古代四类圣人中最高的"圣之时者也"，并以未能成为孔子弟子为终生遗憾，明言"乃所愿，则学孔子也"（《孟子·公孙丑上》）。概要而言，孟子对孔子思想的阐发和儒家思想的贡献主要是：第一，将孔子的"仁学"思想发展为"仁政"理论，主张民贵君轻、制民之产、爱民保民；第二，继承并发展了孔子"性相近也，习相远也"的命题，提出了著名的"性善论"思想，主张"求其放心"、扩充"善端"、注重内发；第三，在道德教育方面，认为"养心莫善于寡欲"，主张人要有"居仁由义"的志向，应该"行有不得，皆反求诸己""穷则独善其身，达则兼善天下"；第四，丰富和发展了儒家的教学思想，主张"专心致志""教亦多术""深造自得""盈科而后进"；第五，响亮地提出了"大丈夫"理想人格，就是要有高尚的气节，要有一种"至大至刚""塞于天地之间"的"浩然正气"，能忍人所不能忍，能保持"天降大任于斯人"的乐观心态，还能为了道义、信仰而"舍生取义""杀身成仁"。以上诸方面的重大改造，尤其是"大丈夫"人格的提出，反映了孟子对人类精神生活的深刻体会与理解，是对中国传统文化和人格理论的杰出贡献。

　　战国中后期，残酷的社会现实告诉儒学的接续者们，以修身为要的儒家思想日益难以适应"攻伐为上"的时局需要，必须对儒学进行重大改造，于是荀派儒学应运而生。荀子对孔子和儒家思想的发展主要有以下数端：一是批评孟子的"性善论"，提出了著名的"性恶论"，在中国教育史上开创了与"内发说"截然相反的"外铄说"，促进了教育理论的发展；二是在教育与政治的关系上，荀子继承孔子的"礼治"思想，强调"德治""王政"，同时亦主张王霸并用、礼法兼治，即所谓"礼义者，治之始也""法者，治之端也""隆礼尊贤而王，重法爱民而霸"（《荀子·强国》）；三是在天道观、形神观及天人关系上，认为"形具而神生"，即人的精神活动依赖于人的形体，还批评天命与鬼神观念，提出"明于天人之分"的观点以及"制天命而用之"的思想；四是在认识论方面，肯定世界的可知性，认为"凡以知，人之性也；可以知，物之理也"，指出认识过程是通过"天官"（感官）接触外物，再由"天君"（思维）进行理性加工即可"征知"；五是在知行和名实关系上，认为"行"高于"知"，即所谓"知之不若行之，学至于行之而止矣"（《荀子·儒效》），强调"实"是"名"的客观基础，故"制名以指实"；六是在对于人和社会的认识上，阐述了人能"群"而动物不能"群"的思想，论述了人具有社会性这一光辉命题，从而指出了教育、学习之于人的重要性和必要性；七是在教师的地位和作用方面，明言"天地者，生之本也；先祖者，类之本也；君师者，治之本也"（《荀子·礼论》），把教师提到与天、地、君、亲同等重要的地位，把教师抬到如此高的地位，把教师的作用看得如此重要，这在中国教育史上尚属首次。

秦国扫灭了六国，却在统一天下之后二世即亡。事实表明，法家的治平之术长于整饬人心、强兵富国，对于维持太平之世则相形见绌。于是，汉初统治者把文教政策的重心转移到"无为而治"的黄老之术，西汉国力由此得以迅速恢复。虽然如此，但各种社会问题并未得到根本解决，甚至养疽为痈，最终酿成席卷全国的"七国之乱"。在此背景下，儒家思想再度受到统治者的关注。汉代儒家思想的突出特点是：第一，融摄百家，吸取诸子之长来充实儒学，使儒学更加丰富；第二，由于儒术被定于一尊，孔子和儒家学派的地位愈来愈高；第三，神化孔子和经书，使孔子由圣人变为神人，儒家经学变为神学；第四，今、古文经学两派的长期争论，使得汉代儒家思想变得冗长乏味、烦琐不堪。

董仲舒画像

两汉时代对孔子思想及儒家名物制度的继承、发展和解说者有很多，如汉初的贾谊、陆贾、叔孙通，西汉的匡衡、刘向、刘歆、扬雄，东汉的王充、马融、郑玄等。这些人或对孔子思想确有接续，或自认以孔子为宗，或对孔子进行批判反思，对儒家都有贡献。其中，对孔子思想改造最大者当属董仲舒。他从深研儒家《春秋》出发，认为君臣、父子、夫妇等礼仪规范（即所谓"三纲"）以及仁、义、礼、智、信等伦理要求（即所谓"五常"）是由天意所决定的，"三正""三统"也是天立所志，坚称"天不变，道亦不变"，还宣扬"天人感应""君权神授"等神秘主义理论，为名位等级制度寻找理论依据。这种思想一反孔子不语怪力乱神的做法，也与先秦其他儒者疑天、制天、用天等思想相抵牾。经过这样一番削足适履般的改造，儒家思想由自然而走向神秘，由学术而走向世俗，已越来越蜕变为替统治者进行论证的御用学说，沦为儒术而远非儒学，与孔子人本素朴的伦理思想已相去甚远。

两汉以后，儒家思想进入重大变革期，学者们致力于"援老入儒"的治学新路向。魏晋南北朝是中国历史上政权更迭最频繁的时期之一。连绵不断的战争，使这一时期中国文化的发展受到特别的影响，其突出表现则是玄学的兴起、佛教的输入、道教的勃兴及波斯、希腊文化的羼入。在从魏至隋的三百六十余年间，在三十余个大小王朝交替兴灭过程中，诸多新的文化因素互相影响、交相渗透的结果，使这一时期儒学的发展及孔子的形象和历史地位等问题也趋于复杂化。

南北朝时期，在思想文化领域出现了不同于两晋时期的新形势，玄学思潮归于沉寂，佛道二教继续发展。佛教大量译经，广泛流行，渗透到政治、经济、社会、民俗及文化的各个层面。儒学面临严峻挑战。佛教的急剧膨胀，使原来儒、玄、佛、道的相互关系及其历史格局发生了新的变化。儒家学者在思想、文化上的批评焦点，由玄学转向佛教，出现了大批反佛思想家。

尽管魏晋南北朝时期中国文化发展趋于复杂化，但儒学不但没有中断，相反却有较大发展。孔子的地位及其学说经过玄、佛、道的猛烈冲击，脱去了由于两汉造神运动所添加的神秘成分，表现出更加旺盛的生命力。魏晋南北朝的学术思潮和玄学思潮，一定程度上反映了当时一部分知识分子改革、发展和补充儒学的愿望。他们不满意把儒学凝固化、教条化和神学化，提出有无、体用、本末等哲学概念来论证儒家名教的合理性。他们虽然倡导玄学，实际上却在玄谈中不断渗透儒家精神，推崇孔子高于老庄，力主名教符合自然。此时期虽然出现儒佛之争，但由于儒学与政权结合，使儒学始终处于正统地位，佛道不得不向儒家的宗法伦理认同，逐渐形成以儒学为核心的"三教合流"趋势。除思想上的玄学化倾向之外，经学也得到了发展，王弼的《周易注》、何晏的《论语集解》、杜预的《春秋经传集解》、范宁的《春秋谷梁传集解》、郭璞的《尔雅注》等都成型于此时。此外，儒学被分为南北两支，如南朝的元善、萧该、何妥等，北朝的杨素、牛弘、苏威等，都是著名的儒学大家。

自南北朝以后，迄于隋唐，佛教盛炽，儒学的统治地位受到严重挑战。此时出现了尊儒排佛的韩愈一派。韩愈倾心著《原道》，宣扬要还儒学原貌。他指出，"道"就是仁义之道，认为仁义有固定的内容，而道与德没有明确的内容；儒家的道是"合仁与义言之"，是"天下之公言"。仁义之道就是君臣的治国之道，在这一点上韩愈与孔子、董仲舒等先贤儒者观点一致，强调治国者首先要诚意正心，教化百姓。此外，韩愈还建立了中国儒学史上的第一个完整的儒学道统，开启了与汉代儒学不同的新儒学。

宋明时期，儒学发生了巨变，开始了一个创新时代。北宋之初，儒者的主要代表是范仲淹。范仲淹"泛通六经，长于《易》"（《宋史·范仲淹传》），积极践行儒家思想，主张"宗经""劝学"，按照"六经"改革考试制度、考核官吏、改革官制，辅助统治者实现天下太平。与范仲淹遥相呼应的还有民间的儒者李觏。他依据周礼制定了政治改革方案，坚信周礼是"公致太平之迹"，旨在达到家齐、国治、天下平，使国家富强。此外还有蔡襄，他与范仲淹有共同的理想追求，都主张"二帝三王相因作礼乐，以正民性，革其非心，使之寡罪刑，通万世之法也"，也就是以礼治国。

王安石也是一位践行"以礼治国"的著名儒者，倡导儒家思想，推行变法运动。王安石在儒经注释方面建树丰富，著有《老子注》二卷、《易义》二卷、《孝经义》一卷、《论语解》十卷、《孟子解》十四卷等，最突出的是颁布"三经新义"，要求每个儒者必须学习，出现了"一时学者无敢不传习"的局面。王安石新法失败后，北宋儒者们开始探讨天理、人性等思想。其中，周敦颐据汉代儒者学说而创造《太极图说》，邵雍据《周易》创造了新的天地演化说，张载对人性的来源做了一番详细的解释和说明。此外，程颐和程颢提出有关"天理""寻孔颜乐处"等学说，构成了新的一套儒学理论。到了南宋，著名儒者朱熹承"二程"学说，又汲取天地演化学说，完善和发展了儒家学

曲阜重修之明故城

说，他还将《论语》《孟子》《大学》《中庸》合在一起，著成《四书集注》，构筑起一个庞大的理学体系。其要点主要是：以正心诚意为核心；以格物致知为前提；以修身为根本；以复性为归宿；以治国平天下为目的；始终以持静的态度"存天理，灭人欲"。与朱熹相对的有陆九渊一派，他们之间存在分歧，争论激烈，但也是以"二程"的天理论为前提的。宋理宗即位后，把王安石牌位逐出孔庙，朱熹等进孔庙，确立了程朱理学的地位。

继宋元之后，明代理学发展到一个新阶段，心学极盛。以陈献章为代表的儒者隐居修静，目标是成贤成圣；谌若水则以"随处体认天理"为学术宗旨，认为体认天理就是格物致知，就是克己复礼。而明代大儒王守仁推动了"心中体认天理就是格物致知"观点的进一步发展，提出著名的"四句教"，认为人人心中都有一个天理。在他眼中，"此良知之说，从百死千难中得来"（《年谱》）。《年谱》还记载："自经宸濠、张忠、许泰之变，益信良知，真足以忘患难，出生死。所谓考三五，建天地，质鬼神，俟后圣，无弗同者。"明末危机四伏，一部分儒者企图重新强调治国平天下的儒学，反对王守仁的良知说，以挽救颓败的现实，其中较突出的儒者有顾宪成和高攀龙等。

明末清初，顾炎武、黄宗羲、王夫之等人真诚地践行儒家的学说，倡导"回到六经"、经世致用、学贵实行，希望培养"实才实德之士"。继此之后有胡渭、严若璩，以及江永、戴震、颜元、唐甄、钱大昕等儒者。"回到六经"就是首先要辨别儒经真伪，进而深入理解儒经，通晓儒经中的自然科学。乾隆后期到嘉庆年间，社会危机四伏，训诂考据的汉学儒学遭到批评，公羊派发展起来，其中著名儒者有庄存与、刘逢禄等。庄存与认为《春秋》是最重要的儒经，可以"持身"，也可以"治世"；刘逢禄认为孔子的言论是"性与天道之言"。

鸦片战争爆发后，中国遭遇"数千年未有之变局"，儒者们转向求助于"西学"。林则徐主持编译了《华事夷言》《四洲志》《各国律历》等书，提出"可师敌之长技以制敌"的主张；龚自珍以"不拘一格降人才"为口号，向科举制度发起了猛烈批判；魏源在《海国图志》中提出了"师夷长技以制夷"的思想，即学习外国的军事装备和技术。后来，儒者进一步提出师夷之学，论证西学是儒学的一部分，主张彻底改革科举制度，全面学习西学，著名儒者有冯桂芬、郑观应、陈炽、陈虬、马建忠等。洋务运动时期，清政府办学堂，学西学，派遣留学生，张之洞等人将其思想总结为"中学为体，西学为用"。戊戌变法之际，学术界出现儒经离心倾向。康有为依托孔子，援引儒经，提出大同思想，设计救世方案，托古改制，开展戊戌变法；严复翻译《天演论》《法意》《群学肄言》等著作，引进一系列的西方社会学和经济学的著作，希望以此实现开民智、新民德、鼓民力之目标。至此，儒学自身的发展历史已接近尾声。

别派的批评

孔子开创的儒家学派，自诞生之后不久便遭到了别派的批评。没有挑战就难有创新，任何文化皆是如此。因此可以说，两千余年间儒家学派自身发展的历史，某种程度上就是与其他学派相互批评、相互吸收、相互竞胜的历史。

春秋末期，以墨翟为首的墨家学派，不满于儒家学派的某些主张，"背周道而行夏政"，开启了"百家争鸣"的先声。到战国时代，"百家争鸣"活动更为繁荣。其中，儒、道、墨、法属首屈一指的第一流学派。各家对于儒家和孔子褒贬不一，评论之词纷至沓来。

老子画像

在中国多元传统文化中，儒、道两家地位突出，形成了鲜明的对立和有效的互补，深刻地影响着中国传统文化的基本走向。儒、道两家思想各异，由此形成了中国传统文化的两大高峰。道家以"道法自然""自然无为"为其宗旨，蔑视后天人为的礼法制度，对于儒家的礼仪道德之论持否定态度。两家思想的背道而驰随处可见：儒家塑造的是具有完善人格的道德大师形象，以仁为己任，死而后已；道家则不以为然，勾勒的是具有极高悟性的智慧大师形象，以宁静淡泊为操守，向往自得。儒家人性论强调"性相近，习相远"，特别强调后天环境和人为因素对于人的道德教化；道家则强调自然天真，排斥礼法的强制束缚，如庄子所说"彼至正者，不失其性命之情"（《庄子·骈拇》），认为宗法伦理虚伪而繁杂，对人性是一种桎梏和摧残。儒家坚持积极进取的内圣外王之道，以天下为己任，达则兼善天下，穷则独善其身；道家则站在相反一面，反对以心为形役，不积极参与社会事业，因任自然，无为而为，成就和谐宁静的理想社会。儒家主张有为，以宗法仁义治国；道家则强调无为无欲，"无为而无不为"。儒家重视如何做人，强调以各种规范处理人际关系；道家则跳出了儒家的视野范围，面向大自然和整个宇宙，讲究天道，损有余而补不足。总而言之，儒家刚健中正、道德高尚、彬彬有礼、忠贞弘毅、从容中道、和而不同、以权行经；道家则涵虚脱俗、内敛不露、少私寡欲、清静自守、质朴无华、举重若轻、虚怀若谷、超然自得、从容深沉。二者相互补充，相映成趣。

墨家学派以墨翟为尊，其思想集中体现在《墨子》一书中。墨家出于儒家，对儒家学说非议颇多，"以为其礼烦扰而不说，厚葬财而贫民，久服伤生而害事"（《淮南子·要略》），对儒家思想进行了极有针对性的批判。墨家思想主要体现为以下十大主张，即"兼爱""非攻""尚贤""尚同""节用""节葬""非乐""非命""天志""明鬼"。

首先，墨家主张"兼爱"，即提倡人与人之间普遍的、无差别的爱，"视人之国，若其国；视人之家，若其家；视人之身，若其身"，直指儒家的"别爱""尊尊亲亲""爱有差等"等。第二，墨家主张"非攻"，即反对一切战争，认为战争是"天下之巨害"，会妨碍人们"兼相爱"，进而破坏人类"交相利"的事业；而儒家虽然也不鼓励战争，但反对的是不义之战，对于兴仁义之师以伐无道的战争还是支持的。这是儒墨两家的明显不同之处。第三，墨家主张"尚贤""尚同"，强调尊重和重用贤人，甚至"选天下之贤可者，立为天子"，希望天下和平，这虽然与儒家相似，但儒家更强调自己从政，而不是像墨家那样去"尚贤"。第四，墨家主张"节用""节葬""非乐"，这是对儒家思想的直接批判，即反对儒家提倡的烦琐复杂的礼仪用度、铺张浪费的厚葬仪式和不切实际的音乐教育，主张学习大禹舍己为人的献身精神，提倡刻苦、简朴的生活作风。第五，墨家主张"非命"，即反对天命论、宿命论，认为统治者以天命论的幌子愚弄百姓，是使人各安天命的伎俩，因而喊出"官无常贵，而民无终贱"的口号，这与儒家"死生有命，富贵在天"之观点也迥然有异。第六，墨家相信"天志"和"明鬼"，认为天有意志，并且"天志"是衡量人世间一切言行的标尺，正如"吾有天志，譬若轮人之有规，匠人之有矩"。相信鬼神的存在，并敬重鬼神，这也与儒家"未知生，焉知死"的观念不同。除上述十

墨子塑像

论外，墨子还批评孔子"述而不作""不扣不鸣"等做法，主张虽不扣必鸣，上说下教，强聒不止。儒墨两家的相互辩难，既开启了"百家争鸣"的先声，也事实上构成并保持了两派间的理论张力和实践分野，进而对中国传统文化与社会发展产生了很大的影响。

除道家和墨家外，先秦法家与儒家在思想和政治主张上也有着鲜明的对立，很多观点亦背道而驰。这被后世称为王霸之辩或礼（德）法之辩。李悝是战国初魏国著名的政治家和改革家，早年曾受业于子夏及其弟子曾申。他在经济上推行"尽地力之教"和"善平籴"的政策，政治上实行法治，废除世卿世禄制度，还汇集各国法律编成《法经》，作为施政和法理的依据，魏国因此迅速富强起来。李悝的高足商鞅是战国中期法家的代表人物。在商鞅看来，百家异政、诸子异说，是导致民众莫知所从的祸患所在，也是滋生游手好闲之辈的温床，会使国家"必贫而削"。尤其是宣扬礼乐、诗书、孝悌的儒家学派，是把国家推向灭亡边缘的罪魁祸首。所以，他主张应大力推行"贱游学之人""禁游宦之民"的"壹赏""壹刑""壹教"等管控举措，即赏罚和刑政都必须出于朝廷、君主这个唯一的途径。法家的集大成者韩非对孔子个人颇为尊重，但他认为孔子学说不合时宜。韩非子明言："君王应如日月所照，四时所行，云布风动；不以智累心，不以私累己；寄治乱于法术，托是非于赏罚，属轻重于权衡。"（《韩非子·大体》）他认为，君王依靠严刑峻法治理百姓，就可以天下太平统一。他在《五蠹》中斥责儒家"视民如父母"和"仁义治民"的主张"犹无辔策而御悍马"，是极其危险的，还直斥儒家不耕战却妄察言辞，有"乱推贤行"（《韩非子·八说》）之弊。在韩非看来，不但游侠是造成社会不安的危险因子（"五蠹"之一），私学更有造谣惑众之弊，是五种"害虫"之首，也是"乱法"的"二心私学"。因此韩非主张，首先必须依照"禁奸之法，太上禁其心，其次禁其言，其次禁其事"（《韩非子·说疑》）的原则，打压私学活动、钳制不法言论、整肃世道人心；其次，对私学还应该"禁其行""破其群""散其党"，要"燔诗书而明法令"，以造成一个"事在四方，要在中央；圣人执要，四方来效"（《韩非子·扬权》）的政治和思想局面，进而实现天下的强力统一。简言之，儒家指责法家卑鄙、粗野；法家指责儒家书生意气，不切实际，质疑儒家是否能给国家带来利益。

先秦各派对儒家的批判和争辩，反映了诸子对治国路线的不同理解，与汉之后"独尊儒术"的局面截然不同。此后，儒、释两派也曾产生冲突，有过论争。佛教认为俗世皆苦，而儒家强调顺应世事人情；佛教主张弃国去亲、离世脱俗，与儒家关怀世事、关注现实人生的态度相对立；儒家还对佛家剃发、披袈等行为方式极为不满。因此双方在思想意识、政治伦理等方面产生过激烈争论。史上较为著名的儒释之争集中在因果报应、形神之争、沙门和王权之争等方面，还催生了慧远著名的《沙门不敬王者论》一文。

云壤之别观孔子

孔子思想自诞生之后，就以其顽强的生命力在两千多年的时光中历尽艰辛。尤其与王权之势联姻之后，孔子的地位和形象可谓朝浮夕沉，忽扬忽抑，在治世中被捧上云霄，抬到了吓人的偶像高度；在乱世中则被踏入壤土，成为人们口诛笔伐、极尽嘲讽的对象。平凡而又伟大的孔子被人们谈论了数千年，并且基于某些政治需要或个人目的，孔子肯定还会被人无休无止地评说下去。

治世中的追捧

孔子思想的价值取向和政治追求是"仁者爱人"和"德治礼治"，但春秋战国是社会历史转折的特殊时期，战乱频发，孔子"仁"的思想并不适用于那个时代。而儒家的德治可以守成，礼治可开太平，正所谓"武创业，文守成"。所以孔子的学说被后世统治者所重视，利用其学说，巩固其统治。历代帝王尊崇孔子，奉行孔子之道，竞相吹捧孔子，甚至神话孔子，以便"为我所用"。自汉武帝"别黑白而定一尊"举措之后，历代帝王奉孔子或为"帝者师"，或为"百王师"，或为"万世师表"，称谓虽一再变换，但治世的当权者无一不追捧孔子。

汉高祖刘邦首开尊祀孔子历史之先河。公元前195年，刘邦过鲁，"以太牢祠孔子"。汉武帝推崇孔子为"素王""至圣"，"表彰'六经'"，立儒学于学官。汉平帝对孔子的封谥和尊祠尤其。平帝元年（公元1年），封孔子谥号为"褒成宣尼公"，这是孔子谥"宣"的开始。东汉诸帝也"不甘落后"，都亲临曲阜祠孔，对孔子礼遇有加。如建武五年（29年）十月，刘秀"幸鲁，使大司空祠孔子"（《后汉书·光武帝纪》），并封孔子后裔孔志为褒成侯。汉明帝刘庄于"永平十五年，幸孔子宅，祠仲尼及七十二

曲阜衍圣公府内堂一景

弟子，亲御讲堂，命皇太子诸王说经"（《后汉书·明帝纪》）。汉章帝刘炟于元和二年（85年）亲到曲阜，"以太牢祠孔子及七十二弟子，作六代之乐，大会孔氏男子二十以上者六十三人，命儒者讲论"（《后汉书·儒林传》）。汉安帝刘祜也于延光三年（124年）赴鲁，"祠孔子及七十二弟子于阙里，自鲁相、令、丞、尉及孔氏亲属、妇女、诸生息会"（《后汉书·安帝纪》）。与此同时，祀孔成为帝王每年行程表里的必有之项，起初是一年秋季祭孔一次，而至汉灵帝改为一年春秋两次，还于光和元年（178年），"置鸿都门学，画孔子及七十二弟子像"，以为供奉。从此各代以国家大典祀孔，并且规模宏大而隆重。

魏晋南北朝时期，北魏孝文帝下诏郡县各学孔子与周公同享，孝文帝还"立先圣庙于京师"。由于统治者的大力追捧，到东晋太元九年（384年），国学"增造庙屋一百五十五间"。北齐文宣帝还下令"郡县学则于坊内立孔、颜庙，博士以下，亦每月朝"。

隋唐时期，统治者对儒家学说更加青睐。隋文帝主张"以德代刑"，实行德治，"乃整万乘，率百僚，遵问道之仪"（《隋书·儒林传》）。隋炀帝即位后亦行其法，兴校劝学，礼遇孔子。唐初武德二年（619年），高祖李渊颁《令国子学立周公孔子庙诏》，七年（624年）又颁《兴学敕》，并且在国学设立周公庙、孔庙，以周公为先圣、孔子为先师配而释奠，一年四次祭孔。贞观二年（628年），唐太宗下诏停祀周公，专祀孔子，"大征天下儒士，以为学官。数幸国学，令祭酒博士讲论，毕，赐以束帛。学生能通一经以上，咸得属吏"（《旧唐书·儒学列传》），开始了礼遇儒生并且在全国范围内开展大规模的因学立庙和因庙立学活动，使得"庠序遍于四海，儒生溢于三学"。公元739年，唐玄宗追封孔子"文宣王"的谥号，命令全国各地都执行"夫子皆南面坐，十哲等东西列侍"的标准，进一步规定了祀孔的仪制。即便是在时局较为动荡的五代十国时期，统治者对孔子也一直相当推崇，如后周太祖皇亲临阙里，祭祀孔子；五代也有"帝幸曲阜县，谒孔子祠""行孔林，拜孔子墓"的记载。

至宋朝，统治者对孔子的追捧达到前所未有的程度。太祖赵匡胤重用儒生，还亲自驾临太庙，登堂礼拜；重建文庙，加增为大成殿。建隆三年（962年），宋太祖命在国子监中"增葺祠宇，塑绘先师、先圣之像"，并亲自撰文颂扬孔子。宋太宗即位后明确规定，选用人才须"通经义，遵周孔之礼"，竭力提高孔子的地位，还下诏免除孔府一切税收，加封孔宜为文宣公。大中祥符元年（1008年），宋真宗加谥孔子为"玄圣文宣王"，四年后改为"至圣文宣王"，亲撰《至圣文宣王赞》，称颂孔子是"人伦之表"，又撰《崇儒术论》，赞扬儒学是"帝道之纲"，还亲临曲阜"靴袍再拜"，又"幸叔梁纥堂"。由此，孔子的谥号由"先师"升为"先圣"，其政治地位步步攀升。至和二年（1055年），宋仁宗下诏赐封孔子后裔世袭"衍圣公"，此举一直沿袭到清末。与尊孔相对应，尊孔活动越加频繁。北宋三次大规模的兴学运动也都以推广儒学为基础，湖南澧县文庙、宁远文庙、岳阳文庙，四川资中文庙、富顺文庙，山西闻喜文庙，福建安溪文庙，江苏苏州文庙等皆兴建于此期。

孔子在两宋时期所受到的礼遇是空前的，这种礼遇到元朝依然得以持续。元统治者入主中原，在政治大局基本稳定之后，孔子思想再次为统治者所重，用于教化百姓、巩固统治。元成宗于大德十一年（1307年），尊称孔子为"大成至圣文宣王"。元文宗则加封孔子父亲叔梁纥为"启圣王"，孔子母亲颜氏为"启圣王夫人"，并加封孔子孙子孔伋（子思）为"沂国述圣公"。自此，元朝对孔子的尊崇到了无以复加的地步，这些封号和头衔都反映出统治者尊崇吹捧孔子思想的目的，"崇儒重道之意，度越前古"（《元史·祭祀志》）。

曲阜孔庙大成殿藻井

明太祖即位后，诏令以太牢祀孔子于国学，并遣派官员前往曲阜祭拜，"革诸神封号，惟孔子封爵仍旧"（《明史·本纪》）。嘉靖时期以"至圣先师"称孔，以儒家思想为统治工具。得益于统治者的推崇，这一时期儒学发展迅速，各地文庙也愈加繁盛。除了追封和祭祀外，此期统治者尊孔还有一个重要的方式，就是将孔子思想作为国家选官制度的重中之重。明太祖朱元璋规定以"四书""五经"作为科举考试的主要内容，将程朱理学作为官学正式的学术思想，从而进一步将孔子思想神圣化、偶像化。

至清代，清朝诸帝登基之前，都会亲临国子监辟雍讲学，并常书匾额，或悬于大成殿，或勒于石碑，嵌之宫墙。清世祖顺治二年（1645年），重新定位孔子的谥号，以"大成至圣文宣先师孔子"（《清史稿·世祖纪》）为称。康熙皇帝甚至亲题"万世师表""斯文在兹"匾额悬于孔庙大成殿。自此，孔子的封号达到顶峰。不仅如此，清初诸帝还屡赴曲阜，拜祭孔子，封赏孔氏族人，如康熙曾四至曲阜，乾隆亲临曲阜则多达九次，为历代帝王之最。受此影响，清末文庙在数量上发展到1740多所，可见儒学发展之鼎盛、官方对孔子思想之追捧。

纵观孔子身后政治地位的变迁，可以看出，自汉以后，帝王祀孔俨然成为常规制度之中的"规定动作"，对孔子的封号也挖空心思，极尽追捧之能事。由是，孔子的地位步步提升，尊孔之礼盛比帝王之礼，追捧之风千年不辍，且愈演愈盛。历代尊孔之闹剧的本质，正如后世批评者陈独秀所言，"信奉孔子是假，维护统治是真"（《孔子与中国》）。

乱局中的践踏

历代帝王之所以对孔子推崇备至，追捧其为"至圣先师""万世师表"，无非是以尊孔为手段，意在整肃人心、维护统治。而要改朝换代、刷新政治，也往往从批孔乃至倒孔开始。在两千余年历史的长河中，批孔之声屡有所闻。然而，虽然舍弃孔子思想中的糟粕是革新发展的必然需要，但如果没有科学的态度和长远的眼光，批孔不仅不能达其真意，反而会南辕北辙，践踏孔子思想中的合理因素。

战国时期诸侯长期割据混战，强调仁义的儒学显然不能满足一统天下的霸业需求，因此秦统治者重用商鞅、李斯等人，实行变法。始皇统一天下后，为了维护稳定，继续依赖法家思想，颁行严刑峻法，以高压的独裁统治来维持统一。与之相对应，思想文化领域也实行统一，维持法家的独尊统治地位。在此背景下，孔子的地位一落千丈，儒家的思想学说亦遭到空前挫折。这集中表现在秦始皇三十四年（前213年）朝廷的一次宴会上。当时，出席宴会的明显分为两派，即以周青臣为代表的"郡县"派和以淳于越为代表的"封建"派。主郡县制和分封制的人各执一词，争论非常激烈。这表面上是对地方政治构架的不同见解，实质上反映的是"法先王"还是"法后王"的重大分歧，是在野学派政治不满的集中爆发，也是法家与儒家两派的直接对垒。结果，由于李斯的奏言，秦始皇下令，对于"诵法孔子"的诸生，"皆重法绳之"（《史记·秦始皇本纪》），并且焚烧《秦记》之外的列国史记。除博士官外，民间所藏的《诗》《书》及各类经典全部烧毁，"以古非今"者被处死甚至灭族。不仅如此，"始皇既坑儒焚典，乃发孔子墓，欲取诸生经传"（《御览》卷八十六引《异苑》言）。这对倡导"积极入世"的儒家来说是致命打击。除"焚书坑儒"之外，秦还禁止私学，打击游宦，凡欲学法令者需"以吏为师"，使儒家文化遭受到历史上第一次有限度的打击。

秦朝灭亡后，汉朝建立。刘邦出身草莽，因此鄙视儒术，甚至在见到儒生衣冠整齐地来访时，他摘下儒生的帽子往里面撒尿，对儒生极尽羞辱。（《史记·郦生陆贾列传》）待诏博士叔孙通在拜见刘邦时，因为着儒生装扮引起刘邦不悦，直到换了短衣后才让刘邦感觉稍微舒服，又因制定朝仪而使刘邦"今日知皇帝之贵"（《史记·刘敬叔孙通列传》）。西汉初期，经济凋敝，百废待兴，从皇帝到百官无不信奉主张"无为而治"的黄老思想，"窦太后好黄帝、老子言。帝及太子诸窦不得不读黄帝、老子，尊其术"（《史记·外戚世家》）。到文帝、景帝即位之时，黄老之学获得了前所未有的崇高地位。道家思想被推崇，自然挤压了儒家思想的生存空间。儒者辕固生在景帝面前与黄老学者黄生展开了一场"汤武革命"的激烈争论，看似是学术论争，实际反映了当时儒学生存空间的狭小。后来，窦太后又当面问询辕固生《老子》一书，辕固生回答"此是家人言耳"，从而触怒了窦太后，太后下令将其放到猪圈，命其与野猪搏斗。（《史记·儒林列传》）可见当时黄老之学兴盛、孔子思想遭受冷落。

与秦朝、汉初及玄学勃兴等特定时期儒家不受重视相比，乱世中孔子和儒家思想被糟蹋得更为不堪。例如，明正德年间，河北爆发了农民刘六、刘七等人领导的起义。起义军转战华北，攻入山东，数次攻占曲阜县城，焚县衙，进驻孔庙，"秣马于庭，污书于池"，对曲阜的社会秩序造成了很大冲击，儒家文物遭受浩劫。清代太平天国时期，孔子塑像被打翻在地，儒家思想遭受了更大挫折。金田起义之前，冯云山、洪仁玕等人就在他们任教的私塾里，撤除孔子的牌位，以示与传统儒家的决裂。洪秀全根据基督教自创"拜上帝教"，宣扬上帝是唯一的神，反对除上帝外的其他一切偶像神话，并称天下一家尽为兄弟姐妹。此类说法遭到了儒生的质疑和反对。当时，汉阳秀才马生就公开质疑其"无君臣""无父子""无夫妇""无朋友""无兄弟"是"五伦俱绝"，被当场五马分尸。除了对儒生的压迫和杀害，太平军还将儒学经典当作"妖书"，采取焚书的政策，下令"凡一切孔孟诸子百家妖书邪说者尽行焚除，皆不准买卖藏读，否则问罪"。太平军还践踏学官学庙，要么焚毁殆尽，要么充当马厩和屠宰场，把学庙里的孔子塑像和牌位全部砸烂，以致"无庙不焚，无像不灭"，甚至出现了"敢将孔孟横称妖，经史文章尽日烧"的状况，使得"举中国数千年礼义人伦、诗书典则，一旦扫地荡尽"。

太平天国运动最终被曾国藩等军队镇压，使儒家思想免于毁绝。之后不久，儒家思想却又在20世纪初的新文化运动时期受到了更为猛烈的批判。新文化运动是一场声势浩大的思想启蒙运动，揭开现代批孔的序幕。当时激进的知识分子高举批孔的大旗，痛斥以理学为代表的传统文化阻碍了社会发展和国家进步。例如，陈独秀就曾指出："孔教本失灵之偶像，过去之化石……此等虚伪的偶像倘不破坏，宇宙间实在真理和吾人心坎儿里彻底信仰永远不能合一。"（《偶像破坏论》）李大钊说得更明白："历代君主，莫不尊之祀之，奉为先师，崇为至圣。而孔子云者，遂非复个人之名称，而为保护君主政治之偶像矣……故余之掊（抨）击孔子，非掊击孔子之本身，乃掊击孔子为历代君主所雕塑之偶像的权威也；非掊击孔子，乃掊击专制政治之灵魂也。"（《自然的伦理观与孔子》）胡适等人所提出的"打倒孔家店"的口号，进一步破除了对孔子的偶像崇拜。这在当时具有振聋发聩、破旧立新的作用和意义，有助于清算传统的专制思想，揭橥民主和科学的大旗，但由于批评者多激进过头之语，加之有"矫枉必须过正"的策略考虑，导致这一时期对儒家传统思想的评价走向偏颇，对孔子的历史评价也远非全面、完整和客观。

平心静气看孔子

前贤曾由衷地赞叹说："自生民以来，未有盛于孔子者。""天不生仲尼，万古如长夜。"就传承三代文化、整理古代文献，乃至开创人类新的生活范式而言，孔子的确无愧于这一盛赞。但是，孔子也是一个活生生的人，也有普通人常有的各种情感，也会一筹莫展、穷途末路，也会说气话、犯错误、被抢白、遭冷眼，其思想更有着鲜明的时代局限性。因此，平心静气，不褒不贬，才是今天审视孔子的正确态度。

亦新亦旧，损益杂陈

站在今天的立场上加以分析，必须承认，孔子的思想是极其复杂的，其中既有很多变革与发展，也有不少拘泥和保守。虽然他曾云"吾信而好古，述而不作"，但人们早已公认，孔子是既述且作、寓述于作的。亦新亦旧、损益杂陈，乃是孔子思想的突出特点。

首先应该肯定，孔子思想中有很多新的东西，在今天看来依然是合理、积极的。例如，孔子特别强调人的德性养成，对人能成善成贤充满信心，就颇值得肯定。从修养入手整肃人心，进而改造社会，这是对西周以来倡伦理、重宗法思想的重要发展，也是儒家区别于其他学派的最主要标志。孔子的伦理思想以"孝悌"为根本、"忠恕"为一贯，"仁"不仅是其伦理思想的总纲和道德修养的最高标准，也是其所有伦理概念的基础与核心。概而言之，就其所涉的范围而言，包括做人、行事和处世三方面；就其论述的对象看，涵盖对己、对人和对事；就其要达成的目标而论，包括立德、立功和立言；就其关注的重点来说，则是把提升人的德性置于首位。简言之，孔子的全部学说都是建立在一种浓厚的血缘关系和宗法制度之上的，阐明的是个人、家庭和社会的伦理规范，对社会治理与发展具有重要意义。

鲜明的人本性是孔子思想中最光辉的内容之一，也可视为孔子对我国传统思想的又一重大贡献。众所周知，商代是我国天命神权意识非常浓厚的朝代。到孔子生活的时代，敬天畏神的氛围依然十分浓重。但是，孔子不语怪力乱神，不谈奥地玄天，将人世的伦理亲情、人们的自然需求以及人之为人的各种素养标准置于首位，从而把人从天的权威束缚下解放了出来。可以说，立足人的现世需要，关注人的现世生存，为人的现世发展提供规范，乃是孔子整个思想体系的基本立足点和出发点。由此也就使儒家思想成为一种面向人生、谈论人事、阐述人道、注重人格的思想，体现出疑天重人、以人为本的鲜明特色，包括关注人的生命、尊重人的权利、呵护人的尊严以及搁置死亡问题等内容。这种思想即便是在当代看来，依然具有重要的借鉴意义。

先秦时期的各家各派有着不同的义利观，还开展了蔚为壮观的"义利之辩"活动。儒家从其改造社会、修养自身的理念出发，特别强调个人利益服从社会利益，精神追求高于物质需求，表现出重义轻利、以义统利的基本价值取向。儒家的这种取舍立场始于孔子，其实质是教人如何做人，如何做出价值选择，如何影响他人、改造社会。它阐明了人应该追求什么、轻视什么，直接而具体地规定了教育活动的目标、内容和着力点。反过来，儒家特定的义利观，又必须依靠相应的教化措施，才能使之转化为人们内心的观念和行动的准则，进而发挥出实际的效用。可以说，旗帜鲜明的义利观是孔子之于我国传统思想的又一贡献。

"中庸"是儒家思想的一大内容。中庸渊源甚早，在儒家学派形成之前这一思想即已存在。例如，《论语·尧曰》曾引唐尧的话说："咨！尔舜！天之历数在尔躬，允执其中。四海困穷，天禄永终。"这是尧称赞舜的话，"允执其中"即是中庸之意。西周初年，周公极力倡导"中德"并强调在断狱时要做到"中正"，亦可视为对中庸思想的推崇。不过，最早使用"中庸"一词的乃是孔子，最早系统阐述这一思想的也是孔子。在他看来，在当时的社会生活中，人们时常偏离道德准则，因而曾感慨地说："中庸之为德也，其至矣乎！民鲜久矣。"（《论语·雍也》）对于当时中道废弛的状况，他还进一步批评说："道之不行也，我知之矣：知者过之，愚者不及也。道之不明也，我知之矣：贤者过之，不肖者不及也。"（《礼记·中庸》）有鉴于此，孔子特别教育学生，行为要注意把握中道，防止过与不及。《论语·子路》还记载，孔子有感于当时中庸者少的状况，曾无奈地说："不得中行而与之，必也狂狷乎！狂者进取，狷者有所不为也。"即是说，结交不到中庸者，那就只好结交狂狷者了，因为前者积极、后者谨慎，都离中道不远。总之，在孔子心目中，中庸既是道德修养的最高境界，也是人们处事、从政时的规范和准则；教育的作用是使人重视中庸、提升守礼的自觉性，其方法则是裁"过"和补"不及"，以期达到"中行"之目的。

孔子之后，对中庸思想做出重大贡献的是子思。相传他专门撰写了《中庸》一文，

曲阜孔林子思墓

除论述人性与教化、自诚明与自明诚以及学习的五大步骤外，还集中阐发了孔子的中庸思想。《中庸》反复强调，人应该"择乎中庸""中立而不倚"，把中庸作为君子必备的一种品质。《中庸》还屡屡引用孔子的话语，阐明"不勉而中""执其两端""用其中于民"的君子之行，赞扬颜回是"得一善，则拳拳服膺而弗失之矣"之人。《中庸》还将孔子的中庸思想发展为"中和"之道，认为喜怒哀乐未表现之时叫作"中"，表现出来能够符合节度叫作"和"，这不仅是君子所当为，更是天下的根本和共同的法则；达到这一境界，天地便各在其位，万物也能顺利繁育。经过这番论述，中庸就不再只是道德修养的一种境界和行为的一种准则，还成为万事万物存在、发展和变化的根本原因。由此，《中庸》就通过"中和"之道的论述，既表达了儒家对于世界本源和事物运行的看法，也对君子何以恪行中庸之道做出了理论的论证。

总之，孔子的"仁者爱人""修己达人"等仁学思想，体现了鲜明的人道主义精神；孔子的"不学礼，无以立""非礼勿视，非礼勿听"等礼制思想，体现出对于规则的重视，强调秩序和制度对于治国的重要性；孔子的义利之思，揭示了人面对重大问题时应有的道德选择；孔子的中庸之论，阐述了现实中人们处理各种问题时应有的原则和方法。人道主义是人类永恒的主题，对于任何社会、任何时代都是适用的，而秩序和制度则是建立人类文明社会的基本要求。孔子的人道主义和秩序精神，义利之思和中庸之论，是中国古代社会政治和教化思想的精华。

由于时代和认识论等因素的影响，孔子思想中也有不少保守的东西。这突出表现在两个方面：一是反对当时的社会制度改革，二是坚守西周以来的礼仪制度。就前者而言，比如鲁宣公十五年（前594年），鲁国实行"初税亩"。这是春秋时代的重大制度改革，对于发展经济、增强国力极为重要；孔子修《春秋》时虽然也记载了此事，但目的却是批评其"非礼也"。公元前484年，季康子要在鲁国征收"田赋"，即将军费改按田亩征税，使冉有问于孔子。孔子说："若不度于礼，而贪冒无厌，则虽以田赋，将又不足。"（《左传·哀公十一年》）明确反对再征赋税。孔子认为冉有是在为季氏聚敛，所以责之说："非吾徒也，小子鸣鼓而攻之可也！"（《论语·先进》）愤怒之情溢于言表。再如，昭公二十九年（前513年），晋国出台"铸刑鼎"之举，即赵鞅与荀寅联手，将范宣子所制定的《刑书》铸在铁鼎上，将贵族社会的"礼治""德政"改为官僚社会的"法治""刑政"。孔子认为晋国此举极为不妥，会冲击和颠覆既有的社会秩序，非常不利于尊卑名位的维持，因此他断言："看来晋国快要灭亡了，晋国的政治完全乱套了。"可以说，将春秋时代的社会制度改革视为洪水猛兽，是孔子保守思想的一大体现。

就后者而言，孔子认为，西周制定的各种制度已经相当完美了，即所谓"郁郁乎文哉，吾从周"，所以，虽然他也曾有"殷因于夏礼，所损益可知也；周因于殷礼，所损益可知也。其或继周者，虽百世可知也"（《论语·为政》）之言，并不认为西周制度绝对不能变更，但又认为改革必须有一条底线，就是以"君君、臣臣、父父、子子"（《论语·颜渊》）为核心的等级制度必须得到严格遵守，特别是无视身份的僭礼行为是绝对不能容许的。所以，孔子坚决反对"三年之丧"的改革，对"田氏代齐"事件力主挞伐，对季氏"八佾舞于庭"之举更是极为不满。在此基础上，孔子认为，人应该"思不出其位"，强调"正名"的重要性，坚守"君使臣以礼，臣事君以忠""上好礼，民易使""约之以礼，亦可以弗畔矣夫"等思想，坚信只要如此就能重新营造出尊卑有序、上下有别的社会秩序。总之，恪守既往的礼仪制度，力主"克己复礼"，是孔子思想中最因循保守的东西。

圆凿方枘，文不对题

孔子是世罕其匹的德才兼备的伟人，却也曾是栖栖遑遑的"丧家之犬"。孔子生活的春秋时期，是礼崩乐坏的社会转型期，也是从神本世界走向人文时代的时代转折点。身处"呼唤英雄"的变革时代，孔子对政治也投注了极大的热情。他致力于"有道之世"和礼乐文明的复兴，认为自己是待贾美玉，明言"苟有用我者，期月而已，三年有成"（《史记·孔子世家》），却处处不为所容，始终难以找到施政的平台，只能无奈地感慨："知我者，其天乎！"（《论语·宪问》）他不希求什么实际政治利益，不屑为权臣服务，结果却要么被迫委身于各国权臣，要么被动地卷入别国内乱；他一生不惜到处奔波，立志改造社会，然而这个社会却未见其治、反见其乱。简言之，孔子对政治孜孜以求，却是一位失意的政治家；他视教育不过是改造社会的前提、途经和准备而已，教育却成了他一生最辉煌的事业。如此吊诡怪异的人生结局，其个中缘由不能不令人深思。

那么，是孔子完全无视现实状况，才导致其政途坎坷、命运多舛吗？事实并非如此。《孔子家语·辨政》载：

> 子贡问于孔子曰："昔者齐君问政于夫子，子曰'政在节财'；鲁君问政于夫子，子曰'政在谕臣'；叶公问政于夫子，子曰'政在悦近而来远'。三者之问一也，而夫子应之不同。然政在异端乎？"孔子曰："各因其事也。齐君为国，奢于台榭，淫于苑囿，五官伎乐，不解于时，一旦而赐人以千乘之家者三，故曰政在节财。鲁君有臣三人，内比周以愚其君，外距诸侯之宾以蔽其明，故曰政在谕臣。夫荆之地广而都狭，民有离心，莫安其居，故曰政在悦近而来远。此三者所以为政殊矣。"

可见，孔子思想也颇具灵活性，有具体问题具体分析的特色。孟子对于孔子的这一特色颇为推崇，盛赞孔子为古代四类"圣人"中之最高的"圣之时者"。既然孔子思想不乏灵活性，那么为何在现实中又屡屡碰壁呢？概因孔子提出的治世方略与时代需求圆凿方枘、文不对题。

概括而言，孔子的政治主张主要是"德政""礼治"。《为政》和《颜渊》等篇章都曾多次提到他的这种政治思想，如"为政以德，譬如北辰，居其所而众星共之""君子之德风，小人之德草；草上之风，必偃"，等等。此外，孔子还主张"为国以礼"，试图以三代圣王之治为标榜，实现一种理想化的道德政治，恢复上下尊卑的伦常秩序。

然而，在"礼崩乐坏"的时代，臣弑其君，子弑其父，无道至极。各个诸侯国以扩展军事实力为要，争相称雄。称雄就要打破既有秩序，要靠经济实力说话，还需要纵横之策、巧诈机谋。孔子的思想显然与这些需要是不合拍的。简言之，在一种靠军事和实力称雄的时代，孔子却试图以道德政治去管理，这就像用思想的"圆凿"去对时代的"方枘"，碰壁而归是历史的必然。

政治上的屡屡失意，使得孔子只能退而求其次，以教书育人作为事业。大道寂寞的孔子晚年曾说："甚矣，吾衰也。久矣，吾不复梦见周公。"（《论语·述而》）其言语间流露出的悲凉凄切之情，时至今日仍让人心感怆然。

历史证明，贵族政治是会退出历史舞台的，但这既需要时间，也需要条件。孔子的礼制思想、伦理思想、德政思想等虽极有教益，但这是着眼于和平之世的，也须待和平之世到来后方能发挥效力。在春秋末期的乱世中，掌权者首先考虑的是自己的而不是天下的利益，是自我生存而不是社会发展。要生存就需要打破旧有秩序，更需要剪除异己、削弱对手、强大自身，这绝不是道德劝化所能遏止的，也不是"尊卑有别"之论所能束缚的。简言之，孔子置身乱世，开出的却是治世药方，因而其方案"文不对题""圆凿方枘"，与春秋时期的现实格格不入。

敬事爱人，不语乱神

远古时期，人类就以"万物有灵"来解释周围世界，再后来，从"泛神"经由"多神"再到"至上神"，"天"和"神"被发展成至高无上的权威。人们认为"天"是有意志、有情感的，是世界万物的生成者，也是人类命运的主宰者。为了祈求福祉、避免灾祸，人们往往将"天"作为神灵加以膜拜。统治者自称受命于天，以"恪谨天命"为准则，并将其作为重要决策的超验依据。在此情形下，"天"成为独立于人、外在于人、高悬于人、超越于人的巨大力量。

到春秋时期，社会上依然有着浓厚的尊天敬天和鬼神崇拜风气，并产生了与之相应的祭祀文化。难能可贵的是，在孔子思想中，却有着与之不同的独特理念，就是以敬事爱人、不语乱神为特色的人本思想。

孔子敬事爱人的人本思想，至少可从两个层面来论析。首先，关注人的生命，尊重人的权利，是孔子人本思想的一大要义。这在《论语》中有不少记载。如《论语·乡党》记载说："厩焚。子退朝，曰：'伤人乎？'不问马。"这是一条常常被后世学者引用的史料，是人们公认的孔子具有人本思想的经典确证。《论语·雍也》记载说："伯牛有疾。子问之，自牖执其手，曰：'亡之，命矣夫！斯人也，而有斯疾也！斯人也，而有斯疾也！'"学者们一般认为，冉伯牛此时患的是一种传染性的疾病，别人不敢靠近，唯孔子"自牖执其手"，与其爱徒诀别，并且连声痛言："这样的人，怎么会有这样的病！"由此不难看出，孔子对人的生命是多么珍视。《论语·公冶长》则记载："子谓公冶长：'可妻也。虽在缧绁之中，非其罪也。'以其子妻之。"就是说，对于曾入狱坐监的人，孔子也不仅不歧视，反而以亲情的方式加以肯定，由此更能看出孔子对人权利的尊重与重视。

孔子的人本思想还表现在他的鬼神观上。孔子主张悬置死亡问题，不谈怪力乱神。这在《论语》中记载得也很多。如《论语·先进》载，孔子针对子路"问事鬼神""问死"的问题，明确回答说："未能事人，焉能事鬼？""未知生，焉知死？"教育学生应将事人（事亲、事长）和人生问题放在首位，对鬼神和死亡问题悬而不论，表达了孔子重人事而轻鬼神、重现世而轻来世的人本思想。又如，《论语·八佾》载："祭如在，祭

孔子故宅之鲁壁与故井

神如神在。子曰：'吾不与祭，如不祭。'"即是说，在孔子看来，鬼神的存在与否，是随人的祭与不祭、敬与不敬和信与不信而转移的，表达了其祭祀鬼神也应以人为主体的思想。再如，《论语·雍也》记载，当樊迟问怎样才算智时，孔子回答说："务民之义，敬鬼神而远之，可谓知矣。"即是说，致力于（提倡）百姓应该遵从的道德，对鬼神敬而远之，就可以说是智。这表明孔子对于鬼神既不否定也不迷信，却将现世的民众教化置于首位的思想。正因如此，孔子施教时，注重人生意义，不语"怪力乱神"；强调"慎终追远"，反对"非鬼而祭"；主张"不令而行"，指斥"不教而诛"。凡此种种，皆是孔子人本思想的基本内容，表现出敬事爱人的思维特色。

生生不息谈孔子

　　孔子是一位与所处时代隔膜的思想家，"当世圣贤皆寂寞"可谓对其一生的准确写照；孔子思想博大精深，是一本历久常新的传统文化之书。孔子其人其事、其言其行，以不同的特色和内涵向人们展示着无穷的魅力，引导着人们从哲学、美学、伦理学、政治学、经济学、军事学、心理学、教育学等方面去解读。这种魅力已经让人对孔子谈之千年，可以肯定，孔子必然还会被津津有味、生生不息地谈论下去。

歪打正着的思想

　　孔子在世之时四处碰壁，未能实现自己的社会理想，其思想被当世统治者轻忽和敷衍，其本人则被作为尊贤的符号和招牌，还多次受到在朝势力的排挤和在野隐士的讽刺。孔子死后，情形却恰恰相反：历代统治者竞相尊孔、祀孔，按照自己的需要重新塑造孔子，给孔子戴上各种眼花缭乱的桂冠；历代学者则皓首经年，苦心孤诣地"我注六经""六经注我"，以能够班列孔子思想之门墙为殊荣。之所以如此，概因世道虽有治乱之分，治世和一统却是中国历史与人类社会的常态；孔子虽立身乱世，所提出的思想却更适合治世。所以，可用"歪打正着"一词作为孔子学说之于后世作用的总评。

　　孔子的"正名""德治"思想，"思不出其位"的主张，上下有序、尊卑有别的秩序坚守以及强调社会成员的道德内修、"克己复礼"、以义统利、敬事爱人等，有助于营造出一个稳定有序的社会局面。因此，在政治稳定的朝代，甚至在王朝建立之初，孔子思想的价值往往或被重新发现，或被改头换面地加以阐释，将本不属于孔子的所谓思想肆意加以解说，从而，孔子也就被日益偶像化，其思想也越加庞杂。两千余年间孔子及其学说的命运，大体如此。

孔子思想第一次得到极大推崇是在汉朝。经过数十年休养生息，汉初的经济有了明显复苏。加强中央集权，强化尊卑秩序，重整意识形态，成为统治者的必然选择。而儒家大一统的思想以及君臣伦理观念，正好切中了统治需要。当然，孔子思想在汉朝得到独尊地位，还与贾谊、王臧、董仲舒等儒者的推动和改造不无关系。经过改造后的孔子思想，如"君权神授""帝道三纲"等内容，不仅满足了汉武帝的个人喜好，更满足了政治统治的需要，从而最终获得了独尊的地位。

经过魏晋南北朝时期的颓势，孔子思想受到李唐统治者的再度青睐。众所周知，唐朝是我国历史上一个大一统的王朝。大一统就需要稳定的社会秩序，需要主流意识形态，需要拥戴统治的民心基础。然而，从隋代至唐初，统治思想一直处于混乱状态，儒、佛、道三派各竞所长，统治者莫衷一是。唐太宗即位后，政治形势变得与汉武帝时

"万人愁"：北宋建在曲阜的无字巨碑

期十分类似：政治稳定中面临门荫制度的威胁，经济繁荣中潜藏着地方割据等弊端。此外，地域广阔的唐王朝比以往有着更为严重的政治文化差异，关中、山东、江南等地区各有特点，互不相融，建立统一思想成为当务之急。在此情况下，尊儒崇经、推行仁政成为统治者的必然选择，中央官学的大力兴办，科举取士的广泛推行，为尊孔崇儒活动做出了制度性的安排。

　　两宋是孔子地位极受尊崇和儒家思想大放异彩的又一时期。这一时期，不仅孔子受到诸多帝王的膜拜，儒家思想还经由数代学人的接力，逐步发展成一种新的形态——理学。理学即是把儒、道、佛三派思想合流，并杂以阴阳、五行、术数之学。调整后的理学把人性分为天命、气质两种，强调"格物致知"，主张"理一分殊"，又强调自发内省。在构建以"天理"为最高范畴的同时，理学还主张通过人的道德自觉去实践儒家的理想人格。在传统儒学的伦理基础上，理学更加注重对客观世界的探讨、求理精神的张扬和怀疑精神的培养。总的来看，理学不仅是适应统治需要而产生的，而且客观上促进了宋代学术以及社会的发展，从而使儒学展现出新的阶段性特征。

曲阜孔庙清代碑亭

孔子思想发展到明清时期，正统地位几乎无法撼动，理学成为官方正统的意识形态。虽然明清之际，儒学在顾炎武、王夫之、黄宗羲等推动下经历了一次"思想启蒙"的震荡，但这种震荡与西方文艺复兴有着本质的不同。启蒙思想家们主张理欲一体，反对空谈心性，其实质是儒学内部的又一次调整，是在揭露和批判宋学弊端的基础上对传统儒学的回归。乾嘉学派继承汉代公羊学的朴学传统，倡导经世致用，对孔子思想的正本清源功不可没。但到清代晚期，学术追求和政治活动再度结合，出现了以康有为、梁启超、谭嗣同等为代表的新一代公羊学家，孔子思想又被改造得面目全非，孔子再次成为"拿来说事"的门面和招牌。

总体而言，孔子思想以"仁"为内核，以"礼"为规范，建构了一个适应治世的等级次序，为后世所青睐。秦以后，为适应大一统需求而被改造出的"忠孝仁义""三纲五常""君权神授""存理灭欲"等说辞，则注定其必然成为集权王朝的统治工具。孔子倡导积极入世、己达达人，因后世察举制度、科举制度的创生而使这些主张获得体制性落实；通过各种入仕标准的厘定，"修、齐、治、平"的社会责任感得以张扬，从而使得其思想成为链接儒者与统治阶层的桥梁。

总之，孔子的思想超越了时代，其"有道之世"的论述，"尊卑有别"的坚守和秩序重整的思想主张，迎合了和平安泰之际维持社会秩序的需要。这向我们昭示了"无心插柳柳成荫"的事实。孔子本意在重整春秋时代的乱世，却无意为后世所用，并且一用就是两千年。故此，将其思想以"歪打正着"置评，可谓切中肯綮的。

悲悯救世的情怀

孔子生活在社会转型的乱世背景下。各国竞相兼并，战争不断，臣弑君，子弑父，兄弟相残，世道大乱。孔子悲天悯人，心念苍生，欲挽狂澜于既倒，重整混乱的社会秩序。他希望统治者通过"德治""礼治"等和平途径，实现"郁郁乎文哉"的"有道之世"；他希望人人都能成为君子，人格高尚，学识丰富，智慧勇敢，讲信修睦；他希望仁人志士都以天下为己任，修己安人，己达达人，己所不欲，勿施于人。可以说，悲悯救世的情怀，是孔子让人谈之千年的重要原因。

孔子悲悯救世的第一要义乃是倡导"仁"。与历史上所有圣贤一样，孔子有一颗仁爱之心，更希望人们都能以"仁"来对待世间万物，进而消弭纷争，走向和谐。在孔子看来，"仁"首先是存在于人内心的一种美德，因此为仁要依靠自身努力，不能依恃外在力量，故而曾云："仁远乎哉？我欲仁，斯仁至矣。"（《论语·述而》）而"行仁"须以"孝悌"始，"孝悌"为"行仁"之本，因此他明言："君子笃于亲，则民兴于仁。"（《论语·泰伯》）其次，孔子主张以外在之"礼"来节制内在之"仁"，使"仁"的外在表现能够符合社会规范，故而当颜渊问"仁"时，孔子回答说："克己复礼为仁。一日克己复礼，天下归仁焉。"颜渊再问具体表现时，孔子说："非礼勿视，非礼勿听，非礼勿言，非礼勿动。"（《论语·颜渊》）这种表述，清晰地表达了孔子对仁与礼关系的看法。再次，在孔子看来，践"仁"的途径是"士志于道"，"道"则可用"忠恕"来表达，即"尽己之谓忠""推己之谓恕"，或己所不欲、勿施于人，故而他明确指出："夫仁者，己欲立而立人，己欲达而达人。能近取譬，可谓仁之方也已。"（《论语·雍也》）即是说，推己及人的办法，乃是实行"仁"的便捷法门。简言之，孔子所致力的教育目标，就是要培养为仁由己、德行敦厚、终日不违的"君子"，由此改造社会、劝化人心，救黎民于乱世，扶大厦于将倾。

在此基础上，孔子悲悯救世的又一要义是主张"德政"，反对滥用刑罚，更反对"不教而诛"的杀人立威。面对纷乱的世道，孔子对统治者厚敛肥己的行为极为愤慨，对于道德堕落的现状尤其痛心疾首。他一针见血地指出：

> 今之君子，好色无厌，淫德不倦，荒怠傲慢，固民是尽，忕其众以伐有道，求得当欲，不以其所。古之用民者由前，今之用民者由后。今之君子，莫为礼也。（《大戴礼记·哀公问孔子》）

孔子认为，现实之所以混乱不堪，根源就在于无德者在位、在位者无德。因此，天下要么有德者居之，要么在位者就应以德要求自己。他认为，只要统治者能够以德治国，就会像居于中天的北极星一样，会得到天下人的拥护和爱戴；只有统治者"道之以德，齐之以礼"，民众才能达到"有耻且格"的程度。即使对于"无道"之人，孔子也认为不能一概运用刑杀，而是主张以德治教化使之成善，因为"子为政，焉用杀"（《论语·颜渊》）。他还一再告诫执政者："政者，正也。子帅以正，孰敢不正？"（《论语·颜渊》）"苟正其身矣，于从政乎何有？不能正其身，如正人何？"（《论语·子路》）只要当权者以身作则，百姓就能受到感化，"德政"目标就有望实现。概而言之，铲除"苛政"土壤，抨击"刑政"流弊，力倡"德政"模式，是孔子悲悯救世情怀的又一表现。

将悲悯情怀落实到政治实践中，孔子明确提出"息讼"的主张，希望人们能够通过反省自身来消除纷争。他说："听讼，犹人也。必也，使无讼乎！"（《论语·颜渊》）意思是说，我审理案件时和别人差不多，如果一定让我去做，我管理诉讼的目标就是让人们再无诉讼。他还明确说过："道之以政，齐之以刑，民免而无

曲阜孔子旧宅外门

耻；道之以德，齐之以礼，有耻且格。"（《论语·为政》）意思是，用政令来控制，用刑罚来管理，民众只会力避罪罚，却没有耻辱之心；用道德来引导，用礼仪来整顿，民众就不但知耻而且谨慎。

孔子的这种悲悯不仅体现在思想主张上，更内化在生活的具体行为之中。他看到盲人，神情就特别严肃，尽力表达自己的关爱和同情；看到有人穿着礼服进行祭祀，就努力去感受那庄重的氛围。《论语·述而》记载，孔子不仅对人以礼行之，就是对动物也是如此：他只用鱼竿钓鱼，而不用网捕鱼，因为用网容易把鱼不论大小一网打尽；他只用带生丝的箭射鸟，但绝不射栖宿中的鸟，因为它们需要栖息繁殖。

总之，孔子不仅仁爱，而且心系苍生。他的爱是博大的，他的悲悯是深沉的。他呼吁统治者取信于民，倾听民众的呼声，主张"举贤用能""身正令行"，反对苛政暴政。他主张"使民以时""勿违农时"，反对过于搅扰人民的正常生活。他认为"居其位，无其言，君子耻之；有其言，无其行，君子耻之"，要求统治者"在其位，谋其政"，建议运用道德、舆论和风俗等手段进行治理。凡此种种，对于缓解春秋时期的战乱是有积极意义的，充分反映出人之权利在孔子心目中的位置。

孔子思想的当代价值

孔子去世已两千多年，但今天人们仍满怀深情地谈论他、怀念他。这充分说明，孔子思想的影响是深远的。孔子思想构成了中国人思想的基本底色，不仅没有因时间

的流逝而消退，相反，经过了历史的沉淀之后，焕发出了新的生命活力。

今天人们公认，伟大的教育家是孔子的第一身份，教育思想则是他留给后世最重要的文化遗产。有鉴于此，囿于篇幅，此处仅就其教育思想之于当今的价值略作阐述。孔子开创的儒家学派，是一个以修己安人为标准，以己达达人为职责，以改造社会、改良政治为使命的学派，对于教育对象、教育目的、教育作用、教育原则、教育方法等问题都提出了独到的见解，这些独到的见解具有永恒的价值。例如，在教育对象观方面，孔子所践行的"有教无类"思想，不仅在历史上具有创榛辟莽、开启先河的意义，今天看来也具有多方面的启示和意义：它首先表明了一种观点，即人人都有必要接受教育，而且也有权利接受教育，也都能通过教育激发潜能、发挥特长、增长才干，从而表现出对于人权的尊重，显示出鲜明的人本化色彩。其次，它表达了一种思想，即人人都有接受教育的平等权利，而且都有接受平等教育的权利，从而表达了一种教育机会均等的思想。再次，实现民主、平等和自由发展，乃是人类追求的共同理想，"有教无类"思想则在世界文明史上首次对这一问题给予了思考和解答，并从教育实践上进行了探索。又如，在教育目的观方面，孔子主张培养德才兼备的从政君子，其当代价值就至少可从以下方面加以认识：其一，有助于人们规范、约束行为，成为遵规守纪、讲信修睦、修养较高的人。其二，有助于人们学会如何与他人、与社会和谐相处。其三，有助于培养人们的浩然正气、坚忍意志，在紧要关头和各种诱惑面前经受住考验。其四，有助于人们认清纷繁复杂的社会现实和国际环境，明辨是非，学会选择，勇于担当。其五，有助于培养积极的参与意识和社会责任感，为国家富强和民族昌盛贡献力量。再如，在教育作用观方面，孔子充分肯定教育在人的发展中的重大意义，强调教育对于人成长的巨大作用，这与现代教育理论的观点具有惊人的一致性。明确这一点，一方面有助于我们更加深刻地认识教育工作的意义，自觉投身于教育事业；另一方面则提醒我们，要做到以学生为中心，以学生发展为要务，增强人本观念和服务意识，为学生的素养提升、才干增长、身心健康贡献力量。另外，孔子对于教育社会作用的重视，很大程度上正确地阐释了教育与政治、经济、道德和社会秩序之间的关系，申明了教育在社会系统中的重要和基础的地位。这对于保障教育事业稳定、健康、和谐地发展，具有十分重要的现实意义。

至于教育原则和方法方面，孔子对后世的贡献更多，许多原则不仅被我国传统社会奉为圭臬，至今也有很强的科学性和实用性。例如，"循序渐进"就是一条科学地解释和揭示人学习、发展必由之路的原则，要求人们根据学科知识之"序"、时间能力

曲阜师范大学孔子铜像

之"序"和学生身心发展之"序"来由浅入深、由表及里地进行教育和学习。"因材施教"原则要求教师着眼于学生各方面的实际情况，包括资质、性情、才能、志向、兴趣、爱好、知识基础等因素，"因人""因时""因机""因事"地对学生施以教育，至今仍有着鲜活的意义和价值。教育方法方面，孔子提出"启发诱导"之法，主张"不扣不鸣"，今日观之，背后就有着深刻的心理学、教育学、学习论意蕴；"温故知新"之法，既揭示了新旧知识之间的辩证关系，又阐明了历史经验和现实问题之间的联系，为人们指明了学习知识、以旧求新的不二法门；"博约结合"之法，要求学习者不仅要做到"博学""多闻""多见"，而且要务求精深、融会贯通，不仅阐明知识的广度和深度之间的辩证原理，而且阐述掌握知识与归纳事物本质之间的关系；"叩其两端"之法，主张用提问或反诘的方式，引导对方自己从事物正反两方面入手，辨明是非，深入思考，最终找到解决问题的答案；"学思结合"之法，则认为学习是认识的基础，有利于学问的扩展，思考是学习的深入，有助于学问的整合，主张人们应将二者结合起来，不能偏废，以求得对于学问和事物的完整认识。

此外，孔子教育思想与现代终身教育理论在很多方面都是相通相合的。例如，孔子感叹的"不知老之将至",阐明的就是学习时间的终生性;孔子实行的"弦歌不衰"、流动教学,表现的就是教育空间的广延性;孔子主张的"有教无类""来者不拒",表明的就是施教对象的全民性;孔子坚持的"文质彬彬"、四教育人,体现的就是教育内容的多样性;孔子推重的"仁、智、勇""三达德",展示的就是教育结构的协调性;孔子倡导的"学无常师"、有疑必问,折射的则是教育方式的灵活性。这充分说明,孔子的教育思想与现代终身教育关系极为密切,对当代社会的教育发展极有价值。

孔子思想的国际影响

孔子作为古代伟大的思想家和教育家,其思想对东亚诸国乃至西方世界都有很深的影响。早在秦汉时期,以孔子为代表的儒家思想就传到了朝鲜、日本和越南,又经越南传入东南亚和南亚各国,在中国周围形成了强大的儒学文化圈。大约16世纪至17世纪,儒家思想由来华的传教士带入西方,深深地影响了欧美各国。孔子也因此被一些西方哲学家视为与耶稣、苏格拉底、释迦牟尼齐名的影响人类思维范式的四大圣哲之一,并被联合国教科文组织评为"世界十大文化名人"之首。

孔子思想传入朝鲜的确切时间已难确定,至迟在公元前3世纪的箕氏朝鲜时代即已传入。朝鲜三国时代,高句丽与中国联系最密,也效法中国建立太学,以"五经"和"三史"教育贵族子弟。公元285年,百济国王派儒学博士王仁渡海向日本王子献《论语》《千字文》,可见,此前孔子思想在朝鲜已受重视。新罗统一朝鲜半岛后,不仅在

孔子文化节:每年一度纪念孔子的节日

首都设立国学，以儒家经典和汉文作为选拔官员的考试科目，在太学中供奉孔子及其弟子的画像，而且被称为"海东孔子"的崔冲还终生精研儒学，创立私学，广招门徒，极大地扩展了孔子思想在朝鲜的影响力。此外，如金富轼、李齐贤、郑梦周、丁若镛、权近、李珥等，或宗荆公新学，或崇程朱理学，使朝鲜文化的发展带上了儒家思想的浓厚痕迹。

据现有记载，孔子思想传入越南不迟于西汉末年。其中，贡献最大者是东汉初时任九真太守的任延。他"学于长安，明《诗》《易》《春秋》，显名太学"（《玉海》），在越任职期间，兴办教育，传播儒学。此外，交趾太守锡光、交州太守士燮，都在任职期间对儒学在越南的传播做出了贡献。之后，不仅有"非尧舜之道不陈前，非孔孟之道不著述"（《大越史记全书·裕宗皇帝》）、死后被赐"从祀孔子庙庭"（《大越史记全书·艺宗皇帝》）的中国出生的张汉超的出现，而且还有越南本土出生的朱安、吴士连等人，成为陈朝、胡朝至后黎朝时期重要的儒学思想家。尤须提及的是李朝皇帝李日尊，在位期间发展儒学，在首都升龙修建文庙、供奉孔子，定儒学为国教，使孔子思想得到了更广泛的传播。此后，经越南传入东南亚和南亚各国。

自王仁向日本王子献书后，孔子思想在日本得到初步传播。公元513年，日本开始设立"五经"之学，孔子思想受到人们的普遍关注。7世纪初叶，在圣德太子的倡导下，儒家思想渗入日本社会的各个阶层。之后，孝德天皇设置国博士，天智天皇设立专门学习儒家经典的官学，《周易》《尚书》《左传》《孝经》等被列为必读教材，儒家思想更受重视。从奈良到平安时期的四百多年间，日本选拔官员时的考试题目，大都和儒家思想有关。从镰仓到江户时代的六百多年间，天皇衰微，武士执政。长期的争斗使执政将军认识到，要缓解矛盾、维护统治，儒家思想的教化作用是无可替代的，所以在德康幕府中，尊孔读经被大力提倡，儒学成为官方意识形态。进入明治维新时代后，日本对长期占据统治地位的儒家思想进行了理性的反思和改造，儒学研究进入自觉时代并且逐渐向实用性转变，从而形成了所谓"士魂商才"和"《论语》加算盘"的新型理念。日本前首相中曾根康弘说："日本要把民主主义、自由主义的想法和孔子的教导调和起来。"可见，儒家思想在日本有着长期而深厚的历史影响。

儒家思想不仅深刻影响了东亚诸国，对欧洲国家也颇具影响。使者的相互往来将儒家思想带到了欧洲，使许多国家对这一思想都颇感兴趣。1594年，意大利传教士利玛窦将"四书"简译为拉丁文并在西方出版，他本人也因此被称为"基督教的孔子"。1687

年,《大学》《中庸》《论语》在巴黎被全译成拉丁文,儒家思想受到更多学者的关注。例如,法国启蒙学者伏尔泰就非常推崇儒家文化,认为从此"发现了一个新的精神与物质的世界";他更推崇孔子"己所不欲,勿施于人"和"以直报怨,以德报怨"的思想,认为这是用"普遍的理性抑制了人们的欲望"(《哲学辞典·哲学家》),还把孔子视为"只诉诸道德,不宣传神怪"(《礼俗论》)的令人尊敬的智者。启蒙思想家霍尔巴赫反对基督教道德,提倡像中国儒家那样,把道德和政治结合起来。另一位启蒙学者狄德罗也为孔子倾倒,赞同孔子以道德、理性平天下的主张。除启蒙思想家外,法国重农学派也推崇孔子思想,尤其赞赏其中"重本轻末"的主张。魁奈还对《论语》给予极高的评价,认为书中讨论的都是善政和道德的问题,其价值远胜于希腊"七圣之言"。此外,魁奈于1758年所著的《经济表》,被认为是大量吸收了孔子思想的著作,他也因此被称为"欧洲孔子"。

孔子思想对德国也曾产生了深远影响。自然科学家、数学家和哲学家莱布尼兹早在1676年就已读过儒家书籍,后又通过在华耶稣会闵明更多地了解中国文化。他专门撰写了《中国与欧洲》一书,推崇中国的政治和伦理,称赞儒学不信鬼神而崇尚理性的精神。莱布尼兹经过研究还发现,《周易》中六十四卦卦象乃是中国古人无意中运用了二元算术,因而深表感叹。哲学家沃尔夫也崇拜儒家文化,称赞儒家文化的实践理性精神,主张以理性代替信仰。其再传弟子康德著《纯粹理性批判》,继续主张以理性代信仰,在德国古典哲学领域声名远播。黑格尔虽然从西方文化中心论的立场出发,批评儒家思想中"思辨的哲学是一点也没有的",从中"不能获得什么特殊的东西",但他也坦率地承认,孔子是"一个实际的世间智者",孔子的著作"是最受中国人尊重的权威"(《哲学史讲演录·中国哲学》)这样一个事实。

与法德相似,儒家思想在英国的影响也是靠传教士引入的,像韦廉臣、修中诚等人,对此都做过贡献。清末帝师庄士敦在中国生活很多年,回国后曾深有感触地说:"四书五经之于中国,犹如希腊拉丁文之于英国的教育,须臾不可离。"自19世纪70年代开始,在牛津大学教授理雅各的主持下,"四书"和"五经"被先后译介到英国,儒家思想由此受到了更多的关注。

自18世纪开始,孔子及儒家思想就对美国产生了重要影响,尤其体现在《独立宣言》的条文中。19世纪中叶,美国传教士卫三畏、林乐知、狄考文等先后来到中国,在传播基督教的同时,也把儒家思想传到了美国。从此,各地开始设立研究机构,专门研究孔子和东方思想，尤以哈佛大学最著名。这些研究机构集中了一批著名学者和美籍华人，如费正清、狄百瑞、史华兹、列文森、赖肖尔、卜德、萧公权、林毓生、成中英、张灏等，并且出版了一大批研究孔子思想和中国文化的著作，如《孔子与中国文化》《儒家思想的几种倾向》《儒教中国及其近代命运》《孔教信念及其实践》《孔子：世俗的圣人》《东亚：伟大的文明》《士与中国文化》《孔子仁学中的道学政》等等。1974年，美国成立孔子文教基金会；之后，还在各地陆续成立孔子学院、孔子博物馆等。至今，孔子仍倍受美国人民的崇敬，不仅许多普通美国人了解和景仰孔子，熟悉者也不乏政府要员。

当代新儒学代表，原哈佛大学教授、现北京大学教授杜维明先生曾说过："对西方文明提出的诸多课题，孔子思想是应该有回应的。"他还说出如下一句名言："孔子不仅仅是中国的，他更是世界的。"1988年1月，诺贝尔奖获得者发表《巴黎宣言》，认为"人类要想在二十一世纪生存下去，必须回头两千五百年，从孔子那里去吸取智慧"。现如今，"己所不欲，勿施于人""君子和而不同"等理念，已成为处理国际关系的重要原则。有关资料表明，目前以"孔子学院"命名的海外教育机构已有数百所，遍及世界各主要国家。这说明，孔子思想早已不仅仅属于中国，而是成为全人类的一份优秀文化遗产。

新编孔子大事年表

一岁（出生年）：公元前551年　庚戌（周灵王二十一年　鲁襄公二十二年）

孔子生于鲁国陬邑昌平乡(今山东曲阜城东南尼山附近，山麓有夫子洞，亦称坤灵洞，传为孔子诞生地)。因父母曾为生子而祷于尼丘山，故名丘，字仲尼。关于孔子出生年月有两种记载，相差一年，今从《史记·孔子世家》说。孔父叔梁纥为陬邑大夫，母颜徵在。

二岁：公元前550年　辛亥（周灵王二十二年　鲁襄公二十三年）

孔子在鲁。

与父母一起居于鲁国陬邑昌平乡。

三岁：公元前549年　壬子（周灵王二十三年　鲁襄公二十四年）

孔子在鲁。

其父叔梁纥卒，葬于防山(今山东省曲阜东12公里处，防山之阴有"梁公林"，即孔子父亲叔梁纥墓葬处)。孔母颜徵在携幼儿孔丘移居鲁国都城曲阜城内阙里，生活艰难。

四岁：公元前548年　癸丑（周灵王二十四年　鲁襄公二十五年）

孔子在鲁。

与母亲颜徵在一起居于鲁国都城曲阜城西南之阙里。

五岁：公元前547年　甲寅（周灵王二十五年　鲁襄公二十六年）

孔子在鲁。

孔子弟子秦商生。商字不慈（一说子丕），鲁国人。

六岁：公元前546年　己卯（周灵王二十六年　鲁襄公二十七年）

孔子在鲁。

孔子在母亲颜徵在的教育下自幼好礼，"孔子为儿嬉戏，常陈俎豆，设礼容"（《史记·孔子世家》），演习礼仪。

七岁：公元前545年　丙辰（周灵王二十七年　鲁襄公二十八年）

孔子在鲁。

弟子颜繇生。繇又名无繇，字季路，又称颜路，为颜渊之父。

八岁：公元前544年　丁巳（周景王元年　鲁襄公二十九年）

孔子在鲁。

吴公子季札赴鲁观周礼乐，鲁系周公封地，保存周礼较完备。

弟子冉耕生。耕字伯牛，鲁国人。

九岁：公元前543年　戊午（周景王二年　鲁襄公三十年）

孔子在鲁。

此年郑国子产执政，"使都鄙有章，上下有服，田有封洫，庐井有伍"（《左传·襄公三十年》）。郑国由是大治。子产与孔子交厚。子产的政治实践对孔子影响很大。

十岁：公元前542年　己未（周景王三年　鲁襄公三十一年）

孔子在鲁。

鲁襄公死，其子裯继位，是为鲁昭公。

郑人游于乡校，议执政善否。有人劝子产毁乡校，子产不听，曰："其所善者，吾则行之，其所恶者，吾则改之，是吾师也，若之何毁之？"孔子后来评价子产说："以是观之，人谓子产不仁，吾不信也。"（《左传·襄公三十一年》）可见孔子对子产尊重民意评价很高。

弟子仲由生。由字子路，卞之野人。

十一岁：公元前541年 庚申（周景王四年 鲁昭公元年）

孔子在鲁。

鲁伐莒，取郓（今山东沂水县东北50里，东郓）。

十二岁：公元前540年 辛酉（周景王五年 鲁昭公二年）

孔子在鲁。

是年春，晋侯使韩宣子聘鲁，观书于太史氏（见《易》《象》与《鲁春秋》），说："周礼尽在鲁矣。吾乃今知周公之德与周之所以王也。"（《左传·昭公二年》）此类文献大概为鲁国所专藏。

弟子漆雕开生。开字子若，鲁国人。

十三岁：公元前539年 壬戌（周景王六年 鲁昭公三年）

孔子在鲁。

是年齐国晏婴使晋，与晋卿叔向谈及齐政将归陈（田）氏，因齐君加重赋税，滥取于民，而陈氏则采用施恩人民、收为己助的办法，以弱公室、强本族。（《左传·昭公三年》）

十四岁：公元前538年 癸亥（周景王七年 鲁昭公四年）

孔子在鲁。

孔子说："吾少也贱，故多能鄙事。"（《论语·子罕》）说明孔子少年时代曾从事过各种劳动。

十五岁：公元前537年 甲子（周景王八年 鲁昭公五年）

孔子在鲁。

孔子说："吾十有五而志于学"（《论语·为政》）。这时孔子在童年艰苦学习的基础上，更自觉地在学业和品德上不断提高、完善自己。

鲁国"四分公室"，叔孙、孟孙各领一军，季孙领二军。当时军、赋统一，分军即分赋，所以当时称此举为"四分公室"（《左传·昭公五年》）。

十六岁：公元前536年 乙丑（周景王九年 鲁昭公六年）

孔子在鲁。

三月，郑国铸刑书。"礼治"衰替，"法治"渐起。

弟子闵损生。损字子骞，鲁国人。

十七岁：公元前535年 丙寅（周景王十年 鲁昭公七年）

孔子在鲁。

孔母颜徵在卒，与父合葬于防山。

季氏宴请士一级贵族，孔子赴宴，被季氏家臣阳虎拒之门外。（见《史记·孔子世家》）

春楚成章华台，昭公三月入楚，孟僖子不能相礼，归病，欲子学礼于孔子（尚无子）。

冬十一月，鲁国的执政者季武子卒，季平子立。

十八岁：公元前534年 丁卯（周景王十一年 鲁昭公八年）

孔子在鲁。

传说孔子身长九尺六寸，世人皆以"长人"称之。（见《史记·孔子世家》）

十九岁：公元前533年 戊辰（周景王十二年 鲁昭公九年）

孔子在鲁。

娶宋人亓官氏之女为妻。（见《孔子家语·本姓解》）

二十岁：公元前532年 己巳（周景王十三年 鲁昭公十年）

孔子在鲁。

孔子开始任委吏，"会计当而已矣"（《阙里志·年谱》）。

生子伯鱼，因鲁昭公以鲤赐孔子，故以鲤为名而字伯鱼。

二十一岁：公元前531年 庚午（周景王十四年 鲁昭公十一年）

孔子在鲁。

孔子改任乘田吏，为管理牛羊畜牧的小吏。（见《阙里志·年谱》）孟子说："孔子尝为委吏矣，曰：'会计当而已矣。'尝为乘田矣，曰：'牛羊茁壮，长而已矣。'"（《孟子·万章下》）孔子说："吾少也贱，故多能鄙事。"此"鄙事"当包括"委吏""乘田"。

孟懿子生，名何忌。

二十二岁：公元前530年 辛未（周景王十五年 鲁昭公十二年）

孔子在鲁。

南遗之子南蒯为季氏家臣，以费地谋叛，慎不克而行乡饮酒以盟。

弟子南宫适（敬叔）生。适字子容，鲁国孟僖子之次子。长子孟懿子亦为孔子弟子。

二十三岁：公元前529年 壬申（周景王十六年 鲁昭公十三年）

孔子在鲁。

晋会诸侯于平丘，子产、子太叔相郑伯以会。……及盟，子产争承（争取使郑国少贡），自日中以争，至于昏，晋人许之。孔子认为"子产于是行也，足以为国基矣"。（《左传·昭公十三年》）

二十四岁：公元前528年 癸酉（周景王十七年 鲁昭公十四年）

孔子在鲁。

春，季孙氏家臣南蒯在费地叛，费人逐之，奔齐，齐以费邑归鲁。

二十五岁：公元前527年 甲戌（周景王十八年 鲁昭公十五年）

孔子在鲁。

二十六岁：公元前526年 乙亥（周景王十九年 鲁昭公十六年）

孔子在鲁。

秋八月，晋昭公卒。冬十月，季平子赴晋葬昭公。是年鲁旱。

二十七岁：公元前525年 丙子（周景王二十年 鲁昭公十七年）

孔子在鲁。

郯子朝鲁，谈起其祖先少皞氏的官制。"仲尼闻之，见于郯子而学之。既而告人曰：'吾闻之，天子失官，学在四夷，犹信。'"（《左传·昭公十七年》）

二十八岁：公元前524年 丁丑（周景王二十一年 鲁昭公十八年）

孔子在鲁。

宋、卫、陈、郑均发生火灾。郑国裨灶认为，如不祭天禳灾，郑国还要再次发生火灾。子产拒之，认为"天道远，人道迩，非所及也，何以知之？"（《左传·昭公十八年》）这种天道与人道分开的观点对孔子重人轻天思想的形成有很大影响。

二十九岁：公元前523年 戊寅（周景王二十二年 鲁昭公十九年）

孔子在鲁。

学琴于师襄（一说此为鲁昭公十七年事）。襄子曰："吾虽以击磬为官，然能于琴。今子于琴已习，可以益矣。"孔子曰："丘未得其数也。"有间，曰："已习其数，可以益矣。"孔子曰："丘未得其志也。"有间，曰："已习其志，可以益矣。"孔子曰："丘未得其为人也。"有间，孔子有所缪（穆）然思焉，有所罫（怡）然高望而远眺，曰："丘殆得其为人矣。近黮而黑，颀然长，旷如望羊，奄有四方，非文王其孰能为此？"师襄子避席叶拱（《史记》"叶拱"作"再拜"）而对曰："君子圣人也，其传曰《文王操》。"（《孔子家语·辨乐解》）学艺勤且精以至于此。

三十岁：公元前522年 己卯（周景王二十三年 鲁昭公二十年）

孔子在鲁。

自谓"三十而立"（《论语·为政》）。盖自此时，他已奠定了治学、做人、为政的德业基础。此年前后，孔子开始创办平民教育，收徒讲学。在最早的弟子中，比较知名的有颜路、曾点、子路等。

郑国子产卒，仲尼闻之，为之出涕，曰："古之遗爱也。"（《左传·昭公二十年》）他认为子产有君子之德四焉："其行己也恭，其事上也敬，其养民也惠，其使民也义。"（《论语·公冶长》）

是年齐景公与晏婴来鲁国访问。齐景公会见孔子，与孔子讨论秦穆公何以称霸的问题。

弟子颜回、冉雍、冉求、商瞿、梁鳣生。回字渊，雍字仲弓，求字子有，瞿字子木，鲁国人；鳣字叔鱼，齐国人。

三十一岁：公元前521年 庚辰（周景王二十四年 鲁昭公二十一年）

孔子在鲁。

弟子颜回、巫马施、高柴、宓不齐生。回字渊，鲁国人；施字子期，陈国人；柴字子高，齐国人；不齐字子贱，鲁国人。

三十二岁：公元前520年 辛巳（周景王二十五年 鲁昭公二十二年）

孔子在鲁。

弟子端木赐生。赐字子贡，卫国人。

三十三岁：公元前519年 壬午（周敬王元年 鲁昭公二十三年）

孔子在鲁。

三十四岁：公元前518年 癸未（周敬王二年 鲁昭公二十四年）

孔子离鲁，适周，问礼，见老聃。

春二月，孟僖子卒。临终嘱其二子孟懿子与南宫敬叔向孔子学礼。（见《左传·昭公七年》）孔子得到鲁君的支持，与南宫敬叔适周都洛阳，观周朝文物制度，见老聃与苌弘，收获极大，说："周监于二代，郁郁乎文哉！吾从周。"（《论语·八佾》）

三十五岁：公元前517年 甲申（周敬王三年，鲁昭公二十五年）

孔子在鲁，批评鲁"三桓"违礼。

秋，季氏、郈氏因斗鸡发生矛盾。鲁昭公率师攻伐季孙氏，"三桓"联合反抗昭公，昭公兵败奔齐。孔子因鲁乱带弟子适齐，路经泰山时，遇一妇人哭诉亲人遭遇虎害竟不愿离开此地时，不由得发出"苛政猛于虎也"的慨叹。（见《礼记·檀弓下》）到齐国后为高昭子家臣，借以进见齐景公。

三十六岁：公元前516年 乙酉（周敬王四年 鲁昭公二十六年）

孔子在齐。

与齐太师语乐，听到《韶》乐（相传是舜时的音乐），三月不知肉味。曰："不图为乐之至于斯也！"（《论语·述而》）

齐景公问政于孔子。孔子对曰："君君，臣臣，父父，子子。"公曰："善哉！信如君不君，臣不臣，父不父，子不子，虽有粟，吾岂得而食诸！"（《论语·颜渊》）齐景公欲以尼谿之田封孔子，但因晏婴阻挠而作罢。（《史记·孔子世家》）

是年鲁昭公自齐居郓（郓原为鲁地，此时齐为昭公攻取）。

三十七岁：公元前515年 丙戌（周敬王五年 鲁昭公二十七年）

孔子在齐。

齐大夫扬言欲害孔子，齐景公亦对孔子说："吾老矣，弗能用也。"于是孔子自齐返鲁。（《史记·孔子世家》）据说返鲁时迫于形势险恶，仓促中把正在淘的米提起来一面走路一面滤干。（《孟子·万章下》："孔子之去齐，接淅而行。"）

吴公子季札聘齐，其子死，葬于嬴、博（临近鲁境之齐地）之间，孔子往观其葬礼。（《礼记·檀弓下》）吴公子光使专诸刺吴王僚而自立，是为吴王阖闾。

弟子樊须、原宪生。须字子迟，鲁国人；宪字子思，宋国人。

三十八岁：公元前514年 丁亥（周敬王六年 鲁昭公二十八年）

孔子在鲁。

晋魏舒（魏献子）执政，灭祁氏、羊舌氏，分祁氏之田为七县，羊舌氏之田为三县，选派贤能之士（包括其子在内）为县宰。孔子十分赞赏，说魏子之举"近不失亲，远不失举，可谓义矣"（《左传·昭公二十八年》）。

鲁昭公赴晋，求归鲁。晋不支持，使居乾侯（晋邑，今河北成安东南）。

孔子贫居不仕，从事教学和学术研究。

三十九岁：公元前513年 戊子（周敬王七年 鲁昭公二十九年）

孔子在鲁。

冬，晋铸刑鼎，赵鞅、荀寅把范宣子制定的刑书铸在铁鼎上。孔子认为，这样做会"贵贱无序"、破坏等级制度，发出了"晋其亡乎！失其度矣"的感叹。

四十岁：公元前512年 己丑（周敬王八年 鲁昭公三十年）

孔子在鲁。

孔子自谓"四十而不惑"（《论语·为政》）。所谓"不惑"，盖指"而立"时确立的世界观、人生观已坚定不移。

弟子澹台灭明生。灭明字子羽，鲁国之武城人。

四十一岁：公元前511年 庚寅（周敬王九年 鲁昭公三十一年）

孔子在鲁。仍从事教学和三代文化研究。

是年，晋定公召季孙，欲使昭公返鲁，晋侯欲送昭公回国，季孙来乾侯迎昭公，昭公未敢返鲁。

弟子陈亢生。亢字子禽，陈国人。

四十二岁：公元前510年 辛卯（周敬王十年 鲁昭公三十二年）

孔子在鲁。

冬，鲁昭公卒于乾侯。季孙立昭公弟公子宋，是为鲁定公。

旧说孔子返鲁后旋又至齐，直至昭公死，共在齐七年，不确。清人江永在其《乡党图考》中认为孔子在齐不过一年，亦不确。据《史记·孔子世家》考之，孔子仅至齐一次，历时约两年。

四十三岁：公元前509年 壬辰（周敬王十一年 鲁定公元年）

孔子在鲁。

夏六月，昭公灵柩自乾侯运回，季孙葬之鲁公墓道南。定公即位。

据《阙里志》载，是年孔子自鲁适陈。《史记》无载。

弟子公西赤生。赤字华，鲁国人。

四十四岁：公元前508年 癸巳（周敬王十二年 鲁定公二年）

孔子在鲁。

是年，鲁国继上年八月严重霜灾后，夏五月，都城雉门及两观又遭大火。

四十五岁：公元前507年 甲午（周敬王十三年 鲁定公三年）

孔子在鲁。

邾庄公卒，邾隐公即位，将冠，使人问冠礼于孔子。

弟子卜商生。商字子夏，卫国人。孔子死后，他在西河讲学，颇有影响。

四十六岁：公元前506年 乙未（周敬王十四年 鲁定公四年）

孔子在鲁。

孔子率孔鲤与部分弟子观鲁桓公庙宥坐（宥与右同，言人君可置于座右以为戒也）之欹器，对弟子说："吾闻宥坐之器者，虚则欹，中则正，满则覆。""恶有满而不覆者哉！"他认为正确的态度应该是"聪明圣智，守之以愚；功破天下，守之以让；勇力抚世，守之以怯；富有四海，守之以谦；此所谓挹而损之之道也。"（《荀子·宥坐》）

弟子言偃生。偃字子游，吴国人。

四十七岁：公元前505年 丙申（周敬王十五年 鲁定公五年）

孔子在鲁。

在教学和研究中，孔子逐渐形成自己的思想理论和天命观。

夏六月，鲁国季平子卒，桓子立。季氏家臣阳虎（又称阳货）囚其子季桓子而专鲁政。阳虎欲见孔子，孔子不见，于是馈孔子豚，欲待孔子拜谢时见孔子。孔子不欲见，打听得阳虎不在时拜谢，但不巧在路上遇到了。阳虎劝孔子出仕，孔子口头答应，但终不仕。（《论语·阳货》）退而修《诗》《书》《礼》《乐》，以教弟子。孔子说："不义而富且贵，于我如浮云。"（《论语·述而》）充分体现了他的"无道则隐"的主张。

弟子曾参、颜幸生。参字子舆，鲁国南武城人；幸字子柳，鲁国人。

四十八岁：公元前504年　丁酉（周敬王十六年　鲁定公六年）

孔子在鲁。

季氏家臣阳虎随鲁侯侵郑取匡。与鲁定公、三桓盟于周社，与国人再盟于亳社，祭神于五父之衢，取得孔子称之为"陪臣执国命"（《论语·季氏》）的合法地位，以加祸于不守盟誓的人。

四十九岁：公元前503年　戊戌（周敬王十七年　鲁定公七年）

孔子在鲁。

春二月，齐将郓、阳关二地归还鲁，阳虎据之以为政。

弟子颛孙师生。师字子张，陈国人。

五十岁：公元前502年　己亥（周敬王十八年　鲁定公八年）

孔子在鲁。

自谓"五十而知天命"（《论语·为政》）。

春，鲁侵齐。夏，齐伐鲁西鄙。

阳虎叛乱前夕，公山不狃使人召孔子，孔子欲往，因子路反对而未成行。（《论语·阳货》）

冬，阳虎欲去"三桓"，谋杀季桓子未遂，随入讙（今山东省宁阳县西北）、阳关（今山东省泰安市东南）以叛鲁。

五十一岁：公元前501年　庚子（周敬王十九年　鲁定公九年）

孔子在鲁。

六月，鲁伐阳虎，攻打阳关。阳虎突围奔齐，旋逃亡宋国，最后逃至晋国，投赵简子。孔子说："赵氏其世有乱乎！"（《左传·定公九年》）

孔子任中都（今山东省汶上县西）宰，卓有政绩，治理一年，四方则之。

弟子冉鲁、曹恤、伯虔、颜高、叔仲会生。鲁字子鲁，鲁国人；卹字子循，蔡国人；虔字子析，鲁国人；高字子骄，鲁国人；会字子期，鲁国人。

五十二岁：公元前500年 辛丑（周敬王二十年 鲁定公十年）

孔子在鲁。

孔子由中都宰升司空，不久，由司空升司寇，位列大夫。

夏，齐与鲁媾和，鲁定公与齐景公会于夹谷。孔子以司寇身份为定公相礼，孔子认为"虽有文事，必有武备"，事先做了必要的武事准备。齐欲辱定公，孔子以礼斥之。齐君敬畏，遂定盟约，并将侵占的郓、讙、龟阴等地归还鲁国以谢过。（《谷梁传·定公十年》）

五十三岁：公元前499年 壬寅（周敬王二十一年 鲁定公十一年）

孔子在鲁。

孔子为鲁司寇，依情断案，鲁国大治。据《吕氏春秋·乐成》记载，开始尚疑其才，既而政化盛行，国人诵之。

冬，鲁与郑讲和，始背弃晋国。

五十四岁：公元前498年 癸卯（周敬王二十二年 鲁定公十二年）

孔子在鲁。

孔子为鲁司寇，子路为季氏宰。

孔子为削私家以强公室，向鲁定公建议："家不藏甲，邑无百雉之城，今三家（三桓）过制，请皆损之。"（《孔子家语·相鲁》）遂将堕三都，由子路具体实施。定公支持。当时，适值叔孙、季孙之家臣侯犯和南蒯各据其都叛，叔、季二氏亦支持这一主张。于是先拆毁了叔孙氏的郈邑（今山东省东平县南）、季孙氏的费邑（今山东省费县）。堕费时，费宰公山不狃乘鲁都（曲阜）空虚，率费人攻曲阜，幸赖孔子命申句须、乐颀二大夫率部反击，败公山不狃于姑蔑（今山东省泗水县东）。公山不狃逃奔齐国。遂堕费。在拆毁孟孙氏的郕邑（今山东省宁阳县东北）时，受到孟孙家臣公敛处父的抵制。结果堕郕失败。堕三都行动至此半途而废。（《史记·孔子世家》）孔子无"三桓"支持，难在鲁任职。有人认为公山弗扰（即不狃）"以费畔"（《论语·阳货》）即指此事，而召孔子则在定公八年未叛时。

子路受公伯寮之谗害，不能再任季氏宰。

弟子公孙龙生。龙字子石，楚国人。

五十五岁：公元前497年 壬寅（周敬王二十三年 鲁定公十三年）

孔子去鲁，适卫。

孔子任司寇，鲁国得治，齐国惧，欲败其政，乃选美女八十人，衣以文衣，并文马三十驷馈鲁君。季桓子受之，君臣荒于女色，怠于政事，多日不听朝政，孔子失望。又不按礼制送膰肉（当时郊祭用的供肉）于孔子，于是孔子率弟子离鲁周游列国，先到卫都（孔子去鲁适卫的年代，《史记》定为上一年的秋冬之间；然据其他史料载，鲁国郊祭一般是在春三月，故从《阙里志》系于此年）。

在从鲁边境去卫国帝丘的路上，孔子向冉有阐述"庶、富、教"主张。

孔子到卫国后，住在子路妻兄颜浊聚家。卫灵公接见，按照在鲁国的待遇给予俸禄。不久，卫灵公听信谗言，监视孔子师徒。孔子遂离开卫国，欲往陈国，其间发生"子畏于匡""被拘蒲地"等事。解围后孔子返回卫国，住蘧伯玉家。

五十六岁：公元前496年 乙巳（周敬王二十四年 鲁定公十四年）

孔子在卫。

孔子回到卫国，曾见卫灵公夫人南子，子路不悦。

卫太子蒯聩政变失败，奔宋。

郑国子产去世。孔子听到消息后，十分难过，称赞子产是"古之遗爱"。

五十七岁：公元前495年 丙午（周敬王二十五年 鲁定公十五年）

孔子在卫。

卫灵公只礼待孔子，并不重用委任。卫灵公与南子出游，以孔子为次乘，招摇过市，孔子耻之。

邾子朝鲁，子贡观礼，后返卫。

是年，鲁定公卒。其子将立，是为鲁哀公。

五十八岁：公元前494年 丁未（周敬王二十六年 鲁哀公元年）

孔子离卫，去曹，过宋，适陈。

路经曹、宋，曾会见宋景公，景公问政。在宋，孔子曾与弟子习礼于檀树之下。宋司马桓魋欲逐孔子，把大树砍掉，以示警告。孔子微服而行，逃到郑国，与弟子失散，独自在郑国都城东门等候弟子，被人嘲笑，称之为"东门有人，其颡似尧，其项类皋陶，其肩类子产，然自要（腰）以下，不及禹三寸，累累若丧家之犬"。孔子欣然笑曰："然哉，然哉！"

孔子一行在郑国稍停，取道适陈。

五十九岁：公元前493年 戊申（周敬王二十七年 鲁哀公二年）

孔子在陈。

经司城贞子介绍，孔子见到陈潜公，后被问及"楛矢贯隼"一事。

晋、楚争霸，祸及陈国。孔子曰："归欤！归欤！吾党小子狂简，进取，不忘其初。"（《史记·孔子世家》）陈国危殆，孔子再生离陈适卫之心。

六十岁：公元前492年 己酉（周敬王二十八年 鲁哀公三年）

孔子在卫。

晚年孔子自谓"六十而耳顺"。意谓这时他听到任何事情，都能立即辨明是非。

适卫过蒲，适公叔氏以蒲叛。公良孺奋勇杀敌，公叔氏惧，与孔子结盟。孔子盟后即背盟毁约。子贡曰："盟可负耶？"子曰："要盟也，神不听！"（《史记·孔子世家》）

孔子至卫，灵公郊迎，问及"蒲可伐乎"之事，然终不伐蒲。灵公问阵，孔子答以未学。

孔子在卫，不为所用，感慨地说："苟有用我者，期月而已，三年有成。"

夏四月，卫灵公卒，立蒯聩之子辄即位，是为卫出公。

六十一岁：公元前491年 庚戌（周敬王二十九年 鲁哀公四年）

孔子自卫适陈。

在卫、陈期间，孔子继续招收弟子，从事教学、游访、考察和研究工作。弟子子路出仕为卫蒲邑宰，高柴为士师。

在卫期间，适佛肸以中牟叛，子欲往，子路不悦，终未成行。后孔子欲适晋，闻贤人被赵简子所杀，故至河而返。

晋派阳虎送蒯聩入戚，与出公争位。卫国因王位之争大打出手。孔子欲避其乱，经蒲邑南下适陈。由于子路时任蒲邑宰，所以此行非常顺利。

夏五月，鲁桓、僖二宫遭火灾。孔子在陈，"知鲁庙灾"。

秋七月，鲁国季桓子病，懊悔未能长期用孔子而影响了鲁国的振兴。临终，嘱其子季康子要召回孔子以相鲁。后来由于公之鱼的阻拦，季康子改变主意，派使改召孔子弟子冉求。冉求将行，孔子说："鲁人召求，非小用之，将大用之也。"是日，孔子曰："归乎！归乎！吾党小子狂简，斐然成章，吾不知所以裁之。"（《史记·孔子世家》）又说："不得中行而与之，必也狂狷乎！"

六十二岁：公元前490年 辛亥（周敬王三十年 鲁哀公五年）

孔子在陈。

陈滑公向孔子炫耀耗尽民力建造的"凌阳台"，孔子借机向滑公灌输以德治国、爱民如子等思想。

六十三岁：公元前489年 壬子（周敬王三十一年 鲁哀公六年）

孔子离陈，经蔡，终至楚之负函（今河南信阳）。

负函为楚地。楚贤大夫沈诸梁即驻此，又名"叶公"。

是年，吴伐陈，楚来救，陈国大乱。楚昭王出征前，天有异象，臣请禳灾祭河，昭王不许。孔子说："楚昭王知大道矣，其不失国也宜哉！"昭王病死军中，楚师归，治丧。陈面临吴师进攻的威胁，孔子遂生离陈之心。

孔子离陈过蔡，其间被困，绝粮七日，弟子饥馁皆病，孔子依然讲诵弦歌不止。子路、子贡皆由于屡遭挫折，对孔子之道产生了质疑，只有颜回识孔子之道大，不为当时所容，"是有国者之丑"，孔子为有颜回这样的弟子感到高兴。（《史记·孔子世家》）子贡求援，叶公派人把孔子师徒接至负函，途中遇隐者。

此年楚昭王曾有礼聘孔子之议，使人奉币来聘，将以书社之地七百里封孔子，由于楚令尹子西的阻拦，此议遂罢。

六十四岁：公元前488年 癸丑（周敬王三十二年 鲁哀公七年）

孔子在楚之负函。

叶公问政，孔子说："近者说（悦），远者来。"叶公又通过子路问起孔子是怎样的一个人物，子路不知如何回答。孔子说："女奚不曰，其为人也，发愤忘食，乐以忘忧，不知老之将至云尔。"（《论语·述而》）在楚地漫游和观览，与白公胜谈"微言"密语。

夏，鲁哀公与吴人会于鄫（今山东省峄县境内），吴向鲁国索取牛、羊、猪各一百头为祭品。吴太宰嚭召季康子，康子使子贡辞谢（这时子贡已仕鲁为大夫），子贡批吴"大国不以礼命于诸侯"，以周礼说服嚭，圆满地完成了使命。

孔子带领弟子游览汉水一带，连续遇到当时的隐士，如长沮、桀溺、荷蓧丈人和楚狂等人，遭到他们的讽劝。桀溺劝子路跟他们一道做避世之人。孔子说："鸟兽不可与同群，吾非斯人之徒而谁与？天下有道，丘不与易也。"（《论语·微子》）表示了其改变天下无道局面的决心。

六十五岁：公元前487年 甲寅（周敬王三十三年 鲁哀公八年）

孔子离楚返卫。

卫出公欲请孔子从政。子路问孔子："卫君待子而为政，子将奚先？"孔子提出正名主张："必也正名乎！……名不正则言不顺，言不顺则事不成，事不成则礼乐不兴，礼乐不兴则刑罚不中，刑罚不中则民无所措手足。"（《论语·子路》）他认为正名不但是解决卫国出公与其父争君位问题的原则，也是维护周礼、巩固等级宗法制的纲领。

孔子师徒经仪、蒲至卫都。仪封人拜访孔子，称之为"木铎"。

春三月，吴伐鲁，定盟而归，孔子弟子有若参战有功。

齐伐鲁，和而还。

六十六岁：公元前486年 乙卯（周敬王三十四年 鲁哀公九年）

孔子在卫。

孔子在卫仍不被任用，转而从事教学和研究。

孔门弟子多仕于鲁、卫，并在治国、外交、军事诸方面渐显影响。

六十七岁：公元前485年 丙辰（周敬王三十五年 鲁哀公十年）

孔子在卫。

夫人亓官氏在鲁病卒。

六十八岁：公元前484年 丁巳（周敬王三十六年 鲁哀公十一年）

孔子自卫归鲁。

春，齐师伐鲁，孔子弟子冉有为季康子将左师，与齐军战于鲁郊，克之。季康子问他怎样学会作战的，冉有说，学于孔子，遂荐孔子于季氏。季康子派公华、公宾、公林以厚礼迎孔子归鲁。孔子去鲁访问列国诸侯，颠沛流离十四年，至此方告结束。

孔子返鲁后，鲁哀公问政，孔子答曰："政在选臣。"（《史记·孔子世家》）鲁哀公又问："何为则民服？"孔子回答说："举直错诸枉，则民服；举枉错诸直，则民不服。"（《论语·为政》）季康子问政，孔子说："政者正也，子帅以正，孰敢不正？"（《论语·颜渊》）季康子欲行"田赋"，即将军费改按田亩征税，使冉有问于孔子，孔子曰："若不度于礼，而贪冒无厌，则虽以田赋，将又不足。"（《左传·哀公十一年》）季子不听。

鲁国以"国老"之礼待孔子，但终不能用。孔子亦不求仕，专事文献整理和教育事业，删《诗》《书》，定《礼》《乐》，修《春秋》，并且继续聚徒授业，培育治国贤才。据史载："弟子盖三千焉，身通六艺者七十有二人。"（《史记·孔子世家》）

六十九岁：公元前483年 戊子（周敬王三十七年 鲁哀公十二年）

孔子在鲁。

春，鲁实行田赋，比以往多收一倍赋税。冉求为季氏聚敛，孔子责之说："非吾徒也，小子鸣鼓而攻之可也！"（《论语·先进》）

夏五月，鲁昭公夫人孟子卒，孔子往吊。

与鲁国太师（乐官）论乐，孔子说："乐其可知也，始作翕如，纵之纯如，皦如，绎如也，以成。"他又说："吾自卫反鲁，然后乐正，《雅》《颂》各得其所。"（《史记·孔子世家》）

冬十二月，鲁国发生蝗灾，季孙问于孔子，孔子说："丘闻之，火伏而后蛰者毕，今火犹西流，司历过也。"（《左传·哀公十二年》）十二月属冬季，不该有蝗虫。孔子认为这年十二月有蝗虫，不是自然界反常，而是司历者算错了时间。

孔子推荐弟子从政，同时新收许多弟子。

子伯鱼卒，有棺而无椁。

孔子有一孙，名孔伋。伋字子思，曾子的学生，孟轲是其再传弟子。

七十岁：公元前482年 己未（周敬王三十八年 鲁哀公十三年）

孔子在鲁。

孔子自谓："七十而从心所欲，不逾矩。"（《论语·为政》）即是说，到了七十岁，在已往"而立""不惑""知天命""耳顺"的基础上，任何想法和做法都不会越出仁道原则和周礼所定的规矩了。

孔子晚年好《易》，"读《易》，韦编三绝"（《史记·孔子世家》）。

颜回死，年仅四十一岁。孔子哭之恸，曰："噫！天丧予！天丧予！"（《论语·先进》）

七十一岁：公元前481年 庚申（周敬王三十九年 鲁哀公十四年）

孔子在鲁。

春，哀公大野狩猎，捕获一怪兽，据说是麟。孔子说："吾道穷矣！"绝笔《春秋》。

夏六月，齐国陈恒（又名田常，田成子）杀简公，孔子劝鲁哀公及"三桓"讨之，以正君臣之义，不果。在齐国这次政变中，孔子弟子宰我死于难。

七十二岁：公元前480年 辛酉（周敬王四十年 鲁哀公十五年）

孔子在鲁。

冬，卫有政变，蒯聩逐其子出公辄而自立，是为卫庄公。孔子弟子子路此时为卫大夫孔悝的邑宰，闻变闯入孔悝家，斥蒯聩，拼尽全力，惨死于卫。孔子闻讯，恸甚，覆醢，为子路奠于庭，悲伤流涕。不久，孔子病倒在床上。

七十三岁：公元前479年 壬戌（周敬王四十一年 鲁哀公十六年）

孔子寝疾，七日而殁。弟子为之举行庄重简朴的丧礼，葬于鲁城（今曲阜）北泗上。鲁哀公诔之曰："旻天不吊，不慭遗一老！俾屏余一人以在位，茕茕余在疚！呜呼哀哉！尼父，无自律！"（《左传·哀公十六年》）

弟子为之守墓三年，临别而去，哭尽哀，或复留。唯子贡庐于墓凡六年，然后去。弟子及鲁人往从墓而家者，百有余室，因名之为孔里。并以孔子故居，改为庙堂，藏孔子平生衣冠琴书于堂中。

主要参考文献

[1] 班固. 汉书. 北京：中华书局，1962.

[2] 毕淑芝，王义高. 当今世界教育思潮. 北京：人民教育出版社，1999.

[3] 蔡尚思. 十家论孔. 上海：上海人民出版社，2006.

[4] 程潮. 儒家"内圣外王"之道通论. 长沙：湖南人民出版社，2005.

[5] 程树德撰. 程俊英，蒋见元点校. 论语集释. 北京：中华书局，1990.

[6] 程舜英. 中国古代教育制度史料. 北京：北京师范大学出版社，2011.

[7] 崔述. 洙泗考信录. 上海：商务印书馆，1937.

[8] 丁寅生. 孔子这个人. 北京：九州出版社，2008.

[9] 董仲舒. 曾振宇，傅永聚注. 春秋繁露新注. 北京：商务印书馆，2010.

[10] 董仲舒. 张世亮，钟肇鹏，周桂钿译注. 春秋繁露. 北京：中华书局，2012.

[11] 杜维明. 论中国文化传统. 北京：三联书店，1988.

[12] 范晔. 后汉书. 北京：中华书局，2007.

[13] 费正清. 剑桥中国史. 北京：中国社会科学出版社，1985.

[14] 冯友兰. 中国哲学史（上、下）. 北京：商务印书馆，1996.

[15] 傅伟勋. 从传统到现代——佛教伦理与现代社会. 台北：东大图书公司，1990.

[16] 高培华. 卜子夏考论. 北京：社会科学文献出版社，2012.

[17] 顾迁译注. 尚书. 北京：中华书局，2016年版.

[18] 广少奎. 中国古代儒家教育生活及教育思想研究. 北京：北京师范大学出版社，2016.

[19] 郭丹译注. 左传. 北京：中华书局，2008.

[20] 韩永贤. 孔子溯源. 北京：国际文化出版公司，1990.

[21] 韩愈著. 马其昶校注. 韩昌黎文集校注. 上海：上海古籍出版社，2014.

[22] 黄怀信校释. 论语新校释. 西安：三秦出版社，2006.

[23] 黄模. 国语补韦. 北京：中华书局，1959.

[24] 金景芳. 孔子新传. 长沙：湖南出版社，1991.

[25] 孔祥林. 大哉孔子. 济南：齐鲁书社，2004.

[26] 孔祥烨. 孔子新传. 上海：华东师范大学出版社，2009.

[27] 匡亚明. 孔子评传. 南京：南京大学出版社，1990.

[28] 李启谦. 孔门弟子研究. 济南：齐鲁书社，1988.

[29] 李启谦，骆承烈，王式伦. 孔子资料汇编. 济南：山东友谊出版社，1991.

[30] 李启谦，王式伦. 孔子弟子资料汇编. 济南：山东友谊出版社，1991.

[31] 李绍强. 儒家学派研究. 北京：中华书局，2003.

[32] 李申. 简明儒学史. 北京：中国人民大学出版社，2001.

[33] 李元. 孔子传. 哈尔滨：哈尔滨出版社，2010.

[34] 梁启超. 孔子. 长春：吉林出版集团有限公司，2012.

[35] 林存光. 历史上的孔子形象. 济南：齐鲁书社，2004.

[36] 刘黎明，巩红玉.《春秋》之谜. 成都：四川教育出版社，2001.

[37] 刘振佳. 走进历史深处——儒家文化寻踪. 北京：作家出版社，2016.

[38] 娄立志，广少奎. 中国教育史. 济南：山东人民出版社，2008.

[39] 陆九渊. 陆九渊集. 北京：中华书局，1980.

[40] 骆承烈. 孔子祖籍考. 郑州：中州古籍出版社，1996.

[41] 吕不韦. 吕氏春秋. 北京：中华书局，2011.

[42] 梅庆吉. 跟着孔子去旅行. 哈尔滨：黑龙江美术出版社，2016.

[43] 钱穆. 孔子传. 北京：三联书店，2002.

[44] 钱穆. 论语新解. 北京：三联书店，2009.

[45] 钱穆. 先秦诸子系年. 北京：商务印书馆，2005.

[46] 司马迁. 史记. 北京：中华书局，1983.

[47] 孙开泰. 儒家史话. 北京：社会科学文献出版社，2011.

[48] 童书业. 先秦七子思想研究. 济南：齐鲁书社，1982.

[49] 王长华. 孔子答客问. 上海：上海人民出版社，1997.

[50] 王充. 黄中业，陈恩林译注. 论衡选译. 南京：凤凰出版社，2011.

[51] 王充. 张宗祥校注. 论衡校注. 上海：上海古籍出版社，2010.

[52] 王钧林. 中国儒学史（先秦卷）. 广州：广东教育出版社，1998.

[53] 王利器. 盐铁论校注. 北京：中华书局，2015.

[54] 王利器. 新语校注. 北京：中华书局，2012.

[55] 王聘珍. 大戴礼记解诂. 北京：中华书局，2011.

[56] 王盛元. 孔子家语译注. 上海：上海三联书店，2012.

[57] 王文锦. 礼记译解. 北京：中华书局，2001.

[58] 王先谦. 汉书补注. 上海：上海古籍出版社，2008.

[59] 王志民. 齐文化概论. 济南：山东人民出版社，1993.

[60] 向宗鲁. 说苑校正. 上海：中华书局，1987.

[61] 徐志祥，等. 孔子研究四十年. 重庆：巴蜀书社，1990.

[62] 荀况. 安小兰译注. 荀子. 北京：中华书局，2007.

[63] 亚子，良子. 孔府大劫难. 香港：天地图书有限公司，1992.

[64] 阎振益. 新书校注. 北京：中华书局，2014.

[65] 颜之推. 王利器注. 颜氏家训集解. 北京：中华书局，2013.

[66] 颜之推. 檀作文译注. 颜氏家训. 北京：中华书局，2011.

[67] 扬雄. 韩敬译注. 法言. 北京：中华书局，2012.

[68] 杨伯峻. 孟子译注. 北京：中华书局，1960.

[69] 杨朝明，宋立林. 孔子家语通解. 济南：齐鲁书社，2009.

[70] 杨天宇. 礼记译注. 上海：上海古籍出版社，2004.

[71] 杨佐仁，宋均平. 孔子传. 济南：齐鲁书社，1999.

[72] 曾运乾注. 黄曙辉校点. 尚书. 上海：上海古籍出版社，2015.

[73] 张纯一. 晏子春秋校注. 北京：中华书局，2014.

[74] 张岱年. 孔子大辞典. 上海：上海辞书出版社，1993.

[75] 张岱年. 孟子思想研究. 济南：山东大学出版社，1986.

[76] 张觉. 荀子译注. 上海：上海古籍出版社，1995.

[77] 张立文. 传统学引论——中国传统文化的多维反思. 北京：中国人民大学出版社，1989.

[78] 张松辉译注. 抱朴子. 北京：中华书局，2011.

[79] 张宗舜，李景明. 孔子大传. 济南：山东友谊出版社，2003.

[80] 赵强，等. 中外名人学者赞孔子. 西安：陕西人民教育出版社，1993.

[81] 赵晔. 吴越春秋译注. 上海：上海三联书店，2014.

[82] 郑晓如. 阙里述闻. 济南：山东友谊出版社，1989.

[83] 郑玄注. 礼记. 北京：中华书局，2015.

[84] 朱彬. 礼记训纂. 杭州：浙江大学出版社，2010.

[85] 颜之推，朱伯庐. 颜氏家训·朱子家训. 太原：山西古籍出版社，2008.

[86] 朱熹. 论语集注. 北京：商务印书馆，2013.

[87] 朱熹. 宋本中庸章句. 北京：北京图书馆出版社，2012.

[88] 朱永新. 中华教育思想研究. 南京：江苏教育出版社，1993.

后 记

再说孔子

——一段没有结束的故事

随着"主要参考文献"编写完毕，《孔子画传》似乎要画上句号了。依照惯例，总要在最后写点文字，来说点感受、做点总结，清晰标出著作的参与人，真诚感谢所有的帮助者，以此作为"后记"。我也不想例外。本以为"后记"会很快写就，不想却心潮难平，迟迟难以动笔，这是笔者始料未及的。

记得若干年前，大约是2012年初，山东教育出版社策划出版一套"中外著名教育家画传系列"，顺序是先中国后外国，总计10本。《孔子画传》自然应该作为画传之一，且应置于整个"系列"之首。出版社希望本人承担《孔子画传》的写作工作。实话说，本人当时是有些犹豫的，这倒不是对这一工作不熟悉，恰恰相反，本人不仅熟知孔子生平及其思想，而且知道给孔子作传的人已经不少，比较严谨的著作也有了一些，已很难有所超越，因而此工作也就难免有"炒冷饭"之嫌。

然而，《孔子画传》还是要写，否则"系列"就不完整；我是曲阜人，承担这一工作似乎也责无旁贷。所以，本人开始这一工作之前就暗下决心，一是要写得比较严谨，要有些去伪存真、正本清源的意思，还要多少写出点自己的思考，才能既不浪费宝贵的科研时间，也能对得起所谓"学者"的名头；同时，也要写得尽可能通俗易懂，才能与整个"系列"的文风一致。有鉴于此，一方面，本书既着重引用了《论语》《史记》《左传》《国语》《晏子春秋》《吕氏春秋》《孔子家语》等历史文献，也翻阅并参考了众多学者的相关著作；另一方面，本书引用的资料都尽可能以现代文的形式加以叙述，少数引用原文之处则在行文中附以现代文解释，并且资料来源皆以文中夹注的方式予以注明，以方便阅读且有别于学术著作。此外，本书还专门辟出"轶闻趣事新说""事迹之谜今释""教师魅力展示"等篇幅，以力求严谨和严肃，且进一步引起读者的阅读兴趣。当然，能否做到既严谨又通俗，全凭读者鉴评。

另外，本书既然是"画传"，当然也就少不了各种图画或图片，但这也就带来了两个问题：一是图片能否与行文相符，二是图片用多少为宜。对于前者，本人除通过上网搜寻、实地拍摄等方式外，还翻拍了《孔子圣迹图》中的若干图画，以求与行文相呼应；对于后者，本人经过慎重思考，最终从数百幅图片中精选了九十余幅。

平心而论，从史料学角度看，在先秦诸子中，有关孔子的资料不能算少，为他作传似乎不是难事。但正因为孔子名气太大，拿他说事的人也就不少，庄子即是其中的代表。在《庄子》一书的不少篇什中，孔子及其弟子的情形很是悲摧，而且不少情况下变身成了庄子理论的"证明人"和"虔心请教者"。所以，《庄子》中的孔子故事虽然"鲜活"，本书是一概弃之不用的。与之相反，《孔子家语》和《孔丛子》虽被判为伪书，但那是针对王肃而言的。目前学界已基本判明，《孔丛子》或为孔子九世孙孔鲋所编，《孔子家语》则次第编于孔安国、孔僖、孔猛之手，皆为孔氏族人作品，正可弥补《论语》《左传》等语焉不详之失，因而为本书所倚重。此外，《史记》虽然向称严谨，但有关孔子的篇什颇多舛误和错乱之处，本书因此只能择善而从。至于有关孔子事迹的诸多民间传说，虽然煞有介事且活灵活现，正可提升读者兴趣，但因过于穿凿而有违严谨之旨，故皆为本书所不取。

本书拖延数年，前后参加者自然不少。当年，本人构思框架之后，即分派给学生去分头撰写。提供初稿的是张蕾、李姗、陈斐、高江雪，每人负责一章或数节。她们都是我的研究生，如今早已毕业。《孔子画传》拖至今日方才付梓，本人深感歉疚！在此，将她们的姓名郑重列出，算是对她们当年辛勤劳动的一种迟到的尊重。当然，作为当时入校才一年的研究生，她们提供的初稿既粗且草，因此，现在绝大部分文字是推倒原稿，由本人重新写就的。此外，本人还"披挂上阵"，撰写了书稿的其他部分。所以，本书观点是否允当、写作是否严谨、行文是否周备、文风是否一致等，概由本人负责。

还需郑重提及的是，本书借用了王文先生和梅庆吉先生的摄影作品。两位先生的大作给本书增色不少，在此谨致谢忱！另外，夏桂敏和彭冉同学也参与了本书的实际工作。她们贡献了第七章的部分初稿，并帮助整理了书末参考文献。彭冉是本人2014级的研究生，毕业后，又继续攻读博士研究生。为鼓励她学术更上层楼，兹将她郑重列为本书主要编者之一。

本书即将完竣之际，要感谢张良才、修建军两位教授，感谢远在武汉的周洪宇教授。他们都是本人的授业恩师。作为业界后学，本人的每一点学术进展都是恩师多年来关心和支持的结果，都是对他们悉心培养的一种汇报和回报。于此，谨向各位恩师深致谢忱！还要感谢以周洪宇教授、申国昌教授为首的华中师范大学教育史研究团队。十余年来，本人深度参与了该团队的各种学术活动，收获颇丰。感谢胡钦晓教授、胡志坚教授以及曲阜师范大学教育科学学院的诸位好友。他们都以不同方式对本人给予了关心。还要感谢山东教育出版社的大力支持，感谢编审蒋伟女士和孙文飞编辑的辛勤劳动。没有他们的支持与奉献，本书也很难如期出版。

目前，研究孔子思想的著作甚多。本书是国家级课题《中国古代儒家教育生活及其演变研究》（BOA160029）的阶段性成果。在撰写过程中，吸收了众多专家、学者的相关研究成果。这些成果尽量以"主要参考文献"的形式在书末注明。然百密难免一疏，对于未能注明之处，尚乞学界人士见谅。

现在，《孔子画传》终于要交稿了，本人反倒更加忐忑，也感触良多：书稿是否依然是在"炒冷饭"，本人底气有欠；"损益杂陈""圆凿方枘""歪打正着"之类提法是否恰当，本人深盼评鉴；数十万字的书稿中是否对孔子有所过誉或唐突，本人亦难确言。

数年的劳作，令我对孔子的生平和思想多了份理解、增了份感悟、长了份见识。孔子的爱生如子、学而不厌、为人宽厚等气度，早已随书稿的进程而或多或少地内化到我的工作和生活中，令人劳作之余也颇受教益。曲阜师范大学有座孔子的全雕铜像，身材高大，面貌和善。每当本人从此经过时，心里都常常默念：我要尽我所能，为您祛除臆说、拂去光环，扫去历史尘埃的累积，还您一个真实可亲的身份和形象。数年来，我也一直在想：孔子培养从政君子的宏愿达成了吗？孔子"郁郁乎文哉"的社会改造理想实现了吗？孔子诲人不倦的师者风范弘扬了吗？孔子循循善诱的教育遗产传承了吗……所以，孔子虽然哲人已萎，其愿望还需接力；《孔子画传》虽然也已杀青，其故事尚未讲完。

是为记。

广少奎
记于曲阜师范大学东樵别居